U0840548

作者简介

赵智奎　中国社会科学院马克思主义研究院研究员，中国社会科学院研究生院教授、博士研究生导师，马克思主义研究院博士后流动站合作导师，享受国务院政府特殊津贴，曾任马克思主义中国化研究部主任、马克思主义中国化重点学科带头人、中国社会科学院创新工程首席研究员。近年来主要研究领域为：中国当今社会思潮；农村集体经济发展；国有企业改革和党的建设；马克思主义中国化历程的基本经验和规律；中国特色社会主义与世界社会主义运动。

中国社会科学院

马克思主义中国化优势学科成果系列

理论自觉与规律探索

赵智奎◎著

人民日报出版社

图书在版编目（CIP）数据

理论自觉与规律探索／赵智奎著．—北京：人民日报出版社，2018.5
ISBN 978－7－5115－5495－6

Ⅰ.①理… Ⅱ.①赵… Ⅲ.①马克思主义—发展—研究—中国 Ⅳ.①D61

中国版本图书馆 CIP 数据核字（2018）第 106907 号

书　　名：理论自觉与规律探索
著　　者：赵智奎

出 版 人：董　伟
责任编辑：周海燕　马苏娜
装帧设计：中联学林

出版发行：人民日报出版社
社　　址：北京金台西路 2 号
邮政编码：100733
发行热线：（010）65369509　65369846　65363528　65369512
邮购热线：（010）65369530　65363527
编辑热线：（010）65369518
网　　址：www. peopledailypress. com
经　　销：新华书店
印　　刷：三河市华东印刷有限公司

开　　本：710mm×1000mm　1/16
字　　数：236 千字
印　　张：14
印　　次：2018 年 6 月第 1 版　　2018 年 6 月第 1 次印刷

书　　号：ISBN 978－7－5115－5495－6
定　　价：68.00 元

目　录
CONTENTS

第一章

中国特色社会主义新探索

第一节　新起点、新征程:全面深化改革再出发

中国共产党的十八大以后,继续推进中国特色社会主义道路向纵深发展。最突出的表现之一,是吹起了全面深化改革的号角。以习近平同志为核心的党中央,站在了新的历史起点上,带领中国人民开启了中华民族伟大复兴的新征程。

2013 年 11 月 9 日至 12 日,中国共产党第十八届中央委员会第三次全体会议在北京举行。中央委员会总书记习近平作了重要讲话。会议通过了《中共中央关于全面深化改革若干重大问题的决定》。

这次全会研究了全面深化改革若干重大问题,认为改革开放是中国共产党在新时代条件下带领全国各族人民进行的新的伟大革命,是当代中国最鲜明的特色,是决定当代中国命运的关键抉择,是党和人民事业大踏步赶上时代的重要法宝。面对新形势新任务,全面建成小康社会,进而建成富强民主文明和谐的社会主义现代化国家、实现中华民族伟大复兴的中国梦,必须在新的历史起点上全面深化改革。

全面深化改革的指导思想是:高举中国特色社会主义伟大旗帜,以马克思列宁主义、毛泽东思想、邓小平理论、"三个代表"重要思想、科学发展观为指导,坚定信心,凝聚共识,统筹谋划,协同推进,坚持社会主义市场经济改革方向,以促进社会公平正义、增进人民福祉为出发点和落脚点,进一步解放思想、解放和发展社会生产力、解放和增强社会活力,坚决破除各方面体制机制弊端,努力开拓中国特色社会主义事业更加广阔的前景。

全面深化改革的总目标是:完善和发展中国特色社会主义制度,推进国家治

理体系和治理能力现代化。必须更加注重改革的系统性、整体性、协同性，加快发展社会主义市场经济、民主政治、先进文化、和谐社会、生态文明，让一切劳动、知识、技术、管理、资本的活力竞相迸发，让一切创造社会财富的源泉充分涌流，让发展成果更多更公平惠及全体人民。

中国发展进入新阶段，改革进入攻坚期和深水区。以习近平为代表的中国共产党人，以强烈的历史使命感，最大限度集中全党全社会智慧，最大限度调动一切积极因素，敢于啃硬骨头，敢于涉险滩，以更大决心冲破思想观念的束缚、突破利益固化的樊篱，推动中国特色社会主义制度自我完善和发展。

一、经济建设领域的深化改革

经济建设领域的深化改革，主要是从坚持和完善基本经济制度、加快完善现代市场体系、加快转变政府职能（加强对经济宏观调控和建设服务型政府）、深化财税体制改革、健全城乡发展一体化体制机制、构建开放型经济新体制六个方面入手。

（一）坚持和完善基本经济制度

继续坚持“两个必须毫不动摇”的方针和原则：必须毫不动摇巩固和发展公有制经济，坚持公有制主体地位，发挥国有经济主导作用，不断增强国有经济活力、控制力、影响力。必须毫不动摇鼓励、支持、引导非公有制经济发展，激发非公有制经济活力和创造力。在此基础上，努力做到：

完善产权保护制度。国家保护各种所有制经济产权和合法利益，保证各种所有制经济依法平等使用生产要素、公开公平公正参与市场竞争、同等受到法律保护，依法监管各种所有制经济。

积极发展混合所有制经济。允许更多国有经济和其他所有制经济发展成为混合所有制经济。国有资本投资项目允许非国有资本参股。允许混合所有制经济实行企业员工持股，形成资本所有者和劳动者利益共同体。

推动国有企业完善现代企业制度。准确界定不同国有企业功能。国有资本加大对公益性企业的投入，在提供公共服务方面做出更大贡献。国有资本继续控股经营的自然垄断行业，实行以政企分开、政资分开、特许经营、政府监管为主要内容的改革，根据不同行业特点实行网运分开、放开竞争性业务，推进公共资源配置市场化。进一步破除各种形式的行政垄断。

健全协调运转、有效制衡的公司法人治理结构。建立职业经理人制度，更好发挥企业家作用。深化企业内部管理人员能上能下、员工能进能出、收入能增能减的制度改革。建立长效激励约束机制,强化国有企业经营投资责任追究。探索推进国有企业财务预算等重大信息公开。合理增加市场化选聘比例,合理确定并严格规范国有企业管理人员薪酬水平、职务待遇、职务消费、业务消费。

支持非公有制经济健康发展。消除各种隐性壁垒,制定非公有制企业进入特许经营领域具体办法。鼓励非公有制企业参与国有企业改革,鼓励发展非公有资本控股的混合所有制企业,鼓励有条件的私营企业建立现代企业制度。

(二)加快完善现代市场体系

建立公平开放透明的市场规则。实行统一的市场准入制度,在制定负面清单基础上,各类市场主体可依法平等进入清单之外领域。探索对外商投资实行准入前国民待遇加负面清单的管理模式。推进工商注册制度便利化,削减资质认定项目,由先证后照改为先照后证,把注册资本实缴登记制逐步改为认缴登记制。推进国内贸易流通体制改革,建设法治化营商环境。改革市场监管体系,实行统一的市场监管,建立健全社会征信体系。

完善主要由市场决定价格的机制。凡是能由市场形成价格的都交给市场,政府不进行不当干预。推进水、石油、天然气、电力、交通、电信等领域价格改革,放开竞争性环节价格。

建立城乡统一的建设用地市场。在符合规划和用途管制前提下,允许农村集体经营性建设用地出让、租赁、入股,实行与国有土地同等入市、同权同价。

完善金融市场体系。扩大金融业对内对外开放,在加强监管前提下,允许具备条件的民间资本依法发起设立中小型银行等金融机构。推进政策性金融机构改革。完善人民币汇率市场化形成机制,加快推进利率市场化。落实金融监管改革措施和稳健标准,完善监管协调机制,完善金融机构市场化退出机制。

深化科技体制改革。建立健全鼓励原始创新、集成创新、引进消化吸收再创新的体制机制,健全技术创新市场导向机制,发挥市场对技术研发方向、路线选择、要素价格、各类创新要素配置的导向作用。建立产学研协同创新机制,强化企业在技术创新中的主体地位,发挥大型企业创新骨干作用,激发中小企业创新活力,推进应用型技术研发机构市场化、企业化改革,建设国家创新体系。

探索建立知识产权法院,促进科技成果资本化、产业化。国家重大科研基础设施依照规定应该开放的一律对社会开放。建立创新调查制度和创新报告制度,构建公开透明的国家科研资源管理和项目评价机制。改革院士遴选和管理体制,优化学科布局。

（三）加快转变政府职能

健全宏观调控体系。健全以国家发展战略和规划为导向、以财政政策和货币政策为主要手段的宏观调控体系，推进宏观调控目标制定和政策手段运用机制化，加强财政政策、货币政策与产业、价格等政策手段协调配合，提高相机抉择水平，增强宏观调控前瞻性、针对性、协同性。形成参与国际宏观经济政策协调的机制，推动国际经济治理结构完善。

全面正确履行政府职能。进一步简政放权，深化行政审批制度改革，最大限度减少中央政府对微观事务的管理，市场机制能有效调节的经济活动，一律取消审批，对保留的行政审批事项要规范管理、提高效率；直接面向基层、量大面广、由地方管理更方便有效的经济社会事项，一律下放地方和基层管理。

优化政府组织结构。转变政府职能必须深化机构改革。优化政府机构设置、职能配置、工作流程，完善决策权、执行权、监督权既相互制约又相互协调的行政运行机制。严格绩效管理，突出责任落实，确保权责一致。

（四）深化财税体制改革

改进预算管理制度。实施全面规范、公开透明的预算制度。完善一般性转移支付增长机制，重点增加对革命老区、民族地区、边疆地区、贫困地区的转移支付。

完善税收制度。深化税收制度改革，完善地方税体系，逐步提高直接税比重。推进增值税改革，适当简化税率。完善国税、地税征管体制。

建立事权和支出责任相适应的制度。适度加强中央事权和支出责任，国防、外交、国家安全、关系全国统一市场规则和管理等作为中央事权；部分社会保障、跨区域重大项目建设维护等作为中央和地方共同事权，逐步理顺事权关系；区域性公共服务作为地方事权。

保持现有中央和地方财力格局总体稳定，结合税制改革，考虑税种属性，进一步理顺中央和地方收入划分。

（五）健全城乡发展一体化体制机制

加快构建新型农业经营体系。坚持家庭经营在农业中的基础性地位，推进家庭经营、集体经营、合作经营、企业经营等共同发展的农业经营方式创新。坚持农村土地集体所有权，依法维护农民土地承包经营权，发展壮大集体经济。稳定农村土地承包关系并保持长久不变，在坚持和完善最严格的耕地保护制度前提下，赋予农民对承包地占有、使用、收益、流转及承包经营权抵押、担保权能，允许农民以承包经营权入股发展农业产业化经营。鼓励承包经营权在公开市场上向专业大户、家庭农场、农民合作社、农业企业流转，发展多种形式规模经营。

赋予农民更多财产权利。保障农民集体经济组织成员权利，积极发展农民股份合作，赋予农民对集体资产股份占有、收益、有偿退出及抵押、担保、继承权。保障农户宅基地用益物权，改革完善农村宅基地制度，选择若干试点，慎重稳妥推进农民住房财产权抵押、担保、转让，探索农民增加财产性收入渠道。建立农村产权流转交易市场，推动农村产权流转交易公开、公正、规范运行。

推进城乡要素平等交换和公共资源均衡配置。维护农民生产要素权益，保障农民工同工同酬，保障农民公平分享土地增值收益，保障金融机构农村存款主要用于农业农村。健全农业支持保护体系，改革农业补贴制度，完善粮食主产区利益补偿机制。完善农业保险制度。鼓励社会资本投向农村建设，允许企业和社会组织在农村兴办各类事业。统筹城乡基础设施建设和社区建设，推进城乡基本公共服务均等化。

完善城镇化健康发展体制机制。坚持走中国特色新型城镇化道路，推进以人为核心的城镇化，推动大中小城市和小城镇协调发展、产业和城镇融合发展，促进城镇化和新农村建设协调推进。优化城市空间结构和管理格局，增强城市综合承载能力。

推进城市建设管理创新。推进农业转移人口市民化，逐步把符合条件的农业转移人口转为城镇居民。

（六）构建开放型经济新体制

放宽投资准入。统一内外资法律法规，保持外资政策稳定、透明、可预期。推进金融、教育、文化、医疗等服务业领域有序开放，放开育幼养老、建筑设计、会计审计、商贸物流、电子商务等服务业领域外资准入限制，进一步放开一般制造业。加快海关特殊监管区域整合优化。建设好和管理好中国上海自由贸易试验区。

加快自由贸易区建设。坚持世界贸易体制规则，坚持双边、多边、区域次区域开放合作，扩大同各国各地区利益汇合点，以周边为基础加快实施自由贸易区战略。形成面向全球的高标准自由贸易区网络。扩大对香港特别行政区、澳门特别行政区和台湾地区开放合作。

扩大内陆沿边开放。抓住全球产业重新布局机遇，推动内陆贸易、投资、技术创新协调发展。创新加工贸易模式，形成有利于推动内陆产业集群发展的体制机制。支持内陆城市增开国际客货运航线，发展多式联运，形成横贯东中西、联结南北方对外经济走廊。推动内陆同沿海沿边通关协作,实现口岸管理相关部门信息互换、监管互认、执法互助。

加快沿边开放步伐,允许沿边重点口岸、边境城市、经济合作区在人员往来、加工物流、旅游等方面实行特殊方式和政策。建立开发性金融机构,加快同周边国家和区域基础设施互联互通建设,推进丝绸之路经济带、海上丝绸之路建设,形成全方位开放新格局。

二、政治建设领域的深化改革

政治建设领域深化改革的目标,是以保证人民当家作主为根本,充分发挥中国特色社会主义政治制度优越性。

(一)加强社会主义民主政治制度建设

要在坚持和完善人民代表大会制度、中国共产党领导的多党合作和政治协商制度、民族区域自治制度以及基层群众自治制度等方面,进行新的探索和创新。要更加注重健全民主制度、丰富民主形式,从各层次各领域扩大公民有序政治参与。推动对政治制度的进一步深化改革,具体做到:

推动人民代表大会制度与时俱进。坚持人民主体地位,推进人民代表大会制度理论和实践创新,发挥人民代表大会制度的根本政治制度作用。完善中国特色社会主义法律体系,健全立法起草、论证、协调、审议机制,提高立法质量,防止地方保护和部门利益法制化。

推进协商民主广泛多层制度化发展。发挥人民政协作为协商民主重要渠道作用。重点推进政治协商、民主监督、参政议政制度化、规范化、程序化。各级党委和政府、政协制定并组织实施协商年度工作计划,就一些重要决策听取政协意见。完善人民政协制度体系,规范协商内容、协商程序。拓展协商民主形式,更加活跃有序地组织专题协商、对口协商、界别协商、提案办理协商,增加协商密度,提高协商成效。在政协健全委员联络机构,完善委员联络制度。

发展基层民主。畅通民主渠道,健全基层选举、议事、公开、述职、问责等机制。开展形式多样的基层民主协商,推进基层协商制度化,建立健全居民、村民监督机制,促进群众在城乡社区治理、基层公共事务和公益事业中依法自我管理、自我服务、自我教育、自我监督。健全以职工代表大会为基本形式的企事业单位民主管理制度,加强社会组织民主机制建设,保障职工参与管理和监督的民主权利。

（二）推进法治中国建设

深化司法体制改革，加快建设公正高效权威的社会主义司法制度，维护人民权益，让人民群众在每一个司法案件中都感受到公平正义。

维护宪法法律权威。建立健全全社会忠于、遵守、维护、运用宪法法律的制度。坚持法律面前人人平等，任何组织或者个人都不得有超越宪法法律的特权，一切违反宪法法律的行为都必须予以追究。

深化行政执法体制改革。整合执法主体，相对集中执法权，推进综合执法，着力解决权责交叉、多头执法问题，建立权责统一、权威高效的行政执法体制。减少行政执法层级，加强食品药品、安全生产、环境保护、劳动保障、海域海岛等重点领域基层执法力量。理顺城管执法体制，提高执法和服务水平。完善行政执法程序，规范执法自由裁量权，加强对行政执法的监督，全面落实行政执法责任制和执法经费由财政保障制度，做到严格规范公正文明执法。完善行政执法与刑事司法衔接机制。

确保依法独立公正行使审判权检察权。改革司法管理体制，推动省以下地方法院、检察院人财物统一管理，探索建立与行政区划适当分离的司法管辖制度，保证国家法律统一正确实施。建立符合职业特点的司法人员管理制度，健全法官、检察官、人民警察统一招录、有序交流、逐级遴选机制，完善司法人员分类管理制度，健全法官、检察官、人民警察职业保障制度。

健全司法权力运行机制。优化司法职权配置，健全司法权力分工负责、互相配合、互相制约机制，加强和规范对司法活动的法律监督和社会监督。改革审判委员会制度，完善主审法官、合议庭办案责任制，让审理者裁判、由裁判者负责。明确各级法院职能定位，规范上下级法院审级监督关系。推进审判公开、检务公开，录制并保留全程庭审资料。增强法律文书说理性，推动公开法院生效裁判文书。严格规范减刑、假释、保外就医程序，强化监督制度。广泛实行人民陪审员、人民监督员制度，拓宽人民群众有序参与司法渠道。

完善人权司法保障制度。国家尊重和保障人权。进一步规范查封、扣押、冻结、处理涉案财物的司法程序。健全错案防止、纠正、责任追究机制，严禁刑讯逼供、体罚虐待，严格实行非法证据排除规则。逐步减少适用死刑罪名。废止劳动教养制度，完善对违法犯罪行为的惩治和矫正法律，健全社区矫正制度。健全国家司法救助制度，完善法律援助制度。完善律师执业权利保障机制和违法违规执业惩戒制度，加强职业道德建设，发挥律师在依法维护公民和法人合法权益方面的重要作用。

（三）强化权力运行制约和监督体系

坚持用制度管权管事管人，让人民监督权力，让权力在阳光下运行，把权力关进制度的笼子里。构建决策科学、执行坚决、监督有力的权力运行体系，健全惩治和预防腐败体系，建设廉洁政治，努力实现干部清正、政府清廉、政治清明。

完善党和国家领导体制，坚持民主集中制，充分发挥党的领导核心作用。规范各级党政主要领导干部职责权限，科学配置党政部门及内设机构权力和职能，明确职责定位和工作任务。形成科学有效的权力制约和协调机制。加强和改进对主要领导干部行使权力的制约和监督，加强行政监察和审计监督。推行地方各级政府及其工作部门权力清单制度，依法公开权力运行流程。完善党务、政务和各领域办事公开制度，推进决策公开、管理公开、服务公开、结果公开。

加强反腐败体制机制创新和制度保障。加强党对党风廉政建设和反腐败工作统一领导。改革党的纪律检查体制，健全反腐败领导体制和工作机制，改革和完善各级反腐败协调小组职能。

落实党风廉政建设责任制，党委负主体责任，纪委负监督责任，制定实施切实可行的责任追究制度。各级纪委要履行协助党委加强党风建设和组织协调反腐败工作的职责，加强对同级党委特别是常委会成员的监督，更好发挥党内监督专门机关作用。

推动党的纪律检查工作双重领导体制具体化、程序化、制度化，强化上级纪委对下级纪委的领导。查办腐败案件以上级纪委领导为主，线索处置和案件查办在向同级党委报告的同时必须向上级纪委报告。各级纪委书记、副书记的提名和考察以上级纪委会同组织部门为主。

全面落实中央纪委向中央一级党和国家机关派驻纪检机构，实行统一名称、统一管理。派驻机构对派出机关负责，履行监督职责。改进中央和省区市巡视制度，做到对地方、部门、企事业单位全覆盖。

健全反腐倡廉法规制度体系，完善惩治和预防腐败、防控廉政风险、防止利益冲突、领导干部报告个人有关事项、任职回避等方面法律法规，推行新提任领导干部有关事项公开制度试点。健全民主监督、法律监督、舆论监督机制，运用和规范互联网监督。

健全改进作风常态化制度。围绕反对形式主义、官僚主义、享乐主义和奢靡之风，加快体制机制改革和建设。健全领导干部带头改进作风、深入基层调查研究机制,完善直接联系和服务群众制度。改革会议公文制度,从中央做起带头减少会议、文件,着力改进会风文风。健全严格的财务预算、核准和审计制度,着力控制“三公”经费支出和楼堂馆所建设。完善选人用人专项检查和责任追究制度,着力纠正跑官要官等不正之风。改革政绩考核机制,着力解决“形象工程”“政绩工程”以及不作为、乱作为等问题。

规范并严格执行领导干部工作生活保障制度,不准多处占用住房和办公用房,不准超标准配备办公用房和生活用房,不准违规配备公车,不准违规配备秘书,不准超规格警卫,不准超标准进行公务接待,严肃查处违反规定超标准享受待遇等问题。探索实行官邸制。

完善并严格执行领导干部亲属经商、担任公职和社会组织职务、出国定居等相关制度规定,防止领导干部利用公共权力或自身影响为亲属和其他特定关系人谋取私利,坚决反对特权思想和作风。

三、文化建设领域的深化改革

进一步深化文化体制改革,为的是建设社会主义文化强国,增强国家文化软实力。因此,文化领域的深化改革,必须坚持社会主义先进文化前进方向,坚持中国特色社会主义文化发展道路,培育和践行社会主义核心价值观,巩固马克思主义在意识形态领域的指导地位,巩固全党全国各族人民团结奋斗的共同思想基础。要坚持以人民为中心的工作导向,坚持把社会效益放在首位、社会效益和经济效益相统一,以激发全民族文化创造活力。

完善文化管理体制。按照政企分开、政事分开原则,推动政府部门由办文化向管文化转变,推动党政部门与其所属的文化企事业单位进一步理顺关系。建立党委和政府监管国有文化资产的管理机构,实行管人管事管资产管导向相统一。

健全坚持正确舆论导向的体制机制。健全基础管理、内容管理、行业管理以及网络违法犯罪防范和打击等工作联动机制,健全网络突发事件处置机制,形成正面引导和依法管理相结合的网络舆论工作格局。整合新闻媒体资源,推动传统媒体和新兴媒体融合发展。推动新闻发布制度化。严格新闻工作者职业资格制度,重视新型媒介运用和管理,规范传播秩序。

建立健全现代文化市场体系。完善文化市场准入和退出机制,鼓励各类市场主体公平竞争、优胜劣汰,促进文化资源在全国范围内流动。继续推进国有经营性文化单位转企改制,加快公司制、股份制改造。对按规定转制的重要国有传媒企业探索实行特殊管理股制度。推动文化企业跨地区、跨行业、跨所有制兼并重组,提高文化产业规模化、集约化、专业化水平。

鼓励非公有制文化企业发展,降低社会资本进入门槛,允许参与对外出版、网络出版,允许以控股形式参与国有影视制作机构、文艺院团改制经营。支持各种形式小微文化企业发展。

在坚持出版权、播出权特许经营前提下,允许制作和出版、制作和播出分开。建立多层次文化产品和要素市场,鼓励金融资本、社会资本、文化资源相结合。完善文化经济政策,扩大政府文化资助和文化采购,加强版权保护。健全文化产品评价体系,改革评奖制度,推出更多文化精品。

构建现代公共文化服务体系。建立公共文化服务体系建设协调机制,统筹服务设施网络建设,促进基本公共文化服务标准化、均等化。建立群众评价和反馈机制,推动文化惠民项目与群众文化需求有效对接。整合基层宣传文化、党员教育、科学普及、体育健身等设施,建设综合性文化服务中心。

明确不同文化事业单位功能定位,建立法人治理结构,完善绩效考核机制。推动公共图书馆、博物馆、文化馆、科技馆等组建理事会,吸纳有关方面代表、专业人士、各界群众参与管理。

引入竞争机制,推动公共文化服务社会化发展。鼓励社会力量、社会资本参与公共文化服务体系建设,培育文化非营利组织。

提高文化开放水平。坚持政府主导、企业主体、市场运作、社会参与,扩大对外文化交流,加强国际传播能力和对外话语体系建设,推动中华文化走向世界。理顺内宣外宣体制,支持重点媒体面向国内国际发展。培育外向型文化企业,支持文化企业到境外开拓市场。鼓励社会组织、中资机构等参与孔子学院和海外文化中心建设,承担人文交流项目。

积极吸收借鉴国外一切优秀文化成果,引进有利于我国文化发展的人才、技术、经营管理经验。切实维护国家文化安全。

四、社会建设领域的深化改革

(一)推进社会事业改革创新

加快社会事业改革,要解决好人民最关心最直接最现实的利益问题,努力为社会提供多样化服务,更好满足人民需求。

深化教育领域综合改革。大力促进教育公平,健全家庭经济困难学生资助体系,构建利用信息化手段扩大优质教育资源覆盖面的有效机制,逐步缩小区域、城乡、校际差距。统筹城乡义务教育资源均衡配置,实行公办学校标准化建设和校长教师交流轮岗,不设重点学校重点班,破解择校难题,标本兼治减轻学生课业负担。加快现代职业教育体系建设,深化产教融合、校企合作,培养高素质劳动者和技能型人才。创新高校人才培养机制,促进高校办出特色争创一流。推进学前教育、特殊教育、继续教育改革发展。

推进考试招生制度改革,探索招生和考试相对分离、学生考试多次选择、学校依法自主招生、专业机构组织实施、政府宏观管理、社会参与监督的运行机制,从根本上解决一考定终身的弊端。义务教育免试就近入学,试行学区制和九年一贯对口招生。推行初高中学业水平考试和综合素质评价。加快推进职业院校分类招考或注册入学。逐步推行普通高校基于统一高考和高中学业水平考试成绩的综合评价多元录取机制。扩大省级政府教育统筹权和学校办学自主权,完善学校内部治理结构。强化国家教育督导,委托社会组织开展教育评估监测。

健全促进就业创业体制机制。建立经济发展和扩大就业的联动机制,健全政府促进就业责任制度。促进以高校毕业生为重点的青年就业和农村转移劳动力、城镇困难人员、退役军人就业。结合产业升级开发更多适合高校毕业生的就业岗位。实行激励高校毕业生自主创业政策,整合发展国家和省级高校毕业生就业创业基金。实施离校未就业高校毕业生就业促进计划,把未就业的纳入就业见习、技能培训等就业准备活动之中,对有特殊困难的实行全程就业服务。

形成合理有序的收入分配格局。着重保护劳动所得,努力实现劳动报酬增长和劳动生产率提高同步,提高劳动报酬在初次分配中的比重。完善以税收、社会保障、转移支付为主要手段的再分配调节机制,加大税收调节力度。规范收入分配秩序,完善收入分配调控体制机制和政策体系,建立个人收入和财产信息系统,保护合法收入,调节过高收入,清理规范隐性收入,取缔非法收入,增加低收入者收入,扩大中等收入者比重,努力缩小城乡、区域、行业收入分配差距,逐步形成橄榄型分配格局。

建立更加公平可持续的社会保障制度。坚持社会统筹和个人账户相结合的基本养老保险制度,完善个人账户制度,健全多缴多得激励机制,确保参保人权益,实现基础养老金全国统筹,坚持精算平衡原则。

健全社会保障财政投入制度,完善社会保障预算制度。积极应对人口老龄化,加快建立社会养老服务体系和发展老年服务产业。健全农村留守儿童、妇女、老年人关爱服务体系,健全残疾人权益保障、困境儿童分类保障制度。

深化医药卫生体制改革。统筹推进医疗保障、医疗服务、公共卫生、药品供应、监管体制综合改革。深化基层医疗卫生机构综合改革,健全网络化城乡基层医疗卫生服务运行机制。鼓励社会办医,优先支持举办非营利性医疗机构。坚持计划生育的基本国策,启动实施一方是独生子女的夫妇可生育两个孩子的政策,逐步调整完善生育政策,促进人口长期均衡发展。

(二)创新社会治理体制

改进社会治理方式。坚持系统治理,加强党委领导,发挥政府主导作用,鼓励和支持社会各方面参与,实现政府治理和社会自我调节、居民自治良性互动。

激发社会组织活力。正确处理政府和社会关系,加快实施政社分开,推进社会组织明确权责、依法自治、发挥作用。适合由社会组织提供的公共服务和解决的事项,交由社会组织承担。

创新有效预防和化解社会矛盾体制。健全重大决策社会稳定风险评估机制。

健全公共安全体系。完善统一权威的食品药品安全监管机构,建立最严格的覆盖全过程的监管制度,建立食品原产地可追溯制度和质量标识制度,保障食品药品安全。

加大依法管理网络力度,加快完善互联网管理领导体制,确保国家网络和信息安全。设立国家安全委员会,完善国家安全体制和国家安全战略,确保国家安全。

五、生态建设领域的深化改革

加快生态文明制度建设。健全自然资源资产产权制度和用途管制制度。对水流、森林、山岭、草原、荒地、滩涂等自然生态空间进行统一确权登记,形成归属清晰、权责明确、监管有效的自然资源资产产权制度。

划定生态保护红线。坚定不移实施主体功能区制度,建立国土空间开发保护制度,严格按照主体功能区定位推动发展,建立国家公园体制。

探索编制自然资源资产负债表,对领导干部实行自然资源资产离任审计。建立生态环境损害责任终身追究制。

实行资源有偿使用制度和生态补偿制度。加快自然资源及其产品价格改革,全面反映市场供求、资源稀缺程度、生态环境损害成本和修复效益。

改革生态环境保护管理体制。建立和完善严格监管所有污染物排放的环境保护管理制度,独立进行环境监管和行政执法。建立陆海统筹的生态系统保护修复和污染防治区域联动机制。健全国有林区经营管理体制,完善集体林权制度改革。及时公布环境信息,健全举报制度,加强社会监督。完善污染物排放许可制,实行企事业单位污染物排放总量控制制度。

六、军队和国防建设的深化改革

着力解决制约国防和军队建设发展的突出矛盾和问题,创新发展军事理论,加强军事战略指导,完善新时期军事战略方针,构建中国特色现代军事力量体系。

深化军队体制编制调整改革。推进领导管理体制改革,优化军委总部领导机关职能配置和机构设置,完善各军兵种领导管理体制。健全军委联合作战指挥机构和战区联合作战指挥体制,推进联合作战训练和保障体制改革。完善新型作战力量领导体制。加强信息化建设集中统管。优化武装警察部队力量结构和指挥管理体制。

优化军队规模结构,调整改善军兵种比例、官兵比例、部队与机关比例,减少非战斗机构和人员。

推进军队政策制度调整改革。健全完善与军队职能任务需求和国家政策制度创新相适应的军事人力资源政策制度。以建立军官职业化制度为牵引,逐步形成科学规范的军队干部制度体系。健全完善文职人员制度。完善兵役制度、士官制度、退役军人安置制度改革配套政策。健全军费管理制度,健全完善经费物资管理标准制度体系,健全军事法规制度体系。

推动军民融合深度发展。在国家层面建立推动军民融合发展的统一领导、军地协调、需求对接、资源共享机制。健全国防工业体系,完善国防科技协同创新体制,改革国防科研生产管理和武器装备采购体制机制,引导优势民营企业进入军品科研生产和维修领域。改革完善依托国民教育培养军事人才的政策制度。拓展军队保障社会化领域。深化国防教育改革。健全国防动员体制机制,完善平时征用和战时动员法规制度。深化民兵预备役体制改革。调整理顺边海空防管理体制机制。

七、全面深化改革的领导和保障

全面深化改革必须加强和改善党的领导,充分发挥党总揽全局、协调各方的领导核心作用,建设学习型、服务型、创新型的马克思主义执政党,提高党的领导水平和执政能力，确保改革取得成功。

中央成立全面深化改革领导小组，负责改革总体设计、统筹协调、整体推进、督促落实。

各级党委要切实履行对改革的领导责任，完善科学民主决策机制，以重大问题为导向，把各项改革举措落到实处。

全面深化改革，需要有力的组织保证和人才支撑。坚持党管干部原则，深化干部人事制度改革，构建有效管用、简便易行的选人用人机制，使各方面优秀干部充分涌现。发挥党组织领导和把关作用，强化党委（党组）、分管领导和组织部门在干部选拔任用中的权重和干部考察识别的责任，改革和完善干部考核评价制度，改进竞争性选拔干部办法，改进优秀年轻干部培养选拔机制，区分实施选任制和委任制干部选拔方式，坚决纠正唯票取人、唯分取人等现象，用好各年龄段干部，真正把信念坚定、为民服务、勤政务实、敢于担当、清正廉洁的好干部选拔出来。

打破干部部门化，拓宽选人视野和渠道，加强干部跨条块跨领域交流。破除“官本位”观念，推进干部能上能下、能进能出。完善和落实领导干部问责制，完善从严管理干部队伍制度体系。深化公务员分类改革，推行公务员职务与职级并行、职级与待遇挂钩制度，加快建立专业技术类、行政执法类公务员和聘任人员管理制度。完善基层公务员录用制度，在艰苦边远地区适当降低进入门槛。

建立集聚人才体制机制。打破体制壁垒，扫除身份障碍，让人人都有成长成才、脱颖而出的通道，让各类人才都有施展才华的广阔天地。完善党政机关、企事业单位、社会各方面人才顺畅流动的制度体系。健全人才向基层流动、向艰苦地区和岗位流动、在一线创业的激励机制。加快形成具有国际竞争力的人才制度优势，完善人才评价机制，增强人才政策开放度，广泛吸引境外优秀人才回国或来华创业发展。

充分发挥人民群众积极性、主动性、创造性，充分发挥工会、共青团、妇联等人民团体作用，齐心协力推进改革。鼓励地方、基层和群众大胆探索，加强重大改革试点工作，及时总结经验，宽容改革失误，加强宣传和舆论引导，为全面深化改革营造良好社会环境。

八、全面深化改革告诉了世界什么？

毫无疑义，中国的全面深化改革，对世界发展将产生重大影响。因而，得到了世界各国的广泛、密切的关注。

中国共产党的十八届三中全会，被全球某些媒体冠以中国"改革的拐点"和"经济的分水岭"，美国智库布鲁金斯学会约翰·桑顿中国中心主任李成认为，中国已成为全球规模最大的消费市场之一，本次全会作出的经济改革举措，特别是金融改革措施，将为中国的投资者提供更多投资渠道，推动私营企业成为中国经济增长的一个重要动力，这对中国经济具有重要意义，全球经济也将获益于中国经济转型和升级版经济改革。

美国哈佛大学商学院名誉教授沃伦·麦克法兰说，本次会议出台的改革措施将使中国在世界面前更加透明，使中国在各方面与世界有效互动。中国改革的每一步都令其他国家与中国的合作更加便捷。中国法律制度的逐步健全，也将使投资者更加放心。

美国《华盛顿邮报》报道认为，中国改革迫在眉睫，改革内容包括发挥市场规律作用、鼓励创新、减少政府对经济干预、提高消费者购买力以及限制地方政府无度消费冲动。中共十八届三中全会不仅对中国和中共意义重大，对整个世界也影响深远。

澳大利亚国立大学东亚经济研究所主任彼得·德赖斯代尔表示，中国经济可持续发展以及资本更自由流动和商业更自信运行，将使其他国家有机会从中获益，本次会议对中国及其主要合作伙伴都非常重要，相信中国与世界联系的平台会逐步变得更加多元。

俄罗斯科学院远东研究所专家雅科夫·别尔格尔认为，本次全会将通过的改革方案，有助于吸引国内外资本，进一步发挥中国经济中的市场配置功能。总体来说，中国市场是庞大和包容的。对世界经济而言，这个市场依然是首选目标，利润值也非常高。

上述一些学者和媒体对中国全面深化改革的分析和评价各有不同，视角不同，但是有一个共同的看法，那就是：世界各国将通过中国的全面深化改革，从中获益。

是的，中国的发展离不开世界，世界的发展离不开中国。今天的中国，无论在经济、政治、文化、社会和生态以及其他各个领域的所有变革，都与世界的发展发生着紧密的联系。常言道："牵一发而动全身"，当下的中国也正是这样，世界在目睹中国、聚焦中国。中国已经走上了世界舞台的中心。那么，中国的全面深化改革究竟会对世界产生什么影响？告诉世界了什么？我们认为把这两个问题讨论

清楚,具有重要的现实意义。这里,笔者试图从宏观上谈几点看法:

第一,中国道路的新开拓——全面深化改革再出发,给世界带来一个十分明确的信号:全面深化改革是在获取中国过去改革成功经验的基础上进行的,即坚持中国共产党的领导,贯彻党的基本路线,不走封闭僵化的老路,不走改旗易帜的邪路,坚定走中国特色社会主义道路,始终确保改革正确方向。显然,是在告诉世界:坚定地走中国特色社会主义道路,不会改变。

全面深化改革的重点是经济体制改革,核心问题是处理好政府和市场的关系,使市场在资源配置中起决定性作用和更好发挥政府作用。比之过去,如果说中国有改变的地方就在于此。过去的提法是市场在资源配置中起基础性作用,现在改为起决定性作用。这个改变,表明了中国已经认识到市场决定资源配置是市场经济的一般规律,健全社会主义市场经济体制必须遵循这条规律。

全面深化改革的方法和目的是,坚持解放思想、实事求是、与时俱进、求真务实,一切从实际出发,总结国内成功做法,借鉴国外有益经验,勇于推进理论和实践创新;坚持以人为本,尊重人民主体地位,发挥群众首创精神,紧紧依靠人民推动改革,促进人的全面发展;坚持正确处理改革发展稳定关系,胆子要大、步子要稳,加强顶层设计和摸着石头过河相结合,整体推进和重点突破相促进,提高改革决策科学性,广泛凝聚共识,形成改革合力。

这就告诉世界,中国的全面深化改革不是转向,不是拐点,更不是分水岭,而是在已经成功的中国道路上的新开拓、新探索。因此,那种认为中国全面深化改革是另起炉灶、改变社会主义方向的认识,是不靠谱的。

第二,经济建设领域的深化改革,仍然继续坚持"两个必须毫不动摇"的方针和原则,没有改变。即:必须毫不动摇巩固和发展公有制经济,坚持公有制主体地位,发挥国有经济主导作用,不断增强国有经济活力、控制力、影响力。必须毫不动摇鼓励、支持、引导非公有制经济发展,激发非公有制经济活力和创造力。

这就告诉世界,中国还将坚定不移地发展国有经济,发展社会主义公有制,而不是削弱国有经济,更不是全面私有化。那种认为中国将大力削减国有企业甚至将国有企业私有化的看法,是不对路的。同时,中国将继续毫不动摇地发展非公有制经济,这是由于中国正处在社会主义初级阶段这样的特点而决定的。不但不能削弱非公经济、阻碍非公经济,而是要大力支持非公有制经济健康发展。现在,中国给予非公企业发展的力度很大,将消除各种隐性壁垒,制定非公有制企业进入特许经营领域具体办法。鼓励非公有制企业参与国有企业改革,鼓励发展非公有资本控股的混合所有制企业,鼓励有条件的私营企业建立现代企业制度。

中国经济领域的全面深化改革,除了在加快完善现代市场体系、加快转变政府职能、深化财税体制改革之外,很重要的是健全城乡发展一体化体制机制。这就告诉世界一个信号:中国将形成以工促农、以城带乡、工农互惠、城乡一体的新型工农城乡关系,让广大农民平等参与现代化进程、共同分享现代化成果。中国政府对农业、农村、农民的支持力度越来越大,鼓励农村发展合作经济,扶持发展规模化、专业化、现代化经营,鼓励和引导工商资本到农村发展适合企业化经营的现代种养业,向农业输入现代生产要素和经营模式。赋予农民更多财产权利。随着完善城镇化健康发展体制机制和推进农业转移人口市民化,中国的城乡一体化将崭新出新的美好图景,值得期待。

第三,政治建设领域的深化改革,中国的目标是充分发挥社会主义政治制度优越性。强调发展社会主义民主政治,保证人民当家作主为根本,坚持和完善人民代表大会制度、中国共产党领导的多党合作和政治协商制度、民族区域自治制度以及基层群众自治制度,更加注重健全民主制度、丰富民主形式,从各层次各领域扩大公民有序政治参与。同时,推进法治中国建设,强化权力运行制约和监督体系。因此,中国的民主政治道路,将结合本国国情,走出一条自己的路。

这就告诉世界,中国共产党对于中国特色社会主义政治制度的优越性,具有充分的信心,充满了制度自信。中国的民主政治道路不同于西方,不会走西方所谓“民主宪政”的道路,不搞多党轮流执政,不搞指导思想多元化,不搞“三权鼎立”和两院制,不搞联邦制,不搞私有化。而是始终坚持党的领导、人民当家作主、依法治国的有机统一。

这就告诉世界,人民民主是中国共产党始终高扬的光辉旗帜。改革开放以来,我们总结发展社会主义民主正反两方面经验,强调人民民主是社会主义的生命,坚持国家一切权力属于人民,不断推进政治体制改革,社会主义民主政治建设取得重大进展,成功开辟和坚持了中国特色社会主义政治发展道路,为实现最广泛的人民民主确立了正确方向。

中国特色社会主义民主政治道路表明,民主发展的趋势是不可阻挡的,中国将继续积极稳妥推进政治体制改革,发展更加广泛、更加充分、更加健全的人民民主。

第四,文化建设领域的深化改革,中国正朝着建设社会主义文化强国而努力奋斗。这就需要增强国家文化软实力,真正形成文化自觉和文化自信。全面深化改革,必须坚持社会主义先进文化前进方向,坚持中国特色社会主义文化发展道路,培育和践行社会主义核心价值观,巩固马克思主义在意识形态领域的指导地位,巩固全党全国各族人民团结奋斗的共同思想基础。坚持以人民为中心的工作导向,坚持把社会效益放在首位、社会效益和经济效益相统一,以激发全民族文化创造活力为中心环节,进一步深化文化体制改革。

这就告诉世界,作为有独特悠久历史和优秀传统文化的中国,在世界文明发展史上,在世界民族之林,占有自己的位置,对世界发展做出了重大贡献,给世界带来了多彩文明。当今中国,以马克思主义在意识形态领域为指导地位,以社会主义独特的核心价值观作为践行准则,体现了中国特色社会主义文化发展,已经走出了自己的道路。这条道路,既摈弃西方的"普世价值",反对文化霸权主义;同时对于世界各国一切可以借鉴的优秀文化成果,也都采取欢迎和学习的态度。与此相应,中国也在努力提高文化开放水平。扩大对外文化交流,加强国际传播能力和对外话语体系建设,推动中华文化走向世界。

第五,社会建设领域的深化改革,强调的是实现发展成果更多更公平惠及全体人民,必须加快社会事业改革,解决好人民最关心最直接最现实的利益问题,努力为社会提供多样化服务,更好满足人民需求。创新社会治理,必须着眼于维护最广大人民根本利益,最大限度增加和谐因素,增强社会发展活力,提高社会治理水平,全面推进平安中国建设,维护国家安全,确保人民安居乐业、社会安定有序。

这就告诉世界,中国已成为世界第二大经济实体,加快社会事业改革,为的是改革开放的成果惠及全体人民,解决好人民的切身利益问题。改革是以保障和改善民生为重点,提高人民物质文化生活水平。中国政府最大限度增加和谐因素,是因为社会和谐是中国特色社会主义的本质属性。中国已经是社会主义性质的社会,具有了构建社会主义和谐社会的根本政治前提和社会制度保证。

经过改革开放以来的不断发展,中国社会生产力水平明显提高,综合国力显著增强,人民生活总体上实现了由温饱到小康的历史性跨越,已经具备了较为坚实的物质基础,可以为缩小社会差距、促进社会公平、完善社会保障、发展社会事业、加强社会建设和管理等提供更充分的物质保证。中国各阶层、各党派、各民族、各团体政治上享有平等地位,根本利益是一致的,民族凝聚力显著增强。这些都是有利于构建和谐社会最基本的前提条件。

第六,生态建设领域的深化改革,强调的是必须建立系统完整的生态文明制度体系,实行最严格的源头保护制度、损害赔偿制度、责任追究制度,完善环境治理和生态修复制度,用制度保护生态环境。

这就告诉世界,随着改革开放的深入发展,中国已把生态文明建设放在突出地位,努力建设美丽中国,实现中华民族永续发展。中国把坚持节约资源和保护环境作为基本国策,坚持节约优先、保护优先、自然恢复为主的方针,着力推进绿色发展、循环发展、低碳发展,形成节约资源和保护环境的空间格局、产业结构、生产方式、生活方式,从源头上扭转生态环境恶化趋势,努力为人民创造良好生产生活环境,为全球生态安全做出贡献。

第七,军队和国防建设领域的深化改革,强调的是走中国特色强军之路,创新发展军事理论,加强军事战略指导,完善新时期军事战略方针,构建中国特色现代军事力量体系。深化军队体制编制调整改革,推进军队政策制度调整改革,推动军民融合深度发展。

这就告诉世界,中国将紧跟世界新军事革命加速发展的潮流,积极稳妥进行国防和军队改革,推动中国特色军事变革深入发展。坚持以创新发展军事理论为先导,着力提高国防科技工业自主创新能力,深入推进军队组织形态现代化,构建中国特色现代军事力量体系。同时也告诉世界,中国奉行防御性的国防政策,加强国防建设的目的是维护国家主权、安全、领土完整,保障国家和平发展。中国军队始终是维护世界和平的坚定力量,将一如既往同各国加强军事合作、增进军事互信,参与地区和国际安全事务,在国际政治和安全领域发挥积极作用。

如上所述,中国的全面深化改革,将不仅使世界各国的经济发展从中受益,而且将使世界各国更加理解中国、支持中国,和中国开展合作,实现共赢。

正如巴基斯坦前军工生产部长、巴国家电视台特约评论员塔里·马苏德退役陆军中将所言:“中共十八届三中全会的《决定》影响已超越了国界,具有世界意义。1978 年中国刚刚推进改革开放时,中国只是政治大国,而非经济大国,人们关注中国角度和程度与今天不同。2013 年的中国深化改革,对世界经济前进的方向有重大意义,对发展中国家的经济改革有重要的指导意义。我多次去过美国和中国,在美国的智库中,他们把全球经济的首要关注点放在亚太,而把亚太地区的第一关注点放在中国,可以说,中国未来深化改革方向和举措不仅具有世界意义,而且会改变世界经济进程。中国的改革已经进入了一个新的历史转折点。”

是的,中国的全面深化改革正处在新的历史转折点上。对于全面深化改革取得的成果,中国人民和世界人民都充满了新的期待。

第二节 新里程碑:制度化方案——全面建设法治中国

中国是不是一个法治国家?国际社会曾有人怀疑。回答当然是肯定的:yes!现在,当外国友人来到中国,深入到中国社会的各个领域之中,他们会清晰地看到,中国正在加快建设社会主义法治国家,正在坚定地走中国特色社会主义法治道路。

曾几何时,国际社会总是有些人说"中国不是法治国家,是人治国家,是人治大于法治",他们批评中国"不搞西方国家的三权分立,政党大于司法,司法不是独立的";等等。其实,这里面有误解,也有对中国坚持走法治道路的歪曲。当然,更有极少数否定和攻击中国特色社会主义民主政治制度的言论,这也是不奇怪的。当下的中国,正脚踏实地、勇往直前地走自己的路,这就是中国特色社会主义法治道路。以习近平同志为核心的党中央和中国政府关于法治中国的理论和实践,非常鲜明地阐明了法治中国的立场,明确地回答了国家社会的疑问,有力地驳斥了西方社会某些人对中国的攻击。

党的十八大以来,中国共产党和中国政府,更加坚决地强调走中国特色社会主义法治道路。从十八大到十八届三中、四中、五中全会直到现今,全面依法治国已经得到贯彻落实和正在进行之中,这是一个动态的不断前进的过程。

法治中国具有明晰的顶层设计并被付诸实践。

党的十八大提出,法治是治国理政的基本方式,要加快建设社会主义法治国家,全面推进依法治国;到2020年,依法治国基本方略全面落实,法治政府基本建成,司法公信力不断提高,人权得到切实尊重和保障。党的十八届三中全会进一步提出,建设法治中国,必须坚持依法治国、依法执政、依法行政共同推进,坚持法治国家、法治政府、法治社会一体建设。党的十八届四中全会提出"建设中国特色社会主义法治体系,建设社会主义法治国家",制定出全面推进依法治国的总蓝图,是中共党史上第一次专门研究法治建设的中央全会,是一座法治里程碑,开创了全面依法治国的新局面。

2013年1月7日,习近平总书记在召开的"全国政法工作电视电话会议"的讲话中明确指出:"全国政法机关要顺应人民群众对公共安全、司法公正、权益保障的新期待,全力推进平安中国、法治中国、过硬队伍建设。"至此,"法治中国"的概念应运而生。“法治中国”概念的提出具有非常重要的战略意义，它使得实现党的十五大提出的“法治国家”有了具体和明确的奋斗目标，是“法治国家”理论的继承与创新，既与“法治国家”的奋斗目标一脉相承，又具有独立的价值目标，成为新时期我国法制建设的又一个具有战略意义的风向标。①

2014 年 10 月 23 日，受中央政治局委托，习近平就《中共中央关于全面推进依法治国若干重大问题的决定》起草情况向全会作说明。他明确指出：“开拓中国特色社会主义事业更加广阔的发展前景，就必须全面推进社会主义法治国家建设，从法治上为解决这些问题提供制度化方案。”

2017 年 5 月 3 日，在中国政法大学建校 65 周年前夕，习近平来到中国政法大学考察。他强调全面推进依法治国是一项长期而重大的历史任务，要坚持中国特色社会主义法治道路，坚持以马克思主义法学思想和中国特色社会主义法治理论为指导，立德树人，德法兼修，培养大批高素质法治人才。习近平明确指出，全面依法治国是坚持和发展中国特色社会主义的本质要求和重要保障，事关我们党执政兴国，事关人民幸福安康，事关党和国家事业发展。随着中国特色社会主义事业不断发展，法治建设将承载更多使命、发挥更为重要的作用。

综上所述，全面推进依法治国，无论是作为治国理政的基本方式，还是提供制度化方案，这一法治中国的总蓝图，无疑是中国共产党在推进社会主义现代化建设的历程中的一座新的里程碑。

一、依法治国：本质要求和重要保障

中国共产党和中国政府为什么提出依法治国，怎样认识依法治国？在中国特色社会主义建设的伟大事业中，依法治国或者说法治中国的地位作用是什么？依法治国具有什么样的现实意义？这些，作为执政党的领导干部和普通党员必须清楚；每一个中国公民应该清楚；对外国友人，也需要说清楚，让他们知道真相。

中国共产党和中国政府重视法治，不仅是有历史传统的，而且积累了许多经验。

早在新民主主义革命时期，中国共产党曾经在中央苏区和陕甘宁边区执政。那一时期，就非常重视法制建设。

① 参见莫纪宏：《建设“法治中国”的辩证方法论》，《北京日报》，中国法治网：http://www.iolaw.org.cn/showArticle.aspx?id=5049。

中央苏区是全国革命根据地的“大本营”,成立了中华苏维埃共和国,开展了中国共产党建党后的第一次法制建设的“高潮”。1931 年 11 月上旬通过了《中华苏维埃共和国宪法大纲》。制定过《中华苏维埃共和国中央苏维埃组织法》《处理反革命案件和建立司法机关的暂行程序》《中华苏维埃共和国司法程序》《革命法庭条例》《革命法庭的工作大纲》《裁判部的暂行组织及裁判条例》《中华苏维埃共和国惩治反革命条例》。苏区司法制度不仅规定了审判权、审级、公审、合议、陪审、回避、起诉、公诉、辩护等制度,而且规定了上诉、抗诉、死刑复核、判决期限、当庭判决等条例。中华苏维埃政府成立后,还先后颁布了一系列保障妇女权益的法律、法令、法规及政府政策,赋予了苏区妇女在政治、经济、婚姻和教育方面与男子同等的权利,提高了苏区妇女的政治觉悟和革命热情,发挥了广大妇女在苏维埃时期革命中的作用。

陕甘宁边区的法制建设横跨土地革命战争、抗日战争和解放战争三个时期,逐步形成了一套比较完整的新民主主义法制体系,不仅为争取抗日战争的胜利创造了条件,也为新中国的法制建设奠定了坚实的基础。

陕甘宁边区高等法院成立于 1937 年 7 月 12 日,其前身是中华苏维埃共和国西北办事处司法部,其职能是领导及负责边区的审判、检察工作和司法行政工作。陕甘宁边区高等法院内设民事审判庭、刑事审判庭、检察处、书记员室、司法后勤处、监狱、警卫队等机构。高等法院在中共中央的重视支持下,先后推行了三级三审制度、上诉制度、人民陪审员制度、狱政制度。1937 年 9 月 6 日,原陕甘宁苏维埃政府适应发展抗日民主统一战线的需要,改组为陕甘宁边区抗日民主政府。边区政府成立一个月后,延安发生了黄克功逼婚杀人案。黄克功一案在延安影响很大,对黄克功一案的正确判决处理,标志着苏维埃民主法制向抗日民主法制的转变。党中央和毛泽东以此案为典型,教育全党和边区干部群众树立抗日民主法制观念。

新中国成立,1949 年 9 月 29 日,由中国人民政治协商会议通过的《中国人民政治协商会议共同纲领》(以下简称《共同纲领》)起到了临时宪法的作用。依据《共同纲领》,成立了中央人民政府,建立了各级人民民主政权,巩固了新中国所取得的各项成果,为新中国的法制建设奠定了基础。

1950 年婚姻法是新中国成立后颁布的第一部法律。该婚姻法第 1 条就开宗明义地宣告:废除包办强迫、男尊女卑、漠视子女利益的封建主义婚姻制度。实行男女婚姻自由、一夫一妻、男女权利平等、保护妇女和子女合法利益的新民主主义婚姻制度。1954 年 9 月 20 日,中华人民共和国第一届全国代表大会第一次会议通过了《中华人民共和国宪法》,这是中国第一部社会主义宪法。该宪法共 4 章 106 条,对工人阶级领导的、以工农联盟为基础的人民民主专政的国家性质、建设社会主义的总目标和步骤、人民代表大会的政治制度、人民的权利和义务等都作了明确的规定。1954 年宪法成为新中国政权建设的法律基础,此后一段时期,中国制定了 100 多部法律、法令和有关法律问题的决议、决定。

但是,从 20 世纪 50 年代后期开始,法制建设受到"左"的倾向影响,立法工作停滞不前;特别是 1966—1976 年"文化大革命"十年期间,法制建设遭受严重挫折。这些挫折告诉执政党和人民,一个国家没有法制,不进行法制建设,是万万不行的。

改革开放以后,中国共产党拨乱反正,吸取了"文化大革命"的教训,重新高度重视法治。1978 年 12 月,邓小平强调指出:"应该集中力量制定刑法、民法、诉讼法和其他各种必要的法律,例如工厂法、人民公社法、森林法、草原法、环境保护法、劳动法、外国人投资法等等,经过一定的民主程序讨论通过,并且加强检察机关和司法机关,做到有法可依,有法必依,执法必严,违法必究。"从 70 年代末到 90 年代初,随着经济社会的急剧转型和快速发展,中国特色社会主义法律体系在一个较短时期内初步构建起来。例如,1979 年通过了《中华人民共和国刑法》《中华人民共和国刑事诉讼法》;1982 年通过了《中华人民共和国民事诉讼法(试行)》,1982 年通过了新修订的《中华人民共和国宪法》;1986 年通过了《中华人民共和国民法通则》;还有 1989 年的《中华人民共和国行政诉讼法》;等等。特别是到了 1997 年,在中国共产党的第十五次全国代表大会上,提出了依法治国、建设社会主义法治国家,强调依法治国是党领导人民治理国家的基本方略,是发展社会主义市场经济的客观需要,是社会文明进步的重要标志,是国家长治久安的重要保障。

什么是依法治国? 党的十五大报告作了精辟概括:依法治国,就是广大人民群众在党的领导下,依照宪法和法律规定,通过各种途径和形式管理国家事务,管理经济文化事业,管理社会事务,保证国家各项工作都依法进行,逐步实现社会主义民主的制度化、法律化,使这种制度和法律不因领导人的改变而改变,不因领导人看法和注意力的改变而改变。

特别需要指出,1999 年通过的《中华人民共和国宪法修正案》将"依法治国、建设社会主义法治国家"的治国方略写进了宪法条文,表明了新中国走向法治之路的坚定决心和信念。

进入21世纪以后,中国共产党和中国政府更加坚定地走法治道路。

党的十六大提出,发展社会主义民主政治,最根本的是要把坚持党的领导、人民当家作主和依法治国有机统一起来。2004年通过的《中华人民共和国宪法修正案》又将"国家尊重和保障人权"写进了宪法,"人权入宪"使得中国法制建设基本上与国际惯例接轨,凸显了中国社会主义法制与时俱进的时代特征。

党的十七大提出,依法治国是社会主义民主政治的基本要求,强调要全面落实依法治国基本方略,加快建设社会主义法治国家。党的十八大强调,要更加注重发挥法治在国家治理和社会管理中的重要作用。

党的十八大以后,中国共产党和中国政府坚持走法治道路,登上了新的台阶,提出了新的论断。强调落实依法治国基本方略,加快建设社会主义法治国家,必须全面推进科学立法、严格执法、公正司法、全民守法进程,强调坚持党的领导,更加注重改进党的领导方式和执政方式;依法治国,首先是依宪治国;依法执政,关键是依宪执政;强调在新形势下,党要履行好执政兴国的重大职责,必须依据党章从严治党、依据宪法治国理政;党领导人民制定宪法和法律,党领导人民执行宪法和法律,党自身必须在宪法和法律范围内活动,真正做到党领导立法、保证执法、带头守法。

现在,全面建成小康社会进入决定性阶段,改革进入攻坚期和深水区。中国共产党面对的改革发展稳定任务之重前所未有、矛盾风险挑战之多前所未有,依法治国在党和国家工作全局中的地位更加突出、作用更加重大。全面推进依法治国是关系中国共产党执政兴国、关系人民幸福安康、关系党和国家长治久安的重大战略问题,是完善和发展中国特色社会主义制度、推进国家治理体系和治理能力现代化的重要方面。

从上述中国共产党和中国政府走法治道路的历程来看,法治道路在中国既有优秀的传统文化基因,也有宝贵的历史经验,还有深刻的历史教训,更有活生生的现实和实践,所有这些,都是中国共产党和中国政府及中国人民的宝贵财富。

中国共产党得出这样的认识结论:依法治国,是坚持和发展中国特色社会主义的本质要求和重要保障,是实现国家治理体系和治理能力现代化的必然要求,事关中国共产党执政兴国,事关人民幸福安康,事关党和国家长治久安。这个认识结论正是根据中国共产党执政的历史经验和教训得出的。把依法治国作为坚持和发展中国特色社会主义的本质要求和重要保障,表明中国共产党对社会主义建设规律、共产党执政规律、人类社会发展规律的深刻认识和把握。而作为执政历史上的第一个专门《决定》,无疑也具有新里程碑的意义。

二、坚持党的领导、人民当家作主、依法治国的有机统一

经过改革开放近40年的伟大实践,在民主政治道路上,中国共产党和中国政府走出了一条自己的路,这就是中国特色社会主义民主政治道路。如果要用最简略的话语说明,什么是中国特色社会主义民主政治道路?回答是:坚持党的领导、人民当家作主、依法治国的有机统一。

这是完整的一句话,也是中国特色民主政治道路的一个命题,是充满中国经验和中国智慧的科学论断。这句话、这个命题阐明了中国特色民主政治的真谛,是对法治中国的最好诠释,也是中国坚持走法治道路的核心要义。这个科学论断,表明了中国共产党和中国政府对民主政治发展规律的理性认识和科学把握。

我们完全可以这样说,把这句话或这个命题弄清楚了,就可以明确地知道中国特色民主政治道路和西方民主道路的区别所在,就可以明确地知道中国的法治道路为什么要坚持中国共产党的领导,就可以明确地知道中国为什么不搞多党制和三权分立,就可以明确地知道什么是真正的民主,就可以明确地知道为什么必须由人民来当家作主,就可以明确地知道为什么必须依法治国,就可以明确地知道党的领导、人民当家作主、依法治国三者之间的关系。在此基础上,就可以明确地认识这条道路不是凭空产生的,不是天上掉下来的,这个科学论断来之不易,是对民主政治发展规律的认识和把握,是对中国特色社会主义民主政治道路艰辛探索的宝贵成果。

弄清楚了坚持党的领导、人民当家作主、依法治国的有机统一,不仅能够回答外国读者对中国民主政治道路的种种疑惑、不解、猜疑,甚至包括歪曲、非议、攻击,而且能够使中国共产党和中国政府及中国人民坚定中国特色社会主义民主政治道路的前进方向,坚持道路自信、理论自信、制度自信、文化自信,在法治中国的道路上,大踏步前进。

下面,我们分别进行解读和阐述坚持党的领导、人民当家作主、依法治国。

第一,要弄清楚中国的民主政治道路,为什么要坚持党的领导?

很多人都知道,随着新民主主义革命的胜利和成功,中华民族终于明白一个道理:“没有共产党就没有新中国。”在社会主义革命和建设时期,中国老百姓都认同“只有社会主义,才能救中国”,在毛泽东和中国共产党的带领下,坚定地走社会主义道路。改革开放以来,中国共产党和最广大人民群众,懂得了“只有中国特色

社会主义,才能发展中国、富强中国",沿着邓小平成功开辟出来的新道路,勇往直前。而所有这一切,都与坚持中国共产党的领导分不开;所有这一切,没有中国共产党的领导,就不可能实现。可以说,中国共产党的领导,是历史形成的,中国共产党的领导不是多党轮流执政的产物,是中国社会主义政治制度决定的。也可以通俗地说,只要是中国共产党领导,就一定会走社会主义道路;只要是走社会主义道路,就必须坚持中国共产党的领导。

从这个历史事实和社会主义政治制度出发,就容易理解中国共产党是中国社会主义事业的领导核心,也是社会主义民主政治建设的领导核心。无论是发展社会主义民主,还是建设社会主义法治国家,都要坚持党的政治、思想和组织领导。在中国特色社会主义建设事业中,随着全面深化改革,中国共产党作为执政党深刻认识到,推进民主政治建设和政治体制改革,必须在党的领导下进行,必须有利于坚持和改善党的领导,有利于增强党和国家的活力,而决不能削弱党的领导。这是一个根本性的大原则问题,是不可逾越的政治红线。这是因为,削弱甚至脱离了党的领导,我们的各项事业不可能成功。只有坚持党的坚强领导,才能按照最广大人民群众根本利益的要求,把全国各民族、各阶层人民的力量和意志凝聚起来,领导、组织、支持人民掌握好国家权力,管理好国家事务、社会事务和各项事业。

中国共产党代表了中国先进生产力发展的要求,代表着先进文化的前进方向,代表着最广大人民群众的根本利益。简言之,中国共产党是把握前进方向的,是老百姓的代言人和主心骨。中国老百姓把中国共产党比喻为"灯塔",再恰当不过了。因为只有坚持党的领导,才能坚持中国民主政治发展的正确方向。社会主义民主是广大劳动人民当家作主的大多数人的民主,是区别于一切剥削阶级少数人统治的新型民主。社会主义民主的性质同中国共产党的性质和宗旨是一致的。全心全意为人民服务,除了工人阶级和最广大人民群众的利益,没有自己的特殊利益,这是中国共产党区别于其他任何政党和政治派别的根本标志。因此,只有坚持共产党的领导,就是坚持民主的社会主义性质,坚持人民在国家和社会中的主人翁地位。削弱和脱离党的领导,社会主义民主政治建设就会偏离正确的方向,社会主义国家政权甚至改变性质。如果放弃共产党领导,照搬西方政治制度,社会主义民主政治道路就会走入死胡同。

中国特色社会主义民主政治发展道路,是在中国共产党的领导下,在结合中国国情并比较外国民主政治发展道路,摈弃其各种弊端后,探索出来的新路。这条新路有别于西方的民主政治道路。中国共产党和中国政府之所以不搞多党制和三权分立,是因为西方的民主政治制度并不符合中国国情。西方民主政治的资产阶级代表性及其虚伪的金钱政治,也成为诟病所不能接受。中国共产党是在社会主义民主建设的实践中,坚持把马克思主义国家学说和民主理论应用于中国的具体实际,在世界人口最多的东方大国,创造性地建立起工人阶级领导的、以工农联盟为基础的人民民主专政的社会主义国家政权,实行人民代表大会制度、共产党领导的多党合作和政治协商制度、民族区域自治制度以及基层群众自治制度。这是中国共产党领导全国人民进行伟大历史创造所取得的成果,是中国人民当家作主、实现国家繁荣昌盛和民族复兴的制度保证。中国共产党在民主政治道路上所取得历史成果,足以使西方世界刮目相看。这一整套制度是在中国共产党的领导下制定出来并付诸实践的,没有中国共产党的坚强领导,就没有可能制定出这一整套政治制度,也不可能使这些制度在实践中进一步完善,就不可能取得创造性的伟大历史成果。

这也就是说,只有坚持中国共产党的领导,依法治国才能有可靠的政治保证。领导中国特色社会主义建设事业的核心力量是中国共产党,她作为执政党也必须是建设社会主义法治国家的领导核心。法制建设和依法治国的实践,离不开党的领导。坚持党的领导是社会主义法治与资本主义法治的根本区别;也是社会主义民主和资本主义民主的根本区别。中国共产党的领导,代表最广大人民根本利益的诉求,只有党才能真正代表人民、带领人民、组织人民,把人民的意志和要求变成党的政策,并通过人大立法程序上升为国家意志,从而赋予法的形式。宪法和法律是由党领导人民制定的,体现了党的正确主张与广大人民意志的统一;行政机关和司法机关的正确执法,是在党的领导下进行的;广大人民群众依法行使各项民主权利,也是由中国共产党领导和组织的。中国特色社会主义法治,和西方国家法治的根本区别,具体的原因还是,在中国是中国共产党作为执政党,领导人民制定宪法和法律,又通过各级党组织和广大党员的先锋模范作用,保证法律的实施。这和西方国家不一样,和西方国家的法治道路完全不同。中国共产党坚持在宪法和法律的范围内活动,支持国家的立法、司法、行政机关依法履行相对独立的职责,在加强对工会、共青团、妇联等组织领导的同时,支持并充分发挥它们在政治建设中的积极作用。但是做到这些,不等于也不是三权分立,更不是多党制,而是中国特色社会主义民主政治。

第二,要弄清楚为什么必须由人民当家作主?

中国是社会主义国家，人民当家作主是社会主义民主政治的本质要求。简言之，社会主义民主就是人民当家作主。

人民当家作主，体现社会主义民主政治的本质，是时时处处把人民的利益和要求放在第一位，在经济、政治、文化、社会、生态建设等重大问题上，倾听人民大众的声音，发言权和决定权在人民手中。人民当家作主不是空洞的口号，而是实实在在的行动。社会主义民主政治建设的出发点和落脚点，是人民当家作主，舍此无他。发展社会主义民主政治，归根结底是为了实现好、维护好、发展好人民当家作主的民主权利和根本利益。过去，中国共产党领导人民推翻剥削阶级统治、建立人民政权，就是要组织和支持人民当家作主，依法管理国家和社会事务，管理各项事业，实现最广大人民的利益和意志。而中国共产党执政的根本目的，是为人民服务。现在，建设中国特色社会主义民主政治，建设法治中国，就是为了实现社会主义民主的制度化、规范化、程序化，为人民当家作主提供政治和法律制度保障。离开了人民当家作主，社会主义政治法律制度就失去了前提和基础。同时，人民群众也是党的执政基础，没有人民群众，党的领导就成为无源之水、无本之木。执政党和人民群众是水和舟的关系，水能载舟，也能覆舟。中国共产党始终努力着，永远把人民的诉求和呼声放在第一位。

人民当家作主，是要通过社会主义民主政治建设的实践，来具体体现的。中国共产党领导人民在建立社会主义国家政权的基础上，创造了民主选举、民主决策、民主管理、民主监督等各方面都具有中国特色的具体形式和制度，保证了广大人民群众依法享有广泛的民主权利。这些具体形式和制度，其中包括人民代表大会制度、共产党领导的多党合作和政治协商制度、民族区域自治制度以及基层群众自治制度，是适合中国国情、人民当家作主的重要制度保证，也是适应社会主义经济基础、推动中国经济社会又好又快发展的政治上层建筑。这些具体形式和制度，是新型的、具有中国特色的人民民主实践形式，是坚持党的领导、人民当家作主和依法治国有机统一的基本实践形式，是社会主义中国的民主政治，对人类政治文明的重大贡献，是建设中国特色社会主义民主政治的重大成果。

现在，面对新的形势，中国共产党进一步扩大人民民主，从各个层次各个领域扩大公民有序的政治参与，努力使政治建设适应经济文化社会建设和时代要求，满足人民群众不断增强的政治参与愿望，在制度创新方面取得新进展，创造人民依法管理国家事务、管理经济和文化事业、管理社会事务的新途径新形式，推进社会主义民主的制度化、规范化、程序化，为党领导人民有效治理国家提供制度保证,时时处处体现着人民当家作主。

第三,要弄清楚为什么必须依法治国?

改革开放以来,中国共产党和中国政府从加强法制建设到走法治道路,强调依法治国是执政党领导人民治理国家的基本方略,并把依法治国写入国家的根本大法《中华人民共和国宪法》之中,是一个认识不断深入、前进的过程。

前文曾论及,中国共产党和中国政府有着法制建设的历史传统和文化基因,也曾高度重视法制建设。但是,"文化大革命"停滞和破坏法制建设的教训,使得执政党铭记在心,仅仅在认识上高度重视法制建设,还是不够的。必须将依法治国作为治国方略,从《宪法》这一根本大法的层面上,解决治国理政和国家如何发展问题。

党的十五大以前,执政党认识到民主是法制的前提和基础,法制是民主的体现和保障。发展社会主义民主,必须加强社会主义法制,使民主制度化、规范化、程序化。到了十五大,提出实施依法治国方略,提出必须坚持有法可依、有法必依、执法必严、违法必究的方针,不断推进完善立法、严格执法、公正司法、全民守法的进程。十六大、十七大继续强调依法治国。特别是十八大以来,逐步认识到实行依法治国,对执政党本身而言,最根本的就是要提高治国理政的法治化水平。

现在,中国共产党和中国政府强调全面依法治国,提高治理国家的法治化水平。中国共产党的方针、政策是立法的依据和执法、司法的重要指导,同法律在本质上是一致的。法律是经过实践检验和法定程序上升为国家意志的主张。执政党认识到,必须加强对立法的领导,善于把正确的政策主张上升为法律,主要依靠法律治理国家、管理社会。党的执政主张,凡是要上升为国家意志的,必须由国家权力机关经过法定程序,使之成为法律法规或国家机关的决议、决定;再由各级各类国家机关依法实行。通过法定程序,把党的路线、方针、政策、主张上升为国家意志,从法律制度上保证党的基本路线、基本纲领、基本经验的长期稳定和贯彻实施,保证党始终发挥总览全局、协调各方的领导核心作用。

坚持依法治国,必须在科学立法、民主立法的基础上,加强宪法和法律实施,维护社会公平正义,维护社会主义法制的统一、尊严、权威。坚持法律面前一律平等,一切政党和社会组织,所有公民和社会团体,所有国家机关和武装力量,都必须以宪法和法律为活动准则,任何个人和组织都不允许有超越法律之上的特权。各级党组织和全体党员特别是党员领导干部必须增强法制观念,树立依法执政意识和社会主义法治理念,自觉地在宪法和法律范围内活动,严格依法办事。要善于依法行政，按照宪法、法律和法规管理国家和社会事务，为人民掌好权、用好权，依法保证全体社会成员平等参与、平等发展的权利，保障公民合法权益。

全面依法治国是十八大以来，以习近平同志为核心的党中央，提出“四个全面”战略布局的内容之一，这是深化认识中国特色社会主义民主政治道路的必然选择。

综上所述，我们可以进一步认识坚持党的领导、人民当家作主、依法治国三者之间的关系。

“坚持党的领导、人民当家作主、依法治国的有机统一”这个科学论断，既坚持了社会主义政治建设的重要指导方针，也突出了中国社会主义政治制度的特点和优势，是中国共产党对社会主义民主政治建设的规律性认识。坚持把这三者统一于社会主义民主政治建设的实践，是坚持中国特色社会主义政治发展道路的根本要求，是社会主义民主政治健康发展、充满活力的根本保证。

党的领导和依法治国的关系，强调二者关系是法治建设的核心问题。全面推进依法治国，最关键的是方向是不是正确、政治保证是不是坚强有力，具体说是否坚持党的领导，是否坚持中国特色社会主义制度，贯彻中国特色社会主义法治理论。党的领导是中国特色社会主义最本质的特征，是社会主义法治最根本的保证。中国特色社会主义制度是中国特色社会主义法治体系的根本制度基础，是全面推进依法治国的根本制度保障。同时，中国特色社会主义法治理论，是中国特色社会主义法治体系的理论指导和学理支撑，是全面推进依法治国的行动指南。

党的领导和人民当家作主的关系，强调二者之间的一致性原则。中国共产党的宗旨是全心全意为人民服务，作为执政党的中国共产党没有自己的利益，只是代表最广大人民群众的利益，因而执政党和人民当家作主是统一的。人民当家作主，需要通过党的领导来实现，党的领导是人民当家作主的保障；而做到了人民当家作主，就一定会拥护和支持党的领导，确保党的领导的可持续性，昭示了党的领导和民主政治制度的合法性。

人民当家作主和依法治国的关系，强调二者之间是相辅相成的。人民当家作主，要有法治来保障。国家法律必须体现人民的意志，保障人民意志和诉求实现。没有法律的保障，人民当家作主，会成为空谈；如果人民不能当家作主，法律维护和保障的绝不是人民的利益，就会影响甚至改变民主政治的社会主义性质。

综合起来看，坚持党的领导、人民当家作主、依法治国的有机统一，这三个方面实质上是中国特色社会主义法治道路的核心要义，规定和确保了中国特色社会主义法治体系的制度属性和前进方向。国家法律既反映了全国人民的利益和意志，也反映了党的政策和主张。法律的贯彻实施，也就是党的主张和人民的意志的贯彻实施，党的领导和人民民主就在法律层面得到了落实。把党的领导、人民民主、依法治国统一起来，用法律手段实现和保证党的领导、人民民主，这是国家长治久安和巩固党的执政地位的重要保障。

总而言之，坚持党的领导、人民当家作主、依法治国的有机统一，贯穿于社会主义民主政治建设的全过程和各个方面。无论是推进社会主义民主政治建设，还是推进政治体制改革，无论是扩大社会主义民主，还是健全社会主义法制，都必须坚持这三者的统一。

三、依法维护人民权益、维护社会公平正义、维护国家安全稳定

全面依法治国，必须坚决维护宪法法律权威，依法维护人民权益、维护社会公平正义、维护国家安全稳定，这是法治中国的基本任务。

中国共产党始终代表最广大人民的根本利益，就必须坚持把人民的根本利益作为出发点和归宿，充分发挥人民群众的积极性主动性创造性，在社会不断发展进步的基础上，使人民群众不断获得切实的经济、政治、文化利益。

人民经济利益是指人民物质财富的增加和物质生活质量的提高。人民政治利益是指人民群众在政治生活中政治地位的提高和民主权利的行使。人民文化利益是指人民群众教育科学水平和精神生活质量的提高。经济利益具有基础性和决定性，政治利益和文化利益是经济利益在上层建筑领域的反映。经济利益、政治利益、文化利益之间相互影响、相互制约、互为前提。维护人民的根本利益，永远不能满足和停留在已有的水平上。随着改革逐步深入，经济利益不断得到满足之后，政治利益和文化利益的需求日益凸显。随着开放不断扩大，人民利益横向对比的空间不断拓展，发达国家的情况往往成为人们的参照，进而产生更高层次的向往和追求。

中国是人民民主专政的社会主义国家，公平正义是中国特色社会主义的内在要求。自由、平等、公正、法治体现了社会主义核心价值观在社会价值选择上的导向。中国共产党始终把实现社会公平正义作为重要使命。党的十八大以来将维护社会公平正义，作为新的历史条件下夺取新胜利必须牢牢把握的基本要求，强调要逐步建立以权利公平、机会公平、规则公平为主要内容的社会公平保障体系，努力营造公平的社会环境，保证人民平等参与、平等发展权利。把促进社会公平

正义、增进人民福祉,作为全面深化改革的出发点和落脚点。

按照全面依法治国的要求,公平正义是政法工作的生命线,促进社会公平正义是政法工作的核心价值追求;以实际行动维护社会公平正义,让人民群众切实感受到公平正义就在身边;重点解决好损害群众权益的突出问题,决不允许对群众的报警求助置之不理,决不允许让普通群众打不起官司,决不允许滥用权力侵犯群众合法权益,决不允许执法犯法造成冤假错案。

人民法院促进社会公平正义,必须始终坚持法律面前人人平等,对于一切公民,不分民族、种族、性别、职业、社会出身、宗教信仰、教育程度、财产状况、居住期限,在适用法律上一律平等,不允许有任何特权。必须依法公正对待人民群众的诉求,紧紧围绕"让人民群众在每一个司法案件中都感受到公平正义"这个目标,牢牢把握司法为民、公正司法这条主线。必须加强人权司法保障,严格落实罪刑法定、疑罪从无、证据裁判、公开审判等司法理念和原则,坚决防止和纠正冤假错案,维护人民群众对法治建设的信心。必须维护宪法法律权威,坚决反对以言代法、以权压法、徇私枉法,依法惩治违法犯罪行为,增强全民法治观念,为改革发展稳定营造良好法治环境。

改革开放以来,中国共产党始终高度重视正确处理改革发展稳定关系,始终把维护国家安全和社会安定作为党和国家的一项基础性工作。保持了社会大局稳定,为改革开放和社会主义现代化建设营造了良好环境。准确把握国家安全形势变化新特点新趋势,坚持既重视外部安全又重视内部安全、既重视国土安全又重视国民安全、既重视传统安全又重视非传统安全、既重视发展问题又重视安全问题、既重视自身安全又重视共同安全,切实做好国家安全各项工作。加强对人民群众的国家安全教育,提高全民国家安全意识。

维护国家安全,必须做好维护社会和谐稳定工作,做好预防化解社会矛盾工作,从制度、机制、政策、工作上积极推动社会矛盾预防化解工作。增强发展的全面性、协调性、可持续性,加强保障和改善民生工作,从源头上预防和减少社会矛盾的产生。完善和落实维护群众合法权益的体制机制,完善和落实社会稳定风险评估机制,预防和减少利益冲突。对各类社会矛盾,引导群众通过法律程序、运用法律手段解决,推动形成办事依法、遇事找法、解决问题用法、化解矛盾靠法的良好环境。

党的十八大以来,中国政府通过科学立法、严格执法、公正司法、全民守法,加快了全面依法治国的步伐,老百姓越来越多地感受到法治带来的显著变化。2015

年，全国人大常委会修改了25部法律，实现立法和改革决策相衔接，充分发挥立法对改革的引领和推动作用，让每一处修改都反映经济社会发展规律和人民意愿。

例如，2015年4月，“史上最严”食品安全法被审议通过；8月底，全国人大常委会审议通过新大气污染防治法，为的是解决大气污染防治的主要矛盾和关键问题；10月，刑法修正案被审议通过，考试作弊、网络谣言、医闹、收买儿童等百姓深恶痛绝的行为正式入刑，备受争议的嫖宿幼女罪被取消，重特大贪污犯罪可受到“终身监禁”。

2015年5月至12月，全国法院共登记立案994.4万件，同比增长29.54%，其中行政案件同比增长66.51%。这两个数量的提升能够很好地说明，老百姓的法治意识在不断增强，对法治的公平公正信心更足，遇到问题和矛盾更希望通过法律的途径解决。

现在，中国深化司法改革，使司法公开力度空前提高。最高人民法院同步推进审判流程公开、裁判文书公开、执行信息公开三大平台建设，依托现代信息技术和新媒体平台，不断拓展司法公开的广度和深度，让人民群众在司法公开中感受到公平正义。通过加大推进司法公开力度，群众了解司法程序、法律常识等有了更多的渠道，不仅发挥了教育警示作用，而且让建设法治国家的理念更加深入人心。

中国的巡回法庭在去司法行政化和地方化、优化最高人民法院职权配置，实现司法便民利民方面，均取得较大的成绩，在全面推行司法改革中，体现了先行者的探索和使命担当，发挥了司法改革试验田的作用。2015年1月，最高人民法院分别在深圳、沈阳设立第一、第二巡回法庭，截至12月31日，两个巡回法庭共收案1774件，结案1653件，审限内结案率为100%。

与此同时，一些错案冤案的纠正，使老百姓认为一个有错能改、有错必改的司法机关更加值得信任。但这些案件也值得警醒，只有继续完善司法制度、加强司法队伍教育，法治水平才会提高，才能更符合老百姓的期待。其中有两个突出的错案冤案被纠正，影响深远，意义重大。这就是发生在内蒙古地区呼和浩特市的呼格吉勒图案件，还有河北省鹿泉市的聂树斌案件。

1996年4月9日，内蒙古呼和浩特市卷烟厂发生一起强奸杀人案，警方认定18岁的呼格吉勒图是凶手，仅61天后，法院判决呼格吉勒图死刑，并于5天后执行。2005年，真正的强奸杀人案凶手赵志红落网，他是一个惯犯，其交代的第一起案件便是当年“4·9”杀人案。

2014 年 11 月 20 日,呼格吉勒图案进入再审程序。12 月 15 日,内蒙古自治区高级人民法院对再审判决宣告:原审被告人呼格吉勒图无罪。12 月 30 日,依法作出国家赔偿决定:支付给死者父母国家赔偿金共计 205 万余元。2015 年 1 月 23 日,呼格吉勒图的父母向内蒙古检察院递交对办案人员控告举报书,有关机关和部门迅速启动追责程序,依法依规对呼格吉勒图错案负有责任的 27 人进行了追责。3 月 12 日,在第十二届全国人民代表大会第三次会议上,首席大法官、最高人民法院院长周强和首席大检察官、最高人民检察院检察长曹建明作工作报告,都提及了呼格吉勒图案。周强在报告中称,对错案“深感自责”,曹建明则表示,“对冤错案件首先深刻反省自己”。

和上述案例相似的,还有对聂树斌错案的纠正。河北省鹿泉市人聂树斌故意杀人、强奸案自 1994 年案发、1995 年判决执行死刑后历经已有 20 余年,该案案情重大、疑难、复杂,社会关注度高、影响巨大。经过 2014 年 12 月 12 日最高人民法院指令山东省高级人民法院复查、2016 年 6 月 6 日最高人民法院决定依法提审该案,按照审判监督程序再审;到 2016 年 12 月 2 日经最高人民法院第二巡回法庭宣判,以证据不足判决聂树斌无罪。

纠正错案,无疑需要极大的勇气和决心。虽然过程都是一波三折,也离不开社会各界的推动,但毕竟是中国法院系统在法律框架内部,通过正常法律程序完成的。这与具有人治色彩的“平反”相比,法治是最终的赢家。正义也许会迟到,但从不缺席。反思这两起错案的形成以及依法纠正的过程和结果,对于推动法治中国、全面依法治国来说,具有里程碑的意义。彰显了我国最高司法机关重塑司法公信力、纠正冤假错案的坚定决心,以及敢于直面错案疑案的精神。上述两案是中国全面依法治国过程中的刑事司法制度走向文明的代表性案例。

四、建设中国特色社会主义法治体系和法治国家

中国共产党的十八届三中全会和四中全会,提出了全面推进依法治国的总目标。四中全会决定提出,全面推进依法治国,总目标是建设中国特色社会主义法治体系,建设社会主义法治国家,并对这个总目标作出了阐释:在中国共产党领导下,坚持中国特色社会主义制度,贯彻中国特色社会主义法治理论,形成完备的法律规范体系、高效的法治实施体系、严密的法治监督体系、有力的法治保障体系,形成完善的党内法规体系,坚持依法治国、依法执政、依法行政共同推进,坚持法

治国家、法治政府、法治社会一体建设，实现科学立法、严格执法、公正司法、全民守法，促进国家治理体系和治理能力现代化。

这个总目标，既明确了全面推进依法治国的性质和方向，又突出了全面推进依法治国的工作重点和总抓手。可以从以下三个方面说明中国共产党和中国政府的目标、决心和工作重心。

一是向国内外鲜明宣示中国共产党和中国政府将坚定不移走中国特色社会主义法治道路。中国特色社会主义法治道路，是社会主义法治建设成就和经验的集中体现，是建设社会主义法治国家的唯一正确道路。在走什么样的法治道路问题上，必须向全社会释放正确而明确的信号，指明全面推进依法治国的正确方向，统一全党全国各族人民认识和行动。

二是明确全面推进依法治国的总抓手。全面推进依法治国涉及很多方面，在实际工作中必须有一个总览全局、牵引各方的总抓手，这个总抓手就是建设中国特色社会主义法治体系。依法治国各项工作都要围绕这个总抓手来谋划、来推进。

三是建设中国特色社会主义法治体系、建设社会主义法治国家是实现国家治理体系和治理能力现代化的必然要求，也是全面深化改革的必然要求，有利于在法治轨道上推进国家治理体系和治理能力现代化，有利于在全面深化改革总体框架内全面推进依法治国各项工作，有利于在法治轨道上不断深化改革。

俗话说："千里之行始于足下。"在明确全面推进依法治国的总目标的同时，我们要清醒地正视法治建设存在的问题和差距，高质量地建设好全面推进依法治国这个系统工程。

法治中国，必须健全宪法实施和监督制度。宪法是国家的根本法。法治权威能不能树立起来，首先要看宪法有没有权威。必须把宣传和树立宪法权威作为全面推进依法治国的重大事项抓紧抓好，切实在宪法实施和监督上下功夫。为了在全社会普遍开展宪法教育，弘扬宪法精神，将每年 12 月 4 日定为国家宪法日。提出建立宪法宣誓制度。凡经人大及其常委会选举或者决定任命的国家工作人员正式就职时公开向宪法宣誓。这样做，有利于彰显宪法权威，增强公职人员宪法观念，激励公职人员忠于和维护宪法，也有利于在全社会增强宪法意识、树立宪法权威。

法治中国，必须完善立法体制。改革开放以来，经过长期努力，国家形成了中国特色社会主义法律体系，国家生活和社会生活各方面总体上实现了有法可依，但是实践发展永无止境,立法工作也永无止境,完善中国特色社会主义法律体系任务依然很重。比如,立法质量和立法效率需要进一步提高。一些地方利用法规实行地方保护主义,对全国形成统一开放、竞争有序的市场秩序造成障碍,损害国家法治统一。推进科学立法、民主立法,是提高立法质量的根本途径。科学立法的核心在于尊重和体现客观规律,民主立法的核心在于为了人民、依靠人民。要完善科学立法、民主立法机制,创新公众参与立法方式,广泛听取各方面意见和建议。明确立法权力边界,从体制机制和工作程序上有效防止部门利益和地方保护主义法律化。

法治中国,必须加快建设法治政府。各级政府必须坚持在党的领导下、在法治轨道上开展工作,加快建设职能科学、权责法定、执法严明、公开公正、廉洁高效、守法诚信的法治政府。政府是执法主体,对执法领域存在的有法不依、执法不严、违法不究甚至以权压法、权钱交易、徇私枉法等突出问题,老百姓深恶痛绝,必须下大气力解决。一是推进机构、职能、权限、程序、责任法定化,规定行政机关不得法外设定权力,没有法律法规依据不得作出减损公民、法人和其他组织合法权益或者增加其义务的决定;推行政府权力清单制度,坚决消除权力设租寻租空间。二是建立行政机关内部重大决策合法性审查机制,积极推行政府法律顾问制度,保证法律顾问在制定重大行政决策、推进依法行政中发挥积极作用;建立重大决策终身责任追究制度及责任倒查机制。三是推进综合执法,理顺城管执法体制,完善执法程序,建立执法全过程记录制度,严格执行重大执法决定法制审核制度,全面落实行政执法责任制。四是加强对政府内部权力的制约,对财政资金分配使用、国有资产监管、政府投资、政府采购、公共资源转让、公共工程建设等权力集中的部门和岗位实行分事行权、分岗设权、分级授权,定期轮岗,强化内部流程控制,防止权力滥用;完善政府内部层级监督和专门监督;保障依法独立行使审计监督权。五是全面推进政务公开,推进决策公开、执行公开、管理公开、服务公开、结果公开,重点推进财政预算、公共资源配置、重大建设项目批准和实施、社会公益事业建设等领域的政府信息公开。

法治中国,必须提高司法公信力。司法是维护社会公平正义的最后一道防线。司法这道防线缺乏公信力,社会公正就会受到普遍质疑,社会和谐稳定就难以保障。公正是法治的生命线;司法公正对社会公正具有重要引领作用,司法不公对社会公正具有致命破坏作用。当前,司法领域存在的主要问题是,司法公信力不高。深层次原因在于司法体制不完善、司法职权配置和权力运行机制不科学、人权司法保障制度不健全。为此，必须推进司法体制和运行机制改革。为确保依法独立公正行使审判权和检察权，要建立领导干部干预司法活动、插手具体案件处理的记录、通报和责任追究制度；健全行政机关依法出庭应诉、支持法院受理行政案件、尊重并执行法院生效裁判的制度；建立健全司法人员履行法定职责保护机制；等等。为优化司法职权配置，要推动实行审判权和执行权相分离的体制改革试点；统一刑罚执行体制；探索实行法院、检察院司法行政事务管理权和审判权、检察权相分离；变立案审查制为立案登记制；等等。为保障人民群众参与司法，要完善人民陪审员制度，扩大参审范围；推进审判公开、检务公开、警务公开、狱务公开；建立生效法律文书统一上网和公开查询制度。

法治中国，必须设立最高人民法院巡回法庭。随着社会矛盾增多，全国法院受理案件数量不断增加，大量案件涌入最高人民法院，导致审判接访压力增大，息诉罢访难度增加。最高人民法院设立巡回法庭，审理跨行政区域重大行政和民商事案件。这样做，有利于审判机关重心下移、就地解决纠纷、方便当事人诉讼，有利于最高人民法院本部集中精力制定司法政策和司法解释、审理对统一法律适用有重大指导意义的案件。

法治中国，必须探索设立跨行政区划的人民法院和人民检察院。随着社会主义市场经济深入发展和行政诉讼出现，跨行政区划乃至跨境案件越来越多，涉案金额越来越大，导致法院所在地有关部门和领导越来越关注案件处理，甚至利用职权和关系插手案件处理，造成相关诉讼出现“主客场”现象，不利于平等保护外地当事人合法权益、保障法院独立审判、监督政府依法行政、维护法律公正实施。探索设立跨行政区划的人民法院和人民检察院，有利于排除对审判工作和检察工作的干扰、保障法院和检察院依法独立公正行使审判权和检察权，有利于构建普通案件在行政区划法院审理、特殊案件在跨行政区划法院审理的诉讼格局。

法治中国，必须探索建立检察机关提起公益诉讼制度。现在，检察机关对行政违法行为的监督，主要是依法查办行政机关工作人员涉嫌贪污贿赂、渎职侵权等职务犯罪案件，范围相对比较窄。而实际情况是，行政违法行为构成刑事犯罪的毕竟是少数，更多的是乱作为、不作为。如果对这类违法行为置之不理、任其发展，一方面不可能根本扭转一些地方和部门的行政乱象，另一方面可能使一些苗头性问题演变为刑事犯罪。检察机关在履行职责中发现行政机关违法行使职权或者不行使职权的行为，应该督促其纠正。这项改革可以从建立督促起诉制度、完善检察建议工作机制等入手。

法治中国,必须推进以审判为中心的诉讼制度改革。充分发挥审判特别是庭审的作用,是确保案件处理质量和司法公正的重要环节。中国刑事诉讼法规定公检法三机关在刑事诉讼活动中各司其职、互相配合、互相制约,这是符合中国国情、具有中国特色的诉讼制度,必须坚持。推进以审判为中心的诉讼制度改革,目的是促使办案人员树立办案必须经得起法律检验的理念,确保侦查、审查起诉的案件事实证据经得起法律检验,保证庭审在查明事实、认定证据、保护诉权、公正裁判中发挥决定性作用。这项改革有利于促使办案人员增强责任意识,通过法庭审判的程序公正实现案件裁判的实体公正,有效防范冤假错案产生。

法治中国,必须推进全民守法。全民守法是全面推进依法治国的重要基础。全民守法,则是社会全体成员无一例外都自觉遵守法律,其行为无一例外都要受到法律的约束,违法都要受到法律的制裁。实践证明,只有努力弘扬社会主义法治精神,增强全体人民自觉守法的积极性和主动性,形成守法光荣、违法可耻的社会氛围,使全体人民都成为社会主义法治的忠实崇尚者、自觉遵守者、坚定捍卫者,让全民守法成为社会常态,才能为全面推进依法治国夯实最坚实的社会基础。实现依法治国不仅需要党和政府的努力,需要执法部门的努力,还需要全社会的共同推进,需要每一个公民法治意识的增强,需要每一个公民切实守法,使全民守法成为社会常态。

总之,党的十八大以来,以习近平同志为核心的党中央科学把握时代发展大势,围绕着"科学立法、严格执法、公正司法和全民守法"社会主义法治建设新十六字方针,不断完善中国特色社会主义法治理论,努力建设和完善中国特色社会主义法治体系,坚持走中国特色社会主义法治道路,在法治中国建设和全面推进国家治理体系和治理能力现代化方面,采取了扎扎实实的改革措施,取得了令人瞩目的成就,为实现中国梦和"两个一百年"的奋斗目标指明了"法治中国"的正确方向,提出了科学的制度化方案,奠定了坚实的制度基础。

第三节　治国理政的新理念、新思想、新战略

习近平总书记指出:"我们党在革命、建设、改革各个历史时期,坚持从我国国情出发,探索并形成了符合中国实际的新民主主义革命道路、社会主义改造和社会主义建设道路、中国特色社会主义道路,这种独立自主的探索精神,这种坚持走

自己路的坚定决心，是我们党不断从挫折中觉醒、不断从胜利走向胜利的真谛。”①

党的十八大以来，以习近平同志为核心的党中央，带领中国人民弘扬独立自主的探索精神，继续对中国特色社会主义进行新探索。中国共产党和中国政府正以“两个不容置疑”的科学态度和独立自主的探索精神，把中国特色社会主义的理论和实践推向深入。

对此，习近平总书记语重心长地说：“三十多年来，中国特色社会主义取得了巨大成就……我们对社会主义的认识，对中国特色社会主义规律的把握，已经达到了一个前所未有的新的高度，这一点不容置疑。同时，也要看到，我国社会主义还处在初级阶段，我们还面临很多没有弄清楚的问题和待解的难题，对许多重大问题的认识和处理都还处在不断深化的过程之中，这一点也不容置疑。”②习近平总书记还指出：“坚持和发展中国特色社会主义是一篇大文章，邓小平同志为它确定了基本思路和基本原则，以江泽民同志为核心的党的第三代中央领导集体、以胡锦涛同志为总书记的党中央在这篇大文章上都写下了精彩的篇章。现在，我们这一代共产党人的任务，就是继续把这篇大文章写下去。”③

那么，以习近平同志为核心的党中央，是怎样带领中国人民对中国特色社会主义进行新探索的呢？

中国特色社会主义新探索需要提出新理念、新思想、新战略。正是这些新理念、新思想、新战略，表明以习近平为代表的中国共产党人具有马克思主义理论创新的巨大勇气，坚定中国特色社会主义道路自信、理论自信、制度自信、文化自信。

一、“中国梦”和“五位一体”总布局

（一）中国梦的追求与实现

实现中华民族的伟大复兴，这是近代以来中华民族始终追求的“中国梦”。这是一个伟大的梦想。

“中国梦”是以中国人民近代以来170多年的斗争史，是以中国共产党90多年的奋斗史，是以中华人民共和国60多年的建设史，是以改革开放30多年的发

① 《十八大以来重要文献选编》（上），中央文献出版社2014年版，第109—118页。

② 《十八大以来重要文献选编》（上），中央文献出版社2014年版，第109—118页。

③ 习近平在新进中央委员会的委员、候补委员学习贯彻党的十八大精神研讨班开班式上讲话，2013年1月5日。

展史,作为大的历史背景来描绘、书写和追逐的,是以走“中国道路”来实践的。在这个追梦的历史进程中,有三位伟大的历史人物值得永远铭记:他们是孙中山、毛泽东、邓小平。在他们的领导下,中国人民走出了一条自己的路,这就是——“中国道路”。“中国道路”和“中国梦”紧密地连在一起。

孙中山领导的辛亥革命推翻了清王朝统治,传播了民主共和的理念,以巨大的震撼力和深刻的影响力推动了近代中国社会变革。虽然由于历史进程和社会条件的制约,辛亥革命没有改变旧中国半殖民地半封建的社会性质,没有改变中国人民的悲惨境遇,没有完成实现民族独立、人民解放的历史任务,但它开创了完全意义上的近代民族民主革命,极大地推动了中华民族的思想解放,打开了中国进步潮流的闸门,为中华民族发展进步探索了道路。

毛泽东毕生最突出最伟大的贡献,就是领导中国共产党和人民找到了新民主主义革命的正确道路,完成了反帝反封建的任务,建立了中华人民共和国,确立了社会主义基本制度,取得了社会主义建设的基础性成就。毛泽东为探索建设中国特色社会主义的道路积累了经验和提供了条件,为人民事业胜利发展,为中华民族阔步赶上时代发展潮流,创造了根本前提,奠定了坚实的理论和实践基础。毛泽东对救国救民道路的探寻,证明了一条真理:没有共产党就没有新中国。毛泽东领导中国共产党和中国人民彻底改变了自己和国家的面貌,成功实现了中国历史上最深刻最伟大的社会变革。

邓小平是改革开放的总设计师,他领导的改革开放,证明了一条真理:只有中国特色社会主义才能发展中国、富强中国。邓小平紧紧抓住“什么是社会主义、怎样建设社会主义”这个基本问题,提出“走自己的道路,建设有中国特色的社会主义”的伟大号召,系统回答了中国社会主义建设的一系列基本问题,把对社会主义的认识提高到新的水平。领导中国共产党和中国人民在新中国成立以来革命和建设实践的基础上,成功走出了一条中国特色社会主义新道路。

中共十三届四中全会以后,以江泽民为核心的第三代中央领导集体,继往开来,领导中国人民高举邓小平理论伟大旗帜,进一步解放思想,把握有利时机,加快改革开放和现代化建设步伐,与时俱进,贯彻落实“三个代表”重要思想,全面建设小康社会,为开创中国特色社会主义新局面而不懈努力,取得了显著的成就。

中共十六大以后,以胡锦涛为总书记的新一届中央领导集体,以邓小平理论和“三个代表”重要思想为指导,带领中国人民从新的历史起点出发,抓住和利用好重要战略机遇期,求真务实,锐意进取,深入贯彻落实科学发展观,凝聚力量,攻坚克难,促进社会和谐,坚定不移地沿着中国特色社会主义道路前进,不断取得了全面建设小康社会的新胜利。

中国共产党第十八次全国代表大会召开后,2012 年 11 月 29 日,习近平总书记在参观“复兴之路”展览时指出,实现中华民族伟大复兴,就是中华民族近代以来最伟大的梦想。这个梦想,凝聚了几代中国人的夙愿,体现了中华民族和中国人民的整体利益,是每一个中华儿女的共同期盼。

中国梦是追求幸福的梦。中国梦是中华民族的梦,也是每个中国人的梦。中国梦就是让每个人获得发展自我和奉献社会的机会,共同享有人生出彩的机会,共同享有梦想成真的机会,保证人民平等参与、平等发展权利,维护社会公平正义,使发展成果更多更公平惠及全体人民,朝着共同富裕方向稳步前进。

2013 年 1 月 5 日,习近平在中央党校发表重要讲话。他强调,道路问题是关系党的事业兴衰成败第一位的问题,道路就是党的生命。中国特色社会主义,是科学社会主义理论逻辑和中国社会发展历史逻辑的辩证统一,是根植于中国大地、反映中国人民意愿、适应中国和时代发展进步要求的科学社会主义,是全面建成小康社会、加快推进社会主义现代化、实现中华民族伟大复兴的必由之路。

实现“中国梦”必须走中国道路。中国道路就是中国特色社会主义道路。是改革开放的总设计师邓小平同志成功开辟出来的。中国共产党和中国政府必须坚决执行,不走老路,不走邪路。实现“中国梦”必须弘扬中国精神。一个国家,一个民族的发展需要精气神。只有发挥中国人吃苦耐劳,勤奋上进的精神,“中国梦”才会早日实现。实现“中国梦”必须凝聚中国力量。团结就是力量,只有五十六个民族大团结,中华民族才能无往不胜。同时,要警惕民族分裂主义思潮,坚决做好民族团结的工作。实现“中国梦”关键是要坚定自信,增强自觉,奋力自强。实现“中国梦”要求我们对长期奋斗积累的伟大成果要自觉珍惜,对来之不易的大好局面要自觉维护,对党的理论和路线、方针、政策自觉坚持和实践。实现“中国梦”要求我们始终立足自己的实际,依靠自己的力量,坚定不移地走自己的路,不断发展自己,壮大自己。实现“中国梦”还要警惕西方敌对势力的破坏,不被任何干扰所惑。

(二)中国特色社会主义的总体布局

中国特色社会主义的总布局是五位一体,即经济建设、政治建设、文化建设、社会建设、生态文明建设合为一体。

强调五位一体的总布局,是因为中国特色社会主义是全面发展的社会主义。

在五位一体中，必须牢牢抓好中共执政兴国的第一要务，始终代表中国先进生产力的发展要求，坚持以经济建设为中心。在经济不断发展的基础上，协调推进政治建设、文化建设、社会建设、生态文明建设以及其他各方面建设的全面发展。

特别需要指出，随着中国经济社会发展不断深入，生态文明建设地位和作用日益凸显。中共十八大把生态文明建设纳入中国特色社会主义事业总体布局，使生态文明建设的战略地位更加明确。把生态文明建设融入经济建设、政治建设、文化建设、社会建设各方面和全过程，这是对社会主义建设规律在实践和认识上不断深化的重要成果。

按照这个总布局，促进现代化建设各方面相协调，促进生产关系与生产力、上层建筑与经济基础相协调。中国特色社会主义的总布局是一个有机的整体。

中国特色社会主义的五位一体总体布局，是在实践中逐步形成的，是中国特色社会主义建设事业不断发展的结果。这是一个循序渐进的、自然发展的历史逻辑过程。

中共十一届三中全会之后，邓小平强调"两手抓，两手都要硬"，即要一手抓社会主义物质文明建设，一手抓社会主义精神文明建设。中共十三届四中全会以后，以江泽民为核心的中共第三代中央领导集体，提出中国特色社会主义经济、政治、文化纲领，形成了经济建设、政治建设、文化建设三位一体总体布局。中共十六大以来，以胡锦涛为总书记的党中央对总体布局进行了新的探索和思考。中共十六届六中全会把和谐社会建设作为中国特色社会主义事业总体布局的一项重要内容确立下来，使总体布局发展为包括经济建设、政治建设、文化建设、社会建设在内的四位一体。中共十七大把建设"生态文明"作为实现全面建设小康社会奋斗目标的新要求。要求建设生态文明，基本形成节约能源资源和保护生态环境的产业结构、增长方式、消费模式，形成较大规模循环经济，可再生能源比重显著上升，主要污染物排放得到有效控制，明显改善生态环境质量，在全社会牢固树立生态文明观念。

中共十八大提出"大力推进生态文明建设"；强调指出，建设生态文明，是关系人民福祉、关乎民族未来的长远大计。面对资源约束趋紧、环境污染严重、生态系统退化的严峻形势，必须树立尊重自然、顺应自然、保护自然的生态文明理念，把生态文明建设放在突出地位，融入经济建设、政治建设、文化建设、社会建设各方面和全过程，努力建设美丽中国，实现中华民族永续发展。

至此,中国特色社会主义事业总体布局,正式形成了五位一体。五位一体总体布局将经济建设、政治建设、文化建设、社会建设、生态文明建设作为一个相互联系、相互促进的有机整体,共同推动中国特色社会主义事业全面发展。这是对中国特色社会主义建设规律认识不断深化的过程。

五位一体是一个相互联系、相互促进、相辅相成的有机整体。作为这一整体有机组成部分的五大建设各自发挥着重要作用。

1. 经济建设

在经济建设方面,要坚持以科学发展为主题,以加快转变经济发展方式为主线,这是关系中国发展全局的战略抉择。以科学发展为主题,最核心的是坚持以经济建设为中心不动摇,紧紧抓住推动经济社会发展这个第一要务不放松,实现又好又快发展。以加快转变经济发展方式为主线,就是把经济发展建立在主要依靠扩大内需、优化结构、科技进步、管理创新、劳动者素质提高等的基础上,不断提高发展的质量和效益。

以经济建设为中心是兴国之要。这是因为中国所有问题的关键,仍是发展问题。只有推动经济持续健康发展,才能筑牢国家繁荣富强、人民幸福安康、社会和谐稳定的物质基础。这个物质基础太重要了,没有这个物质基础,一切都无从谈起。这是关系到中国发展的全局问题,表现为要始终坚持发展是硬道理的战略思想。

在经济建设上,中国虽然已经取得了巨大的成就,但是还有许多艰巨的任务在后面。如前所述,要实现未来经济发展目标,必须加快转变经济发展方式,推进经济结构战略性调整。要提高自主创新能力,建设创新型国家。加快转变经济发展方式,推动产业结构优化升级。统筹城乡发展,推进社会主义新农村建设。推动区域协调发展,优化国土开发格局。完善基本经济制度,健全现代市场体系。深化财税、金融等体制改革,完善宏观调控体系。拓展对外开放广度和深度,提高开放型经济水平。

2. 政治建设

在政治建设方面,要坚持党的领导、人民当家作主、依法治国有机统一。这是中国特色社会主义民主政治道路取得的重要经验和重大理论成果。

继续积极稳妥推进政治体制改革,发展更加广泛、更加充分、更加健全的人民民主。必须坚持党的领导、人民当家作主、依法治国有机统一,以保证人民当家作主为根本,以增强党和国家活力、调动人民积极性为目标,扩大社会主义民主,加快建设社会主义法治国家,发展社会主义政治文明。

要更加注重改进中共的领导方式和执政方式,保证中共领导人民有效治理国家;更加注重健全民主制度、丰富民主形式,保证人民依法实行民主选举、民主决策、民主管理、民主监督;更加注重发挥法治在国家治理和社会管理中的重要作用,维护国家法制统一、尊严、权威,保证人民依法享有广泛权利和自由。

要把制度建设摆在突出位置,充分发挥中国社会主义政治制度优越性,积极借鉴人类政治文明有益成果,绝不照搬西方政治制度模式。

在政治建设中,要巩固和发展中国共产党坚持走中国特色社会主义民主政治道路所取得的制度成果,使之进一步完善。例如:支持和保证人民通过人民代表大会行使国家权力,完善人民代表大会制度;健全社会主义协商民主制度;完善民族区域自治制度;完善基层民主制度;全面推进依法治国;深化行政体制改革;健全权力运行制约和监督体系;巩固和发展最广泛的爱国统一战线;等等。

中共十八届四中全会强调全面推进依法治国,总目标是建设中国特色社会主义法治体系,建设社会主义法治国家。这就是,在中国共产党领导下,坚持中国特色社会主义制度,贯彻中国特色社会主义法治理论,形成完备的法律规范体系、高效的法治实施体系、严密的法治监督体系、有力的法治保障体系,形成完善的党内法规体系,坚持依法治国、依法执政、依法行政共同推进,坚持法治国家、法治政府、法治社会一体建设,实现科学立法、严格执法、公正司法、全民守法,促进国家治理体系和治理能力现代化。

3. 文化建设

在文化建设方面,必须走中国特色社会主义文化发展道路,建设社会主义文化强国。坚持为人民服务、为社会主义服务的方向,坚持百花齐放、百家争鸣的方针,坚持贴近实际、贴近生活、贴近群众的原则,推动社会主义精神文明和物质文明全面发展,建设面向现代化、面向世界、面向未来的,民族的科学的大众的社会主义文化。

文化建设在中国特色社会主义建设事业中,作用越来越凸显。文化是民族的血脉,是人民的精神家园。全面建成小康社会,实现中华民族伟大复兴,必须推动社会主义文化大发展大繁荣,兴起社会主义文化建设新高潮,提高国家文化软实力,发挥文化引领风尚、教育人民、服务社会、推动发展的作用。

提高文化软实力,要加强社会主义核心价值体系建设。社会主义核心价值体系是兴国之魂,决定着中国特色社会主义发展方向。要全面提高公民道德素质,这是社会主义道德建设的基本任务。要丰富人民精神文化生活，是全面建成小康社会的重要内容。要增强文化整体实力和竞争力。文化实力和竞争力是国家富强、民族振兴的重要标志。

文化建设一定要坚持社会主义先进文化前进方向，树立高度的文化自觉和文化自信，向着建设社会主义文化强国的宏伟目标前进。

4. 社会建设

在社会建设方面，必须以保障和改善民生为重点，使改革发展成果更多更公平惠及全体人民，进一步加强和创新社会管理。一方面，推动经济社会又好又快发展，创造更多更丰富的物质成果，提供更好更全面的公共服务，进一步提高人民物质文化生活水平；另一方面，加快推进社会体制改革，积极构建中国特色社会主义社会管理体系。解决好人民最关心最直接最现实的利益问题，在学有所教、劳有所得、病有所医、老有所养、住有所居上持续取得新进展，努力让人民过上更好生活。

加强社会建设，是社会和谐稳定的重要保证。必须从维护最广大人民根本利益的高度，加快健全基本公共服务体系，加强和创新社会管理，推动社会主义和谐社会建设。加强社会建设，必须加快推进社会体制改革。要围绕构建中国特色社会主义社会管理体系，加快形成党委领导、政府负责、社会协同、公众参与、法治保障的社会管理体制，加快形成政府主导、覆盖城乡、可持续的基本公共服务体系，加快形成政社分开、权责明确、依法自治的现代社会组织体制，加快形成源头治理、动态管理、应急处置相结合的社会管理机制。

加强社会建设，要努力办好人民满意的教育，教育是民族振兴和社会进步的基石。要推动实现更高质量的就业，就业是民生之本。要千方百计增加居民收入，实现发展成果由人民共享。要统筹推进城乡社会保障体系建设。要提高人民健康水平，健康是促进人的全面发展的必然要求。要加强和创新社会管理，提高社会管理科学化水平。

加强社会建设的目标，是开创出社会和谐人人有责、和谐社会人人共享的生动局面。

5. 生态文明建设

在生态文明建设方面，要坚持节约资源和保护环境的基本国策，坚持节约优先、保护优先、自然恢复为主的方针，着力推进绿色发展、循环发展、低碳发展，形成节约资源和保护环境的空间格局、产业结构、生产方式、生活方式，从源头上扭转生态环境恶化趋势,为人民创造良好生产生活环境,为全球生态安全做出贡献。

建设生态文明,要优化国土空间开发格局。要按照人口资源环境相均衡、经济社会生态效益相统一的原则,控制开发强度,调整空间结构,促进生产空间集约高效、生活空间宜居适度、生态空间山清水秀,给自然留下更多修复空间,给农业留下更多良田,给子孙后代留下天蓝、地绿、水净的美好家园。

建设生态文明,要全面促进资源节约。节约资源是保护生态环境的根本之策。要节约集约利用资源,推动资源利用方式根本转变,加强全过程节约管理,大幅降低能源、水、土地消耗强度,提高利用效率和效益。推动能源生产和消费革命,控制能源消费总量,加强节能降耗,支持节能低碳产业和新能源、可再生能源发展,确保国家能源安全。

建设生态文明,要加大自然生态系统和环境保护力度。良好生态环境是人和社会持续发展的根本基础。要实施重大生态修复工程,增强生态产品生产能力,推进荒漠化、石漠化、水土流失综合治理。加快水利建设,增强城乡防洪抗旱排涝能力,加强防灾减灾体系建设,坚持共同但有区别的责任原则、公平原则、各自能力原则,同国际社会一道积极应对全球气候变化。

建设生态文明,重在制度建设。保护生态环境必须依靠制度。要把资源消耗、环境损害、生态效益纳入经济社会发展评价体系,建立体现生态文明要求的目标体系、考核办法、奖惩机制。建立国土空间开发保护制度,完善最严格的耕地保护制度、水资源管理制度、环境保护制度。

总之,要更加自觉地珍爱自然,更加积极地保护生态,努力走向社会主义生态文明新时代。加强经济建设、政治建设、文化建设、社会建设、生态文明建设,根本目的是促进中国特色社会主义建设事业的全面发展,实现中华民族伟大复兴的“中国梦”。

二、协调推进“四个全面”战略布局

谈到坚持中国特色社会主义的新探索,就必须阐述以习近平同志为核心的党中央,从坚持和发展中国特色社会主义全局出发,立足中国发展实际,坚持问题导向,逐步形成并积极推进全面建成小康社会、全面深化改革、全面依法治国、全面从严治党的战略布局。

“四个全面”战略布局的提出,在坚持中国特色社会主义新的探索中,具有重要的地位和作用。它高屋建瓴,统筹全局,确立了新的历史条件下党和国家各项工作的战略目标和战略举措，是中国共产党在新形势下治国理政的总方略，是事关党和国家长远发展的总战略，为实现"两个一百年"奋斗目标、实现中华民族伟大复兴的中国梦提供了重要保障。

（一）"四个全面"战略布局是时代和实践发展的产物

"四个全面"战略布局是时代和实践发展的产物，是时代和实践发展对党和国家工作的新要求，是中国共产党站在新的历史起点上，总结中国发展实践，适应新的发展要求，坚持和发展中国特色社会主义新探索新实践的重要成果。正如习近平总书记指出，"四个全面"战略布局是从中国发展现实需要中得出来的，从人民群众的热切期待中得出来的，也是为推动解决中国面临的突出矛盾和问题提出来的。

为什么说"四个全面"战略布局是时代和实践发展的产物？

我们知道，当今世界正处在一个加快演变的历史性进程之中，和平与发展仍然是时代主题。但是，当中国正处于有利的国际和平环境和难得的发展机遇时，还要看到当今世界很不安宁、局部战争和政治动荡，此起彼伏、从未间断。也要看到，国内外敌对势力实施西化和分化中国的政治图谋，包括同中国在意识形态方面的较量，一直没有间断和放松。世界政治经济格局正在深刻变化。全球治理体系深刻变革，不同制度模式、发展道路深层较量和博弈正在加剧。中国能否在世界大变动中把握机遇、在国际大棋局中赢得主动？这需要执政党具有大胸怀和大智慧来应对。当下的中国，正处于全面建成小康社会的决胜阶段，中华民族正处于走向伟大复兴的关键时期，发展所处的重要战略机遇期没有改变，仍然具有许多有利的发展条件。但同时面临着诸多矛盾叠加、风险隐患增多的严峻挑战，改革发展稳定任务之重前所未有，矛盾风险挑战之多前所未有，对党治国理政的考验之大前所未有。"四个全面"战略布局，就是在这样的大背景下提出来的。

换句话说，"四个全面"战略布局，是中国共产党和中国政府为了更好把握发展机遇、赢得新的发展优势、战胜各种风险挑战，在战略层面提出治国理政的大格局大韬略。体现了以习近平同志为核心的党中央，为适应我国发展新要求，站在时代最前沿进行的战略谋划和部署。

所以说，"四个全面"战略布局，是时代的呼唤，是发展的需要，也是中国特色社会主义新探索的重大成果。

我们看到，"四个全面"战略布局的提出，不仅符合国内外形势发展的需要，而且符合人民群众对中国改革开放深入发展取得更大成果的新期待，顺应了人民群众的愿望期盼。现在,中国已经迈入中等收入国家行列,人民群众对美好生活的愿景,不断提升,充满新期待。因此,期待各项改革全面推进,期待经济更有活力,政府更加高效,文化更加繁荣,生活更有保障,社会更加和谐,生态更加优良,权益得到更好维护。老百姓对教育、医疗、住房、交通、生态环境、文化生活等,都有新的具体需求。能不能满足和实现人民群众的需求,想他们之所想,急他们之所急,始终与人民心心相印、与人民同甘共苦、与人民团结奋斗,这是对执政党执政能力的考验。为此,"四个全面"战略布局,应运而生。

"四个全面"战略布局,是中国共产党勇于担当责任、敢于直面矛盾,不断解决问题、化解挑战的新理论、新思想,旨在使中国特色社会主义的前进方向更加明确,发展布局更加科学,战略举措更加有效。"四个全面"战略布局,绝不是在四个领域都加上"全面"的修饰词,来虚张声势。而是具有明确的问题导向、强烈的问题意识,切实的问题解决方案。面对越来越多的新情况、新问题、新风险、新挑战,特别是不可预料的突发事件,要未雨绸缪,统筹全局,提出"四个全面"战略布局,正逢其时。

习近平总书记指出:"战略问题是一个政党、一个国家的根本性问题。战略上判断得准确,战略上谋划得科学,战略上赢得主动,党和人民事业就大有希望。""四个全面"战略布局科学总结中国共产党治国理政的实践经验,深化扩展治国理政的理论视野和实践领域,确立了续写中国特色社会主义新篇章的行动纲领。因此,我们说,这是中国共产党推进马克思主义理论创新和实践创新的重大成果,是中国特色社会主义新探索的重大成果。"四个全面"战略布局,集中体现了当代中国共产党人的全局视野和战略眼光,蕴含着对世界发展大势的科学判断,对中国发展方略的深邃思考,对人民根本利益的深切关怀,标志着中国共产党对共产党执政规律、对社会主义建设规律、对人类社会发展规律的科学把握,进入一个新境界;标志着在实践、理论、制度形态上,开辟了中国特色社会主义新的境界。

(二)"四个全面"战略布局是具有内在逻辑关系的有机统一体

如前所述,"四个全面"战略布局,不是"四个全面"的简单叠加,不是形式主义,而是总体的战略目标和具体的战略举措,每一个"全面"都蕴含着重大战略意义,是具有内在逻辑关系的有机统一体,是一个整体战略部署的逻辑展开,共同支撑起中国特色社会主义事业全局。"四个全面"战略布局之间的关系:相辅相成、相互促进、相得益彰;你中有我,我中有你,不可或缺。

全面建成小康社会是重大战略目标,是中国共产党确定的第一个百年奋斗目标,在“四个全面”战略布局中居于引领地位。全面建成小康社会,也是实现中华民族伟大复兴的关键一步,将为实现第二个百年奋斗目标、实现中华民族伟大复兴的中国梦奠定更加坚实的基础。习近平总书记指出:“到2020年实现这个目标,我们国家的发展水平就会迈上一个大台阶,我们所有奋斗都要聚焦于这个目标。”

全面深化改革、全面依法治国、全面从严治党,作为三大战略举措,为如期全面建成小康社会提供重要保障,为实现中华民族伟大复兴,提供重要保障。三大战略举措对实现全面建成小康社会战略目标一个都不能缺。不全面深化改革,发展就缺少动力,社会就没有活力。不全面依法治国,国家生活和社会生活就不能有序运行,就难以实现社会和谐稳定。不全面从严治党,党就做不到“打铁还需自身硬”,也就难以发挥好领导核心作用。

具体地说,在“四个全面”战略布局中,全面深化改革,着眼于解决中国面临的深层次矛盾和体制机制弊端,是增强中国特色社会主义生机活力、推动事业发展的强大动力。全面依法治国,着眼于促进国家生活和社会生活的法治化制度化规范化,是实现党和国家长治久安的重要保障。全面从严治党,着眼于保持党的先进性和纯洁性,锻造中国特色社会主义事业坚强领导核心,是提高执政能力、完成执政使命的迫切要求,为全面建成小康社会、全面深化改革、全面依法治国提供根本保证。

简言之,在“四个全面”战略布局中,全面建成小康社会是重大目标;全面深化改革是强大动力,全面依法治国是重要保障,全面从严治党是根本保证。其中,全面建成小康社会是重大目标,但还不是终极目标。终极目标是实现中华民族伟大复兴,是第二个百年奋斗目标。全面深化改革是强大动力,要使动力源源不断、永不衰减,就要不间断改革,绝不停顿,改革永远在路上。全面依法治国是重要保障,要使保障有力、有效,就要不断完善中国特色社会主义法治体系,坚定走法治中国之路。全面从严治党是根本保证,就要始终加强和改善中国共产党的领导,始终维护中国特色社会主义建设事业的坚强领导核心。全面深化改革、全面依法治国作为动力之源泉、法治保障,为全面建成小康社会和实现中华民族伟大复兴注入源源不断的活力和保驾护航;全面从严治党作为根本保证,指引中国特色社会主义建设事业的前进方向。“四个全面”战略布局,作为具有内在逻辑关系的有机统一体,形成了巨大的“合力”,最终确保战略目标完全彻底的实现。

(三)"四个全面"战略布局的唯物主义方法论原则

"四个全面"战略布局作为具有内在逻辑关系的有机统一体,是以马克思主义为指导,为坚持和发展中国特色社会主义注入新的时代内涵、提出新的更高要求,所进行的理论和实践创新的重大成果,是中国特色社会主义新探索的重大成果,蕴含着唯物史观和唯物主义方法论,也是马克思主义哲学中国化的重大成果。

"四个全面"战略布局,充分体现了全面、联系的观点。习近平总书记强调指出,"四个全面"战略布局,"是一种很全面的观点,不是单打一"。这深刻体现了把握中国特色社会主义事业全局的要求,彰显了全局思维、战略思维,是全面系统、辩证平衡观点的实际运用。"四个全面"的每一个方面,在该领域内都应当是全面的,不是单一的。比如,全面建成小康社会,不是一部分地区、一部分人群进入全面小康社会,而是全国范围、全体人民都进入全面小康社会;不仅经济上要实现小康,政治、文化、社会、生态等方面也要实现小康。另外,"四个全面"是一个整体,要协调推进、全面落实,哪一个"全面"都不能短缺、不能放弃,否则整个战略布局就会落空。

马克思主义的辩证唯物主义原理之一,就是强调世界的普遍联系,指出辩证法就是"关于普遍联系的科学"。事物的联系是普遍的、复杂的、多方面的,有内部条件和外部条件、一般条件和特殊条件、必要条件和非必要条件、决定的条件和非决定的条件、主观条件和客观条件,等等。普遍联系揭示的是联系的共性、普遍性;条件则是每一具体事务与周围事物的具体联系,揭示的是联系的个性和特殊性。"四个全面"战略布局,是对辩证唯物主义关于普遍联系原理的彰显和解读。同时,也蕴含着系统论思想,是唯物主义世界观和方法论的反映和表现。

"四个全面"战略布局,充分体现了两点论与重点论的统一思想。这一战略布局既统揽全局又突出重点,是中国共产党领导中国人民在进行具有许多新的历史特点的伟大斗争中,需要着力抓住的主要矛盾和矛盾的主要方面,是工作的重点和着力点。习近平总书记指出:"在任何工作中,我们既要讲两点论,又要讲重点论,没有主次,不加区别,眉毛胡子一把抓,是做不好工作的。"

在推进"四个全面"战略布局过程中,既要注重总体谋划,又要注重牵住"牛鼻子"。例如,我们既对全面建成小康社会作出全面部署,又强调"小康不小康,关键看老乡";既对全面深化改革作出顶层设计,又强调突出抓好重要领域和关键环节的改革;既对全面依法治国作出系统部署,又强调以中国特色社会主义法治体系为总目标和总抓手;既对全面从严治党提出系列要求,又把党风廉政建设作为突破口,着力解决人民群众反映强烈的"四风"问题,着力解决不敢腐、不能腐、不想腐的问题。上述两点论与重点论的统一思想,充分体现了唯物主义方法论原则。

"四个全面"战略布局,运用唯物辩证法"对立统一"规律的学说。把改革的"破"与法治的"立"统一起来,把中国特色社会主义伟大事业与党的建设新的伟大工程统一起来,把总体部署与具体规划统一起来。它所强调的是统筹兼顾、协调推进,习近平总书记深刻指出:"必须在把情况搞清楚的基础上,统筹兼顾、综合平衡,突出重点、带动全局,有的时候要抓大放小、以大兼小,有的时候又要以小带大、小中见大,形象地说,就是要十个指头弹钢琴。"我们过去犯一些历史性的错误,往往就在于一种倾向掩盖了另一种倾向。要始终注意平衡着力,通盘考虑各方面情况和进展,统筹好推进的速度、力度和进度,把握平衡、综合施策,从而激发统筹兼顾的优势,达到更好效果。

"四个全面"战略布局,就是唯物辩证法对立统一规律所强调的,事物的矛盾法则,即对立统一的法则,是唯物辩证法的最根本的法则。如果我们将这些问题都弄清楚了,我们就在根本上懂得了唯物辩证法。这些问题是:两种宇宙观;矛盾的普遍性;矛盾的特殊性;主要的矛盾和矛盾的主要方面,矛盾诸方面的同一性和斗争性;对抗在矛盾中的地位。"四个全面"战略布局,蕴含着矛盾的普遍性和矛盾的特殊性的关系,就是矛盾的共性和个性的关系。当着我们研究矛盾的特殊性和相对性的时候,要注意矛盾和矛盾方面的主要和非主要的区别;当着我们研究矛盾的普遍性和斗争性的时候,要注意矛盾的各种不同的斗争形式的区别。否则就要犯错误。

"四个全面"战略布局,强调在每一个"全面"下功夫,强调在科学统筹、协调推进下功夫,使之共融共通、相互促进。辩证唯物主义认为,判定认识或理论之是否真理,不是依主观上觉得如何而定,而是依客观上社会实践的结果如何而定。真理的标准只能是社会的实践。实践的观点是辩证唯物论的认识论之第一的和基本的观点。当下,中国共产党和中国政府所提出的"四个全面"战略布局,在实践检验中已经取得令人鼓舞的成效。在面临国内外诸多矛盾叠加、风险隐患交汇的严峻挑战形势下,在以习近平同志为核心的党中央坚强领导下,全国各族人民迎难而上,砥砺前行,"推动全面建成小康社会取得新的重要进展,全面深化改革迈出重大步伐,全面依法治国深入实施,全面从严治党纵深推进"①。

---

① 李克强:《政府工作报告》(2017)。

（四）用“四个全面”战略布局统一全党思想，在实践中贯彻落实

“四个全面”战略布局，是以习近平同志为核心的党中央治国理政新理念新思想新战略的重要内容。协调推进“四个全面”战略布局，要深刻理解这一战略布局的理论渊源、科学内涵、精神实质、内在联系和实践要求，深刻认识这一战略布局的重大政治意义、理论意义、实践意义，深刻把握这一战略布局贯穿的马克思主义立场观点方法，把对“四个全面”战略布局的认识不断提高到新水平，用“四个全面”战略布局统一全党思想，武装全党各级干部的头脑，在实践中真正贯彻落实。

自觉用“四个全面”战略布局统一全党思想，首先需要提高对这一战略布局的思想认识。“四个全面”战略布局，已成为全党的思想共识和政治遵循，已成为国家经济社会发展的指导思想和工作原则，已成为实现“两个一百年”奋斗目标和实现中华民族伟大复兴中国梦的关键之举和战略决策。要认识到以习近平同志为核心的党中央，以高度的政治自觉和责任担当，肩负起“坚持和发展中国特色社会主义”的崇高使命，从新的实际出发，坚持和发扬中国共产党优良传统和马克思主义与时俱进的理论品格，不断地进行理论创新和实践创新，形成了一系列治国理政的新思想新观点新论断、新决策新部署新实践，把中国特色社会主义理论和中国特色社会主义实践不断推向前进，开辟新的境界，创造新的业绩。“四个全面”战略布局，就是这些新思想新观点新论断、新决策新部署新实践的集中体现，在一个更高的层次上、一个更广的视野里、一个更全的思维中，对“坚持和发展中国特色社会主义”这个重大命题作出的科学论证和正确回答。①

贯彻实施“四个全面”战略布局，重在善于统筹、协调推进。“四个全面”战略布局是管全局的、管长远的、管根本的，涉及各个方面、各个领域、各个地区、各个部门当前的工作和未来的发展，千头万绪、错综复杂，必须加强协调。因此，要正确认识“四个全面”的相互关系、妥善处理贯彻实施中出现的各种情况，切实防止有的“全面”硬，有的“全面”软的问题，只有这样才能把“四个全面”战略布局贯彻好、实施好。

贯彻实施“四个全面”战略布局，贵在坚定不移、坚持不懈。“四个全面”战略布局，既然已成为国家经济社会发展的指导思想和工作原则，就要坚定不移地贯彻落实，毫不含糊。同时，“四个全面”战略布局，不是只管当前、只管一时的，而是

---

① 参见徐光春：《深刻认识“四个全面”战略布局的重大理论和实践意义》，《光明日报》2015年11月30日第1版。

管长远,要管“两个一百年”奋斗目标的实现和中华民族伟大复兴中国梦的实现,这至少要有几十年的时间。也就是说在这几十年的时间里,都要坚持不懈地贯彻实施“四个全面”战略布局,不懈怠,不停止,不偏废。

贯彻实施“四个全面”战略布局,力在理论创新、实践创新。“四个全面”战略布局要在实现“两个一百年”奋斗目标和实现中华民族伟大复兴的中国梦的进程中,始终发挥理论指导和实践指南的作用,不断保持生机和活力,这就要求从发展的实际出发,不断地进行理论创新和实践创新,赋予“四个全面”战略布局以新的内涵、新的境界,使之适应新情况、符合新要求、解决新问题、指导新实践、开创新局面,用创新来为“四个全面”战略布局不断增添新的力量。毫无疑问,贯彻实施“四个全面”战略布局力在创新。坚持因地制宜,创造性地开展工作。不同地区、不同领域、不同行业都有着不同的发展实际和发展基础,面临着不同的机遇和挑战。这就需要按照“四个全面”战略布局,紧紧围绕党和国家事业发展大局,紧扣自身发展实际,坚持具体问题具体分析,谋划好自身发展路径与具体举措,真正使“四个全面”战略布局顺利推进、落地生根。①

三、凝心聚力:培育和践行社会主义核心价值观

党的十八大以来,党中央高度重视培育和践行社会主义核心价值观。提出“丰富人民精神世界,增强人民精神力量。倡导富强、民主、文明、和谐,倡导自由、平等、公正、法治,倡导爱国、敬业、诚信、友善,积极培育社会主义核心价值观”。

对此,习近平总书记多次作出重要论述,提出明确要求。中共中央政治局围绕培育和弘扬社会主义核心价值观、弘扬中华传统美德进行集体学习。中共中央办公厅下发《关于培育和践行社会主义核心价值观的意见》。党中央的高度重视和有力部署,为加强社会主义核心价值观教育实践指明了努力方向,提供了遵循依据。

遵循和响应中共中央的部署和号召,在中国共产党的领导下,从中央到地方,培育和践行社会主义核心价值观的热潮,在中国大地上兴起;社会主义核心价值观建设朝着全方位推进、全领域覆盖发展;扎扎实实地努力实现社会主义核心价值观内化于心外化于行,巩固全党全国各族人民团结奋斗的共同思想基础。

---

① 参见徐光春:《深刻认识“四个全面”战略布局的重大理论和实践意义》,《光明日报》2015年11月30日第1版。

培育和践行社会主义核心价值观,是凝魂聚气、强基固本的基础工程。因此,这不是一场运动,也不是吹一阵风,更不可能一蹴而就。因此,要坚持不懈、持之以恒地贯彻落实;要高水准、高质量地实施这项基础工程。

这项基础工程建设具有重大的战略意义。基础工程建设得如何,直接关系到"两个一百年"目标和中国梦的实现。在中国共产党成立一百年时全面建成小康社会,这是中国梦的第一个宏伟目标;在新中国成立一百年时建成社会主义现代化国家,这是中国梦的第二个宏伟目标。"两个一百年"目标的实现,内含着核心价值观的主张和践行结果。特别是第二个宏伟目标,具体是建成富强、民主、文明、和谐的社会主义现代化国家。这正是核心价值观在国家层面上的主张。

在国家层面上的核心价值观:富强、民主、文明、和谐,是对具有13多亿人口的社会主义大国,其外形和本质力量的全面彰显,具有极其深刻的内涵作为实践基础,显现出丰富多彩的外貌而具有独特的魅力。作为社会主义大国,经济繁荣是基础,不如此谈不上强大,谈不上国家富强。因此,发展始终是硬道理,始终成为第一要务。没有经济上的发展,没有强大的实力,一切将无从谈起。于是,一心一意搞经济建设,使国家变得富强起来,这是最根本的,是底线,没有商讨的余地,没有动摇的理由。这是我们始终要坚持的基本点。社会主义民主,是社会主义国家的本质属性。没有民主,就没有社会主义。这个民主是人民当家作主,人民是社会主义国家的真正主人。在中国,是以工农联盟为基础的人民民主专政,而作为执政党的中国共产党代表了最广大人民群众的意志和利益。社会主义国家不断实践和彰显的是人民民主,是绝大多数人的民主;而不是少数人、更不是某一利益集团的民主。这是社会主义国家和资本主义国家的本质区别。文明既是古老的中国文明,表现了中华民族优秀传统文化的传承和发展;同时又是民族精神和时代精神相结合的现代文明。社会主义文明的发展,呈现出生机盎然、蒸蒸日上的态势;与资本主义文明的日落西山、夕阳西下正相反。和谐是社会主义的本质属性。在中国,始终坚持以公有制为主体、多种所有制经济共同发展,坚持走共同富裕道路,这是社会主义的两个根本原则。我们最终实现共同富裕,才是实现了真正的和谐。因此,在实践中,我们要深入探索实现共同富裕的途径和方法,做到这些,也就是践行了社会主义核心价值观。

社会层面的核心价值观:自由、平等、公正、法治,是对现实社会主义社会的整体把握,是社会发展和进步的尺度和目标。自由不仅是社会主义社会的尺度和目标,而且是社会主义的高级阶段即共产主义追求的尺度和目标,这就是人的自由和全面发展。社会主义社会的自由,是对于全体人民来讲的,它是由宪法赋予并给予保护,确保人民免除旧社会所遭遇的被奴役、监禁或控制,从而获得思想和政治上的解放。社会主义社会的自由,首先是社会全体成员在政治和法律上,能够自由地选择参加政治团体,有选举权和被选举权,能够自由地选择参加政治团体,能够自由地选择职业,能够自由地选择把何种宗教作为信仰。平等和公正是社会主义社会的题中应有之义。有了平等和公正,社会就能体现正气、散发正能量,从而形成蒸蒸日上的局面。社会平等和公正,主要表现在人民当家作主的前提下,社会成员只有社会分工不同,没有地位高低贵贱之分,领导干部是人民群众的公仆,执政党的宗旨是全心全意为人民服务。法治是社会主义社会和谐、稳定和有秩序的根本保障。是对社会各种制度、体制、规章遵守和落在实处的根本保障。从培育和践行社会主义核心价值观,积极探索社会层面的实践形式来看,我们还需要加大力度,朝着既定的目标而努力,为真正实现社会的自由、平等、公正、法治而奋斗。党的十八届三中全会以来,以习近平为核心的党中央,提出协同推进"四个全面"战略布局,在全面深化改革的进程中,国务院陆续取消了一系列不适宜的规章制度,体现了更好地为社会服务,从而进一步促进了自由、平等、公正、法治。

个人(公民)层面的核心价值观:爱国、敬业、诚信、友善,是对全社会公民思想道德水平和个人素质的标准考量。在国家、社会、个人(公民)三个层面中,属于最基础的层面。无论是国家,还是社会,都是由个人(公民)组成的,是社会各阶级组成的集团复合体。从整体上说,正因为处在最基础的层面,我们才有理由说,"国家者,我们的国家;社会者,我们的社会"。因此,作为一个合格的个人或公民,首先要爱国,爱的是我们的社会主义祖国;爱的是社会主义的天下。所谓"国家兴亡匹夫有责",就是这个道理。我们的核心价值观,强调以爱国主义为核心的民族精神,也是如此。作为合格的公民,做到敬业也是必备的甚至是必需的基本素质,如果连自己所从事的职业本应该敬业也做不到,则很难承担其他社会责任。同时,由于公民和个人必须在社会中交往,形成一种社会关系,那么诚信也就成了不可或缺的素质。如果缺乏诚信,无法在社会中立足。诚信在封建社会和资本主义社会中也是基本的公民素质;而在社会主义社会,诚信应比封建社会和资本主义社会的要求标准还要更高。而友善则是做人的最基本底线。友善在核心价值观中,处于最基础的地位,也发挥着最为基础的作用。人们的社会生活离不开友善。友善在社会生活中真实存在。当友善成为社会的主旋律和最强音,当友善像春风一样扑面而来,当友善充斥在社会的各个角落和方方面面,那么,人们一定会看到社会生活充满了欢乐与微笑、互助与关爱、和谐与幸福。整个社会也会呈现出盎然生机,蒸蒸日上。反之,如果友善与社会生活不沾边甚至很遥远,社会充满了邪恶和伪善,那么,整个社会一定会呈现出日落西山、气息奄奄、死气沉沉的局面。友善是一种健康向上的人际关系,街坊邻里、同志同事、上下级之间、服务和被服务者之间,友善是最基本的"人之常情",是正能量的彰显。像雷锋那样的友善,在我们的社会中始终是楷模。雷锋并没有远去,就在我们身边。

习近平总书记所说:"一种价值观要真正发挥作用,必须融入社会生活,让人们在实践中感知它、领悟它。"只有通过广泛社会生活和社会实践"使社会主义核心价值观的影响像空气一样无所不在、无时不有",才能真正做到既"内化于心"又"外化于行","使社会主义核心价值观成为人们日常工作生活的基本遵循"。

培育和践行社会主义核心价值观,领导干部要带头,以身作则,走在前列,起示范作用,这是新时期各级领导干部必须努力做到的。

党的十八大报告提出,要"积极培育和践行社会主义核心价值观","不断提高党的领导水平和执政水平、提高拒腐防变和抵御风险能力"。习近平总书记强调,群众路线教育实践活动"要以县处级以上领导机关、领导班子、领导干部为重点",要"集中解决形式主义、官僚主义、享乐主义和奢靡之风"。领导干部要做率先做好这些工作,首先就要坚定理想信念、增强宗旨意识,促进作风转变。

领导干部率先践行社会主义核心价值观改变工作作风,这源于中国特色社会主义实践发展的需要,是时代的呼唤、历史的趋势,是党的群众路线教育实践活动向纵深推进的内在要求。

能不能坚持用社会主义核心价值观引领社会发展,对于执政党完成既定的目标和任务,具有决定性的作用和意义;对于领导干部来说,能不能很好地践行社会主义核心价值观,转变工作作风,带领人民群众完成全面建成小康社会的任务,最终实现中国梦,具有至关重要的作用。我们在关于践行社会主义核心价值体系与核心价值观的调研中,发现广大党员干部对马克思主义作为全党全国各族人民团结奋斗的共同思想基础,表示普遍认同;对于党中央倡导社会主义核心价值观,普遍拥护和支持。多数领导干部表示从我做起,率先垂范。在现实中,也在努力做。这对于推进践行核心价值观,具有非常好的示范作用。

但也存在亟待解决的问题。一是某些党员领导干部,社会主义和共产主义的理想信念逐渐淡化,甚至丧失,内心世界里早已不认同马克思主义,在人民群众中造成了恶劣的影响;二是某些党员干部中存在的形式主义、官僚主义等不良风气,使得人民群众对社会主义核心价值理念产生疑问，甚至抵触；三是某些地方党和政府的领导干部对意识形态领域的形势发展缺少忧患意识，甚至失去了主动权和主导权；四是世界社会主义运动处于低潮，敌强我弱的形势产生一定负面效应，某些领导干部思想消沉，对社会主义的前途缺乏信心；五是中国处于改革攻坚阶段，面临各种社会矛盾的“凸显期”，某些领导干部缺少积极应对和果断处理复杂矛盾的能力。

为此，领导干部率先践行社会主义核心价值观，还需要继续讲、继续做，向前推进。各级领导干部要率先示范，坚定中国共产党的理想信念，不断增强宗旨意识，促进作风转变。领导干部要时刻保持党的先进性和纯洁性，就要自觉提高个人的思想修养和道德修养，这样才能让巩固党的执政基础和执政地位具有广泛、深厚、可靠的群众基础，让践行核心价值观落在实处。

领导干部要始终做共产主义远大理想和中国特色社会主义共同理想的坚定信仰者、科学发展观的忠实执行者。不仅要带头倡导主流价值观，还要勇于批评资产阶级自由化思潮。不仅要成为思想领域中学习的表率，也要在实践中做为民务实清廉的优秀模范。

领导干部促进作风转变的切入点在哪里？我们认为最主要的，是从理想和信念、世界观的自我改造、价值观的自觉选择、理论上的深入反思入手。没有远大的理想，就不是合格的共产党员；离开现实工作而空谈远大理想，也不是合格的共产党员。这就告诫了各级领导干部必须首先解决世界观的改造问题，坚定中国特色社会主义的理想信念，胸怀共产主义的远大理想，名副其实地成为中国共产党优良作风的执行者和捍卫者。

培育和践行社会主义核心价值观，任重道远，要从娃娃抓起，循序渐进，持之以恒。2014 年 5 月 30 日上午，习近平总书记来到北京海淀区民族小学，给孩子们送上了一份特殊的礼物和节日祝福。随后，习总书记一行参观了校园文化建设并与师生代表座谈。习总书记在座谈会上和大家分享了一个他小时候的故事，说有一次参加网球比赛，赛前非常精心的准备，但结果却并不尽如人意。因为这个事情，他难过了很多天，这件事情让他明白了一个道理——失败是成功之母。我们每个人都要有目标，努力去争取，尽管不会说每一次都能成功。在谈到学校的校训“做最好的我”时，总书记加了一句话，就是“在我最好的方面做最好的我”。

在谈到践行社会主义核心价值观时，习近平总书记明确指出这项工作要从娃娃抓起，对学生来说就是一个习惯的养成。他接着举了几个例子，例如，外国人很怕中国人几点，像出去以后不排队，公共场合说话声音很大，等等，这样的小细节都可以体现国民素质。他指出，要重视德育工作方式方法。比如对小娃娃，就应该告诉他上厕所后要冲水。举的这些例子，是孩子在日常生活中能够做到的例子。告诉孩子应该养成哪些好的习惯，应该怎么去做，从小做起，长大后成为合格的社会公民。

习近平总书记在北京海淀区民族小学座谈会上的讲话，说得实在、非常好。提出践行核心价值观从娃娃抓起，抓住了根本。从根本上、源头上抓起，坚持从儿童教育上下功夫，养成习惯，对于将来孩子长大成人后提高个人素质，具有决定性的作用。在这方面，中国可以学习和借鉴西方的儿童教育。遵守交通规则、节约用水、节约用电、自觉排队、垃圾分类、不大声喧哗、助人为乐，从小就养成习惯。当然，还要配置规章制度来保障。使整个社会都能形成遵守规章制度的一种氛围，成长起来的儿童融入社会，一定会起到重大的作用，可以四两拨千斤。

践行社会主义核心价值观，从娃娃抓起，就要让幼儿园、小学、初中的教育，更多地融进核心价值观的内容，反复教化，融入孩子们的内心世界。在此方面，坚持下去，步步为营，循序渐进，持之以恒，我们会得到事半功倍的效果。这是培育和践行社会主义核心价值观的重要路径选择，是“百年大计”，坚持做下去，定会功德无量。

长期以来，西方国家的政客和一些学者，对中国极力鼓吹和推行西方所谓的“普世价值”，认为只有西方的“普世价值”才是正宗，只有维护和践行西方的普世价值，才是正路。他们指责中国政府和中国人民大众，没有遵照西方国家推崇的“自由、平等、人权”的思想理念，没有实行多党制和三权分立，没有把军队国家化，指责中国政府背离世界文明。这些看法和观点，其实是站不住脚的。世界文明的发展是多元的，中国的民主政治发展道路不同于西方，中国有自己的政治文化传统，形成了中国独特的政治文明。因而，不可能亦步亦趋地跟在西方国家的屁股后面。中国所具有的民主政治传统和中国改革开放以来所走的中国特色社会主义民主政治道路，足以表明中国已经站在了价值体系构建的制高点上。既符合中国国情，也适应了时代共发展的要求。中国主张用“共同价值”来取代“普世价值”。

2015 年 9 月 28 日，国家主席习近平出席第 70 届联合国大会一般性辩论并发表重要讲话，强调，和平、发展、公平、正义、民主、自由，是全人类的共同价值，也是联合国的崇高目标。当今世界，各国相互依存、休戚与共，我们要继承和弘扬联合国宪章宗旨和原则,构建以合作共赢为核心的新型国际关系,打造人类命运共同体。习近平强调全人类的"共同价值"代表着人类共同的利益诉求,但不是西方所谓的"普世价值"。我们认为,企图用西方的"普世价值"来替代人类共同的价值,是徒劳的。这本身就是霸权主义的思维。中国古老文明的优秀文化传统和社会主义核心价值观结合在一起,不仅有别于西方的核心价值观,不仅丝毫不逊色于西方的价值观理念,而且具有自己独特的文化优势,具有恒久的魅力。这是因为,社会主义核心价值观绝不是建立在"资本控制一切"和"金钱政治"的基础之上,而是努力实现人民当家作主。中国走的是"党的领导、人民当家作主和依法治国有机统一"的正确之路。实践证明,这条路是成功的。这就是我们自己的价值体系的制高点,在这个制高点上,我们平视其他国家和民族的价值和价值观,绝不仰人鼻息;同时,我们尊重其他国家和民族的价值和价值观,不会去故意贬低甚至横加干涉,这也正是我们区别西方霸权主义的行为之一。

如果说,实现中国梦的实践基础是中国特色社会主义道路,理论基础就是中国特色社会主义理论体系,制度基础就是中国特色社会主义制度;那么,实现中国梦的主体——中华民族的精神世界,就是社会主义核心价值观。因此,树立和践行社会主义核心价值观,这是时代的呼唤,执政党的倡导,国家、社会、民心所向。我们坚定地相信,通过践行社会主义核心价值观,中国将以崭新的面貌屹立于世界东方,中国人民也将以崭新的风姿,屹立于世界民族之林。

四、以发展新理念引领发展

中国共产党十八届五中全会,坚持以人民为中心的发展思想,鲜明提出了"创新、协调、绿色、开放、共享"的发展理念,被称为"五大发展理念"。这也是十八大以来,首次把它们作为新发展理念提出来的。"五大发展理念"符合中国国情,顺应时代要求,在理论和实践上有新的突破,对中国坚定发展方向、破解发展难题、增强发展动力、发挥发展优势、扩展发展成果,具有重要的思想引领意义和重大现实意义。

什么是理念?"理念"是人们的看法、主意、念头、计划、打算、意见、思想等,是思维活动的结果;与观念关联,上升到理性高度的观念叫"理念"。发展的理念,是关于发展的理性认识。理念是行动的先导,一定的发展实践都是由一定的发展理念来引领的。发展理念非常重要,其正确与否,从根本上决定着发展成效乃至成败。

新发展理念的提出,是中国共产党和中国政府,面对全面建成小康社会决胜阶段复杂的国内外形势,面对当前经济社会发展新趋势新机遇和新矛盾新挑战,面对实现中华民族伟大复兴及第二个百年目标,面对中国特色社会主义伟大建设事业的深入探索,适时提出来的。新发展理念,意义重大,影响深远。本节重点阐述中国共产党和中国政府对"五大发展理念"的认识和理解,阐述新发展理念的科学内涵。

在阐述什么是新发展理念之前,还需要对"理念"本身,进行词源和词义的理解。

《辞海》(1989)说:"理念指一种理想的、永恒的、精神性的普遍范型。理念一是看法、思想,思维活动的结果;二是观念(希腊文 idea),通常指思想。有时亦指表象或客观事物在人脑里留下的概括的形象。"①

一般说来,理念具有概括性:理念的形成,是人们对现象之规律已经有了一定的认知。这种认知具有概括的广度和深度。概括性越高,认知的信息内容就彰显越丰富。具有客观性:要对客观现象的本质或特征有整体性的诠释,就得有其相对应的客观程度。具有间接性:理念是人们凭借自己的语言形式来对客观现象进行的诠释,是在感觉格式化后基础上建立的。具有逻辑性:诠释现象的信息内容,反映出理念是一种抽象的理论认识,表明理念中陈述的现象遵循着一定的规律、有一定的形式,并按着一定的方法在进行。具有深刻性:理念,是经过人类的思考活动,进行信息内容的加工——去粗取精、去伪存真,由此及彼、由表及里;于是,在人类情感格式化里,生成了一种认知过程的突变,产生了观念、概念或法则,这种理性的观念,抓住了现象的本质,以及整体与内外的联系。

认识和理解什么是"理念",需要从根本上对它进行哲学上的解读。"理念"是西方哲学史的重要范畴。理念是一种理想的、永恒的、精神性的普遍范型,这是西方哲学史上认识。"理念"一词源于古希腊文,原意是见到的东西,即形象。柏拉图排除这个词的感性意义,用来指理智的对象,即理解到的东西。康德把理念划分为纯粹理性的理念和实践理性的理念。纯粹理性的理念有:灵魂、世界、上帝;实践理性的理念有:上帝存在、意志自由、灵魂不死。黑格尔则把逻辑范畴客观化,认为在一切事物存在之先,就存在着一种客观的、无人身的思想、理性或精神,他称为"理念"。它经过"存在""本质""概念"三个阶段的

① 参见《辞海》(1989),第 1367 页。

发展而为"绝对理念"。这一逻辑理念再外化为自然,复归为精神;精神就是自在自为的理念。

从哲学的层面解读理念,不是为了哲学而哲学,故意抬高理念的地位。而是作为理念本身,确有哲学上的认识论内容和意义。那么,作为发展理念,特别是中国共产党和中国政府提出的新发展理念,其哲学上的认知和意义,就是现实的和不可怀疑的,也是不可以随意贬低的。只有从哲学上解读新发展理念,我们才能更深刻地认识和理解它;而只有深刻地认识和理解新发展理念,我们才能在实践中更好地贯彻和落实它。

中国共产党和中国政府提出的新发展理念是:创新、协调、绿色、开放、共享,被称为"五大发展理念"。"五大发展理念",是管全局、管根本、管长远的导向,具有战略性、纲领性、引领性。"五大发展理念",指明了中国"十三五"乃至更长时期的发展思路、发展方向和发展着力点。

中国共产党和中国政府认为,创新是一个民族进步的灵魂,是一个国家兴旺发达的不竭动力。创新本是中华民族最深沉的民族禀赋,是中华民族历史文化延绵不绝的重要原因。在激烈的国际竞争中,唯创新者进,唯创新者强,唯创新者胜。因此,必须把创新作为引领发展的第一动力,把人才作为支撑发展的第一资源,把创新摆在国家发展全局的核心位置,不断推进理论创新、制度创新、科技创新、文化创新等各方面创新,让创新贯穿于中国特色社会主义的伟大事业之中,让创新在全社会蔚然成风。

在发展中着力实施创新驱动发展战略,抓住了创新,就抓住了牵动经济社会发展全局的"牛鼻子"。抓创新就是抓发展,谋创新就是谋未来。必须把发展基点放在创新上,通过创新培育发展新动力、塑造更多发挥先发优势的引领型发展,做到人有我有、人有我强、人强我优。人才是创新的根基,是创新的核心要素。创新驱动实质上是人才驱动。为了加快形成一支规模宏大、富有创新精神、敢于承担风险的创新型人才队伍,要重点在用好、吸引、培养上下功夫。实施创新驱动发展战略,就是要推动以科技创新为核心的全面创新,坚持需求导向和产业化方向,坚持企业在创新中的主体地位,发挥市场在资源配置中的决定性作用和社会主义制度优势,增强科技进步对经济增长的贡献度,形成新的增长动力源泉,推动经济持续健康发展。

此外,把军事创新体系纳入国家创新体系之中,实现两个体系相互兼容同步发展,使军事创新得到强力支持和持续推动。宣传思想工作创新,重点要抓好理念创新、手段创新、基层工作创新，努力以思想认识新飞跃打开工作新局面，积极探索有利于破解工作难题的新举措新办法，把创新的重心放在基层一线。文艺创作是观念和手段相结合、内容和形式相融合的深度创新，是各种艺术要素和技术要素的集成，是胸怀和创意的对接。要把创新精神贯穿文艺创作生产全过程，增强文艺原创能力。新闻媒体的内容创新、形式创新、手段创新都重要，但内容创新是根本的。

中国共产党和中国政府认为，协调是持续健康发展的内在要求。树立协调发展理念，就必须牢牢把握中国特色社会主义事业总体布局，正确处理发展中的重大关系，重点促进城乡区域协调发展，促进经济社会协调发展，促进新型工业化、信息化、城镇化、农业现代化同步发展，在增强国家硬实力的同时注重提升国家软实力，不断增强发展整体性。协调既是发展手段又是发展目标，同时还是评价发展的标准和尺度，是发展两点论和重点论的统一，是发展平衡和不平衡的统一，是发展短板和潜力的统一。所以，要坚持问题牵引，拿出思路举措，以强烈的责任担当推动问题的解决，正确把握和处理经济建设和国防建设的关系，使两者协调发展、平衡发展、兼容发展。正如习近平总书记"学会运用辩证法，善于'弹钢琴'，处理好局部和全局、当前和长远、重点和非重点的关系，着力推动区域协调发展、城乡协调发展、物质文明和精神文明协调发展，推动经济建设和国防建设融合发展"①。

协调发展是在改革开放的实践中，得出的深刻的、理性的哲学认识和结论。在改革中协调，在协调中发展。改革开放近 40 年来，我们创造了"中国奇迹""中国经验""中国模式""中国方案"，但是同时也出现了发展中的烦恼。发展不平衡、不协调、不持续问题突出，利益主体多元、利益诉求多样化问题显著。如何提升发展的整体效能、推进事业全面进步？如何破解公平正义的时代课题？回答是协调发展。习近平多次强调协调发展的重要性。党的十八届五中全会聚焦全面建成小康社会目标，提出了"协调发展"的理念。习近平指出："下好'十三五'时期发展的全国一盘棋，协调发展是制胜要诀。"他还指出，"区域协调发展是统筹发展的重要内容，与城乡协调发展紧密相关。区域发展不平衡有经济规律作用的因素，但区域差距过大也是个需要重视的政治问题。区域协调发展不是平均发展、同构发展，而是优势互补的差别化协调发展"。

---

① 参见《人民日报》2016 年 3 月 3 日第 11 版。

中国共产党和中国政府认为,绿色是永续发展的必要条件和人民对美好生活追求的重要体现。坚持绿色发展,就是要坚持节约资源和保护环境的基本国策,坚持可持续发展,形成人与自然和谐发展现代化建设新格局,为全球生态安全做出新贡献。正确处理好生态环境保护和发展的关系,是实现可持续发展的内在要求,也是推进现代化建设的重大原则。保护生态环境就是保护生产力,改善生态环境就是发展生产力。良好生态环境是最公平的公共产品,是最普惠的民生福祉。习近平总书记指出:"我们既要绿水青山,也要金山银山。宁要绿水青山,不要金山银山,而且绿水青山就是金山银山。我们绝不能以牺牲生态环境为代价换取经济的一时发展。我们提出了建设生态文明、建设美丽中国的战略任务,给子孙留下天蓝、地绿、水净的美好家园。"

绿色发展理念作为科学把握发展规律的创新理念,明确了新形势下完成发展第一要务的重点领域和有力抓手。绿色发展,是将生态文明建设融入经济、政治、文化、社会建设各方面和全过程的新发展理念,是中国共产党的十八大以来,以习近平同志为核心的党中央关于治国理政一系列新理念新思想新战略的重要组成部分。这一理念集中体现了中国共产党和中国政府对经济社会发展规律的新认识,充分彰显了党和政府在新的历史条件下开辟中国特色社会主义新境界的责任担当。

中国共产党和中国政府认为,开放是国家繁荣发展的必由之路。中国的事业是向世界开放学习的事业,中国的发展不是自私自利、损人利己、我赢你输的发展,对他国、对世界绝不是挑战和威胁。因而,始终要坚持对外开放的基本国策不动摇,不封闭、不僵化,打开大门搞建设、办事业。坚持从中国实际出发,坚定不移走自己的路,同时要树立世界眼光,更好把国内发展与对外开放统一起来,把中国发展与世界发展联系起来。中国将在更大范围、更宽领域、更深层次上提高开放型经济水平。要发展壮大,必须主动顺应经济全球化潮流,坚持对外开放,充分运用人类社会创造的先进科学技术成果和有益管理经验。要不断探索实践,提高把握国内国际两个大局的自觉性和能力,提高对外开放质量和水平。要树立人类命运共同体意识,推进各国经济全方位互联互通和良性互动,完善全球经济金融治理,减少全球发展不平等、不平衡现象,使各国人民公平享有世界经济增长带来的利益。

中国开放的大门不会关上。中国是国际发展体系的积极参与者和受益者,也是建设性的贡献者。中国提出"一带一路"战略,倡议成立亚投行,就是承担更多国际责任、推动完善现有国际经济体系、提供国际公共产品的建设性举动,有利于促进各方实现互利共赢。欢迎世界各国搭中国经济的快车和便车,这是中国对世界经济更为开放、协同、联动所做的努力和贡献。中国共产党和中国政府还认为,把困扰世界的问题简单归咎于经济全球化,既不符合事实,也无助于问题解决。搞保护主义如同把自己关进黑屋子,看似躲过了风吹雨打,但也隔绝了阳光和空气。因此,不能把全球化一棍子打死,而是要适应和引导好经济全球化,消解经济全球化的负面影响,让它更好惠及每个国家、每个民族。

中国共产党和中国政府认为,共享是中国特色社会主义的本质要求。国家建设是全体人民共同的事业,国家发展过程也是全体人民共享成果的过程。中国执政者的首要使命就是集中力量提高人民生活水平,逐步实现共同富裕。生活在伟大祖国和伟大时代的中国人民,共同享有人生出彩的机会,共同享有梦想成真的机会,共同享有同祖国和时代一起成长与进步的机会。共享发展理念,其内涵主要有四个方面。一是全民共享,即共享发展是人人享有、各得其所,不是少数人共享、一部分人共享。二是全面共享,即共享发展就要共享国家经济、政治、文化、社会、生态文明各方面建设成果,全面保障人民在各方面的合法权益。三是共建共享,即只有共建才能共享,共建的过程也是共享的过程。四是渐进共享,即共享发展必将有一个从低级到高级、从不均衡到均衡的过程,即使达到很高的水平也会有差别。

共享理念贯穿于经济社会发展的方方面面,要把"共享"既作为发展的理念,也作为发展的行动;既作为发展的出发点,也作为发展的落脚点。落实共享发展是一门大学问,要做好从顶层设计到"最后一公里"落地的工作,在实践中不断取得新成效。树立共享发展理念,就必须坚持发展为了人民、发展依靠人民、发展成果由人民共享,作出更有效的制度安排,使全体人民在共建共享发展中有更多获得感,增强发展动力,增进人民团结,朝着共同富裕方向稳步前进。

总之,创新、协调、绿色、开放、共享的发展理念,相互贯通、相互促进,是具有内在联系的集合体。要提高对"五大发展理念"的认识,要从整体上、从内在联系中把握新发展理念,充分认识到:创新发展是发展的根本支撑、关键动力;协调发展是提升发展整体效能、推进事业全面进步的有力保障;绿色发展是实现生产发展、生活富裕、生态良好的文明发展道路的历史性选择;开放发展是拓展经济发展空间、提升开放型经济发展水平的必然要求;共享发展是社会主义的本质要求,是中国特色社会主义制度优越性的集中体现。"五大发展理念",

集中反映了中国共产党对经济社会发展规律认识的深化,极大丰富了马克思主义发展观,为中国共产党带领全国人民夺取全面建成小康社会决战阶段的伟大胜利,为实现中华民族伟大复兴,不断开拓和探索中国特色社会主义,提供了强大思想武器。

第二章

规律性与规律的认知和探索

第一节　马克思恩格斯的科学社会主义学说

马克思和恩格斯是科学社会主义的创始人。一个半世纪来,科学社会主义学说武装了世界各国无产阶级和人民大众,在世界社会主义运动中得到检验,得到发展,取得了辉煌的成果,不断证明了自身的革命性、科学性、真理性。诚然,世界社会主义运动也有低潮。但是,科学社会主义至今仍然是取之不尽、用之不竭的思想宝库,仍然具有无比强大的感召魅力。

关于科学社会主义,首先需要指出,马克思、恩格斯最初在阐述自己的学说时,使用的是"共产主义",而不是"社会主义"的术语。原因在于,19 世纪中叶欧洲的所谓社会主义者,是那些信奉各种空想学说的分子和各种各样的社会庸医,他们站在工人运动以外,采用各种补缀办法而不伤及资本主义制度本身。而工人阶级中那些要求根本改造社会的工人,则把自己叫作共产主义者,尽管这种共产主义还只是没有加工的、本能的、有些粗陋的。"当时,社会主义,至少在大陆上,是上流社会的,而共产主义却恰恰相反。……所以我们一刻也不怀疑究竟应该在这两个名称中间选定哪一个名称。而且后来我们也根本没有想到要把这个名称抛弃。"①

随着形势的发展和革命斗争的需要,19 世纪中叶以后,马克思、恩格斯较少使用"共产主义"而较多使用"社会主义"的术语。为了区别空想社会主义,提出了"科学社会主义"的概念。恩格斯在 1872 年 5 月至次年 1 月写成的《再论蒲鲁东

① 《马克思恩格斯文集》第 2 卷,人民出版社 2009 年版,第 21 页。

和住宅问题》一文中，提出了"德国科学社会主义"和"德国科学社会主义的精神"①的用语；马克思在1874年至1875年初写成的《巴枯宁〈国家制度和无政府状态〉一书摘要》中写道："'科学社会主义'，也只是为了与空想社会主义相对立才使用，因为空想社会主义力图用新的幻想欺蒙人民，而不是仅仅运用自己的知识去探讨人民自己进行的社会运动。"②1875年4—5月，马克思的《哥达纲领批判》第一次区分了共产主义社会发展的两个阶段，指出在资本主义社会和共产主义社会之间有一个政治上的过渡时期，这个时期的国家只能是无产阶级的革命专政。1887年6月，恩格斯在《卡尔·马克思》中指出，马克思是"第一个给社会主义，因而也给现代整个工人运动提供了科学基础的人"③。1880年1—3月，恩格斯在《社会主义从空想到科学的发展》中，阐述了无产阶级运动的理论表现即科学社会主义的任务，指出由于马克思的两个伟大发现——唯物史观和剩余价值，社会主义变成了科学。

上述情况表明，马克思、恩格斯是把"社会主义"和"共产主义"作为同义语来把握的，是根据形势发展的需要而使用的。科学社会主义概念的提出，一方面是为了与空想社会主义相区别，另一方面是马克思的两大发现使社会主义真正变为科学。前者是形式上(语词)与空想社会主义的区别，后者是内容上(内涵)的根本区别；科学社会主义概念是形式和内容的统一。

一、马克思、恩格斯科学社会主义的重要论断、命题和原理

马克思、恩格斯的科学社会主义，有理论、实践、制度三种形态。理论形态即科学社会主义学说。马克思、恩格斯的科学社会主义学说，可称为原生理论形态。这一理论形态随着时代主题的变化和世界科技革命的新发现，特别是随着生产方式的变革和无产阶级自身的理论需求，而不断发展和完善。马克思、恩格斯的科学社会主义原理，是对这一原生理论形态的诠释、概括。实践形态即世界社会主义运动。19世纪中下半叶欧洲工人阶级的革命运动，为社会主义革命扫清了道路，是社会主义运动的表现形式。从一个幽灵在欧洲徘徊，发展到声势浩大的工人阶级运动席卷整个欧洲，是社会主义运动的生动实践。制度形态即社会主义和

---

① 《马克思恩格斯文集》第3卷，人民出版社2009年版，第310页。

② 《马克思恩格斯文集》第3卷，人民出版社2009年版，第407页。

③ 《马克思恩格斯文集》第3卷，人民出版社2009年版，第451页。

共产主义。社会主义作为一种制度，由无产阶级夺取政权，建立无产阶级专政的社会主义国家，是“共产主义社会第一阶段”①；“在共产主义社会高级阶段”②，劳动本身成为生活的第一需要，随着个人的全面发展，生产力的增长，集体财富的一切源泉充分涌流，社会在自己的旗帜上写上：各尽所能，按需分配。

上述理论、实践、制度三种形态之间，科学社会主义学说是世界社会主义运动的灵魂；世界社会主义运动是科学社会主义学说的实践舞台；社会主义和共产主义制度是世界社会主义运动的方向和目标；世界社会主义运动是社会主义和共产主义制度实现的方法和途径。三者相辅相成、相互促进、共同发展，上演了人类社会最壮美和最崇高的历史活剧。

如前所述，马克思、恩格斯的科学社会主义，是一个博大精深的思想体系。把握这个思想体系，就需要把握马克思、恩格斯科学社会主义的重要论断、命题和原理。笔者从《马克思恩格斯文集》十卷本中撷取十九条（限于篇幅不加以论证、解读，仅标明卷、页数）。

（一）“共产主义是关于无产阶级解放的条件的学说。”③

（二）“唯物主义历史观从下述原理出发：生产以及随生产而来的产品交换是一切社会制度的基础；在每个历史地出现的社会中，产品分配以及和它相伴的社会之划分为阶级和等级，是由生产什么、怎样生产以及怎样交换产品来决定的。”④

（三）“社会化生产和资本主义占有之间的矛盾表现为无产阶级和资产阶级的对立。”⑤

（四）“在当前同资产阶级对立的一切阶级中，只有无产阶级是真正革命的阶级。其余的阶级都随着大工业的发展而日趋没落和灭亡，无产阶级却是大工业本身的产物。”⑥

（五）资产阶级首先生产的是它自己的掘墓人。“资产阶级的灭亡和无产阶级的胜利是同样不可避免的。”⑦

---

① 《马克思恩格斯文集》第 3 卷，人民出版社 2009 年版，第 435 页。

② 《马克思恩格斯文集》第 3 卷，人民出版社 2009 年版，第 435—436 页。

③ 《马克思恩格斯文集》第 1 卷，人民出版社 2009 年版，第 676 页。

④ 《马克思恩格斯文集》第 9 卷，人民出版社 2009 年版，第 284 页。

⑤ 《马克思恩格斯文集》第 3 卷，人民出版社 2009 年版，第 551 页。

⑥ 《马克思恩格斯文集》第 2 卷，人民出版社 2009 年版，第 41 页。

⑦ 《马克思恩格斯文集》第 2 卷，人民出版社 2009 年版，第 43 页。

(六)“无产阶级将取得国家政权,并且首先把生产资料变为国家财产。”①

(七)“必须以无产阶级所拥有的一切手段来为生产资料转归公共占有而斗争。”“社会主义的任务,不如说仅仅在于把生产资料转交给生产者公共占有。”②

(八)“无产阶级使生产资料摆脱了它们迄今具有的资本属性,使它们的社会性质有充分的自由得以实现。从此按照预定计划进行的社会生产就成为可能的了。”③

(九)“共产党人可以把自己的理论概括为一句话:消灭私有制。”④

(十)“共产主义革命就是同传统的所有制关系实行最彻底的决裂;毫不奇怪,在它自己的发展进程中要同传统的观念实行最彻底的决裂。”⑤

(十一)“无论哪一个社会形态,在它所能容纳的全部生产力发挥出来以前,是决不会灭亡的;而新的更高的生产关系,在它的物质存在条件在旧社会的胎胞里成熟以前,是决不会出现的。”⑥

(十二)“对实践的唯物主义者即共产主义者来说,全部问题都在于使现存世界革命化,实际地反对并改变现存的事物。”⑦

(十三)“革命是历史的火车头。”⑧

(十四)“社会主义就是宣布不断革命,就是无产阶级的阶级专政,这种专政是达到消灭一切阶级差别,达到消灭这些差别所由产生的一切生产关系,达到消灭和这些生产关系相适应的一切社会关系,达到改变由这些生产关系产生出来的一切观念的必然的过渡阶段。”⑨

(十五)“在资本主义社会和共产主义社会之间,有一个从前者变为后者的革命转变时期。同这个时期相适应的也有一个政治上的过渡时期,这个时期的国家只能是无产阶级专政。”⑩

---

① 《马克思恩格斯文集》第3卷,人民出版社2009年版,第561页。
② 《马克思恩格斯文集》第4卷,人民出版社2009年版,第516—517页。
③ 《马克思恩格斯文集》第3卷,人民出版社2009年版,第566页。
④ 《马克思恩格斯文集》第2卷,人民出版社2009年版,第45页。
⑤ 《马克思恩格斯文集》第2卷,人民出版社2009年版,第52页。
⑥ 《马克思恩格斯文集》第2卷,人民出版社2009年版,第592页。
⑦ 《马克思恩格斯文集》第1卷,人民出版社2009年版,第527页。
⑧ 《马克思恩格斯文集》第2卷,人民出版社2009年版,第161页。
⑨ 《马克思恩格斯文集》第2卷,人民出版社2009年版,第166页。
⑩ 《马克思恩格斯文集》第3卷,人民出版社2009年版,第445页。

（十六）“（1）阶级的存在仅仅同生产发展的一定历史阶段相联系；（2）阶级斗争必然导致无产阶级专政；（3）这个专政不过是达到消灭一切阶级和进入无阶级社会的过渡……”①

（十七）“所谓‘社会主义社会’不是一种一成不变的东西，而应当和任何其他社会制度一样，把它看成是经常变化和改革的社会。”②

（十八）“未来无产阶级革命的最终结果之一，将是称为国家的政治组织逐步解体直到最后消失。”③

（十九）“人终于成为自己的社会结合的主人，从而也就成为自然界的主人，成为自身的主人——自由的人。完成这一解放世界的事业，是现代无产阶级的历史使命。”④

综合《马克思恩格斯文集》十卷的有关论著，可将科学社会主义基本原理归纳如下：（1）根据唯物史观和剩余价值原理，无产阶级首先在与资产阶级的对立中解放自己；（2）无产阶级取得国家政权并把生产资料变为国家财产；（3）无产阶级使生产资料摆脱了它们迄今为止具有的资本属性，使它们的社会性有充分的自由得以实现；（4）按照预定计划进行的社会生产成为可能；（5）随着社会生产的无政府状态的消失，国家的政治权威也将消失，人终于成为自己的社会结构的主人，从而也就成为自然界的主人，成为自身的主人——自由的人。这五条原理，是恩格斯在《社会主义从空想到科学的发展》中阐述的。

马克思、恩格斯科学社会主义的重要论断、命题和原理，可以概括为：两大理论基石、两个必然、两个决不会和一个科学预测。

两大理论基石：第一个理论基石是唯物史观。唯物史观的发现，标志着唯物主义的最后完成。它揭示了由生产力发展而引起的生产力和生产关系、经济基础和上层建筑的社会基本矛盾运动是社会发展的动力，从而揭示了人类社会发展的最一般规律。第二个理论基石是剩余价值学说。为了彻底批判资本主义，马克思运用唯物史观去研究资本主义社会的特殊规律，进而发现了剩余价值学说。剩余价值学说揭示了资本家剥削工人的秘密，揭示了资本主义生产方式的对抗性和历史局限性，从而揭示了资本主义一定要被进步生产方式所代替的客观趋势。

---

① 《马克思恩格斯文集》第10卷，人民出版社2009年版，第106页。

② 《马克思恩格斯文集》第10卷，人民出版社2009年版，第588页。

③ 《马克思恩格斯文集》第10卷，人民出版社2009年版，第506页。

④ 《马克思恩格斯文集》第3卷，人民出版社2009年版，第566页。

“两个必然”:资产阶级生存和统治的根本条件,是财富在私人手里的积累,是资本的形成和增值;资本的条件是雇佣劳动。雇佣劳动完全是建立在工人的自相竞争之上的。资产阶级无意中造成而又无力抵抗的工业进步,使工人通过结社而达到的革命联合代替了他们由于竞争而造成的分散状态。于是,随着大工业的发展,资产阶级赖以生产和占有产品的基础本身也就从它的脚下被挖掉了。它首先生产的是它自身的掘墓人。资产阶级的灭亡和无产阶级的胜利是同样不可避免的。

“两个决不会”:“无论哪一个社会形态,在它所能容纳的全部生产力发挥出来以前,是决不会灭亡的;而新的更高的生产关系,在它的物质存在条件在旧社会的胎胞里成熟以前,是决不会出现的。”①“两个必然”是一种新的社会形态代替另一种社会形态的必然规律,是社会化生产和资本占有之间的矛盾运动的必然结果。“两个决不会”则是从历史唯物主义的一般原理出发阐发的一种新的社会形态代替另一种社会形态的制约性的物质条件。“两个必然”和“两个决不会”在唯物论的基础上有着本质的一致性。

一个科学预测:“这样一来,根据共产主义原则组织起来的社会,将使自己的成员能够全面发挥他们的得到全面发展的才能。于是各个不同的阶级也必然消灭。因此,根据共产主义原则组织起来的社会一方面不容许阶级继续存在,另一方面这个社会的建立本身为消灭阶级差别提供了手段。”②“由此可见,城市和乡村之间的对立也将消失。从事农业和工业的将是同一些人,而不再是两个不同的阶级,单从纯粹物质方面的原因来看,这也是共产主义联合体的必要条件。乡村农业人口的分散和大城市工业人口的集中,仅仅适应于工农业发展水平还不够高的阶段,这种状态是一切进一步发展的障碍,这一点现在人们就已经深深地感觉到了。”③“由社会全体成员组成的共同联合体来共同地和有计划地利用生产力;把生产发展到能够满足所有人的需要的规模;结束牺牲一些人的利益来满足另一些人的需要的状况;彻底消灭阶级和阶级对立;通过消除旧的分工,通过产业教育、变换工种、所有人共同享受大家创造出来的福利,通过城乡的融合,使社会全体成员的才能得到全面发展——这就是废除私有制的主要结果。”④“在共产主义

① 《马克思恩格斯文集》第2卷,人民出版社2009年版,第592页。
② 《马克思恩格斯文集》第1卷,人民出版社2009年版,第689页。
③ 《马克思恩格斯文集》第1卷,人民出版社2009年版,第689页。
④ 《马克思恩格斯文集》第1卷,人民出版社2009年版,第689页。

社会高级阶段,在迫使个人奴隶般地服从分工的情形已经消失,从而脑力劳动和体力劳动的对立也随之消失之后;在劳动已经不仅是谋生的手段,而且本身成了生活的第一需要之后;在随着个人的全面发展,他们的生产力也增长起来,而集体财富的一切源泉都充分涌流之后——只有在那个时候,才能完全超出资产阶级权利的狭隘眼界,社会才能在自己的旗帜上写上:各尽所能,按需分配!"①

二、马克思、恩格斯科学社会主义学说的现实意义与当代启示

自1848年《共产党宣言》发表以来,在世界社会主义运动的风风雨雨中,马克思、恩格斯科学社会主义学说的科学性和真理性,经历了实践的检验。

自中国共产党成立以来,马克思、恩格斯的科学社会主义学说,一直是党的指导思想和理论武器。中国共产党作为马克思主义的政党,从建党伊始至今,历经90多年沧桑岁月,相继选择了马克思列宁主义、毛泽东思想、邓小平理论、"三个代表"重要思想作为党的指导思想,又把科学发展观作为经济社会发展的重要指导方针和发展中国特色社会主义的重大战略思想,体现了马克思主义一脉相承和与时俱进的理论品格,这是历史发展的必然。

恩格斯指出,历史进程是受内在的一般规律支配的。中国共产党成立之前,自1840年鸦片战争以来,灾难深重的中国人民为争取民族解放和实现国家振兴,进行了长期的英勇的斗争,但是屡遭失败;在探索真理的道路上无数仁人志士苦苦寻觅,但是成效甚微。其根本原因,就在于没有一个以先进的科学理论为指导思想的无产阶级政党。中国共产党成立之后,在科学正确的指导思想指引下,领导中国人民进行了艰苦卓绝的努力,终于推翻了压在人民头上的三座大山,取得了新民主主义革命的胜利,建立了社会主义制度。在中国革命、建设和改革的历史进程中,党对指导思想的每一次科学选择,都顺应了社会历史发展的需求,代表了人民群众的意愿,符合社会历史发展的必然趋势。始终遵循马克思、恩格斯的科学社会主义学说及其原理,结合新的时代精神和社会实践进行理论创新,是当代马克思主义者的神圣职责和历史使命。

下面,以恩格斯的《社会主义从空想到科学的发展》为例,谈谈马克思主义时代化、大众化和中国化问题。

---

① 《马克思恩格斯文集》第3卷,人民出版社2009年版,第435—436页。

（一）马克思主义时代化是无产阶级解放事业的根本要求

恩格斯的《社会主义从空想到科学的发展》阐述了三个方面的内容：一是科学社会主义的来源，主要分析了19世纪初期三大空想社会主义者的思想成果及其历史局限性。二是科学社会主义的基础，主要阐述了由于马克思的两个伟大发现，即唯物主义历史观和剩余价值理论，使社会主义从空想变为科学。三是科学社会主义的基本原理，深入分析了资本主义的基本矛盾及其发展过程，阐明了社会主义代替资本主义的历史必然性。

这篇文献发表时，资本主义正处于由竞争阶段向垄断阶段过渡时期。1871年发生了无产阶级建立自己统治的第一次英勇尝试，即成立巴黎公社。公社被镇压以后，工人运动并没有消沉，而是广泛发展和不断巩固，准备发起对资本主义新的冲击。欧洲各国纷纷建立以马克思主义为指导的工人阶级政党，迎接新的革命高潮到来。资产阶级害怕工人运动的发展，对马克思主义学说进行诋毁和攻击。受此影响，工人运动中改良主义思想抬头，机会主义、小资产阶级社会主义在流传、扩散。德国柏林大学的讲师欧根？杜林公开宣传折中主义哲学、资产阶级庸俗经济学和小资产阶级的社会主义，全面攻击马克思主义。为此，在马克思的支持下，恩格斯撰写了《反杜林论》，把哲学、经济学和社会主义学说科学地结合在一起，全面地论证了科学社会主义。1880年春天，为了向法国工人阶级宣传马克思主义，反对工人运动中的机会主义，帮助法国工人建立革命政党，应法国工人党革命派保罗·拉法格的请求，恩格斯把《反杜林论》中“最重要的部分”作了一些修改，由拉法格译成法文，以《空想社会主义和科学社会主义》为标题，《在社会主义评论》上发表，同年5月以《社会主义从空想到科学的发展》为书名在巴黎出版。

《社会主义从空想到科学的发展》是马克思主义时代化的产物。马克思和恩格斯的时代观反映了他们对时代的科学判断和对时代脉搏的准确把握。资产阶级革命发生、发展和产生危机与无产阶级兴起、斗争和获得解放，是时代发展的主脉。我们的时代是资产阶级的时代，资产阶级时代“分裂为两大相互直接对立的阶级：资产阶级和无产阶级”①。“无产阶级形成为阶级，推翻资产阶级的统治，由无产阶级夺取政权。”②“无产阶级只有在世界历史意义上才能存在，就像共产主

① 《马克思恩格斯文集》第2卷，人民出版社2009年版，第32页。

② 《马克思恩格斯文集》第2卷，人民出版社2009年版，第44页。

义——它的事业——只有作为‘世界历史性的’存在才有可能实现一样。”①“完成这一解放世界的事业，是现代无产阶级的历史使命。深入考察这一事业的历史条件以及这一事业的性质本身，从而使负有使命完成这一事业的今天受压迫的阶级认识到自己的行动的条件和性质，这就是无产阶级运动的理论表现即科学社会主义的任务。”②把无产阶级和工人运动与推翻资产阶级的统治，从而与共产主义的事业连在一起，体现了马克思主义具有世界历史意义的时代观。马克思主义从诞生时起，时代化就是马克思主义的内在要求，是无产阶级解放事业的根本要求，是马克思主义的特有品格。马克思主义时代化，是马克思主义的题中应有之义。如果马克思主义不能与时代同步，不与共产主义事业的远大目标相连，马克思主义的生机就会停滞，就会失去存在的价值和意义。

马克思主义时代化启示我们，马克思主义的发展始终与无产阶级的解放事业——共产主义事业，相互依存，始终与世界社会主义运动，相互依存。130 年前，《社会主义从空想到科学的发展》是马克思主义时代化的产物；130 年后，中国特色社会主义的旗帜、道路、理论体系，也是马克思主义时代化的产物。这是因为，中国特色社会主义始终坚持科学社会主义的一般原理，始终坚持社会主义最低纲领和共产主义最高纲领的统一。这就启示我们，要始终坚持改革开放的社会主义方向，坚定中国特色社会主义的理想信念，为实现共产主义的远大理想和目标，脚踏实地，奋勇前进。

马克思主义时代化还启示我们，必须发展和创新马克思主义，用发展着的马克思主义指导新的实践。马克思主义必须紧密贴近时代，随着时代的脉搏一起跳动，始终走在时代的最前列。这就要求马克思主义必须科学地判断时代发展的主题，正确地认识世情、国情和党情发展的新变化，回答和解决新问题。

（二）马克思主义大众化是世界社会主义运动的现实需求

《社会主义从空想到科学的发展》作为科学社会主义的入门书，它在国际工人运动中得到了广泛传播。恩格斯说，这一著作原来根本不是为了直接在群众中进行宣传而写的。那么，一本纯学术性的著作，怎样才能让工人接受，在形式和内容上需要做些什么修改呢？

在形式方面，恩格斯认为不存在问题，只有出现许多外来语这一点可能引起

① 《马克思恩格斯文集》第 1 卷，人民出版社 2009 年版，第 539 页。

② 《马克思恩格斯文集》第 3 卷，人民出版社 2009 年版，第 566—567 页。

疑虑。但是拉萨尔在他的演说和宣传性文章中已经根本不避讳使用外来语。而据恩格斯所知，工人们并没有因此提出抱怨。“从那时以来，我们的工人已经更多地和更经常地阅读报纸，因此也更多地熟悉外来语。”①因此，在这本书中，恩格斯只限于删去一切不必要的外来语。在内容方面，恩格斯肯定地说，它对德国工人来说困难是不多的。“总的说来，只有第三部分是困难的，但是对工人，比对‘有教养的’资产者，困难要少得多，因为这一部分正是概括了工人的一般生活条件。”②后来，恩格斯在1891年德文第四版序言中说：“我曾经预料，这篇论文的内容对我们的德国工人来说困难是不多的，现在这个预料已被证实。至少从1883年3月第一版问世以来已经印行了三版，总数达1万册，而且这是在现今已寿终正寝的反社会党人法的统治下发生的事情。同时，这也是一个新的例证，说明警察的禁令在像现代无产阶级的运动这样的运动面前是多么软弱无力。”③

《社会主义从空想到科学的发展》在工人运动中得以广泛传播，证明了“理论在一个国家实现的程度，总是取决于理论满足这个国家的需要的程度”④的真理性。其广泛传播的根本原因，在于马克思的唯物主义历史观和剩余价值理论，易于被工人阶级理解和接受。因为这两个理论，揭示了资本家剥削工人的秘密和生产方式的变革的根本原因，与工人大众的生活息息相关。恩格斯把晦涩严肃的学术著作改编成通俗易懂的读物，文中对工人阶级充满了深情厚谊；对杜林的谬论，用生动的语言文字给予讽刺和批驳，“嬉笑怒骂皆成文章”，为工人大众所喜闻乐见。

马克思主义大众化启示我们：马克思主义大众化，是实践的呼唤和需要，从根本上说，是无产阶级解放事业和世界社会主义运动的需要。马克思主义大众化的根本原因，在于它的理论内容是工人阶级的理论，是为最广大人民群众谋利益的理论，正因如此，最广大人民群众熟悉它、理解它、接受它，乐意把它作为是“每个有觉悟的工人必读的书籍”，用它来武装自己的头脑。

马克思主义大众化还启示我们：马克思主义要为最广大人民群众所接受，无论是在理论形式上还是理论风格上，必须贴近人民群众，必须通俗易懂。马克思主义大众化而不是小众化，它不是为少数人服务的理论。正因如此，马克思主义

① 《马克思恩格斯文集》第3卷，人民出版社2009年版，第494—495页。

② 《马克思恩格斯文集》第3卷，人民出版社2009年版，第495页。

③ 《马克思恩格斯文集》第3卷，人民出版社2009年版，第497页。

④ 《马克思恩格斯文集》第1卷，人民出版社2009年版，第12页。

大众化不能学院化，也不能书斋化，既不能躲在学院和庙堂之中，也不能成为某些“大理论家”的“特有专利”。马克思主义必须走出书斋到群众中去，到实践中去，把马克思主义基本原理同人民群众的生动实践结合起来，运用马克思主义立场、观点、方法，回答人们普遍关心的重大理论和实践问题。马克思主义只有和最广大人民群众同呼吸、共命运，才能永葆革命的青春。这是马克思主义大众化的真谛。

（三）马克思主义欧洲化、中国化、世界化是历史发展的必然

马克思主义的欧洲化，不是马克思和恩格斯本人提出来的。这个提法，很少见诸历史文献。笔者之所以提出这个概念，是指出这是一个历史现象和历史事实，是指马克思和恩格斯的学说已传遍欧洲并被付诸实践。

《社会主义从空想到科学的发展》从第一版印行以来，在恩格斯那个年代，就出版了几种外文译本：帕斯夸勒·马尔提涅蒂翻译的意大利文本《空想社会主义和科学社会主义》，1883 年贝内文托版；俄文本《科学社会主义的发展》1884 年日内瓦版；丹麦文本《社会主义从空想到科学的发展》，载于《社会主义丛书》第一卷，1885 年哥本哈根版；西班牙文本《空想社会主义和科学社会主义》1886 年马德里版；以及荷兰文本《社会主义从空想到科学的发展》1886 年海牙版。恩格斯说，1880 年法文版的书名为《空想社会主义和科学社会主义》，“波兰文版和西班牙文版就是根据这个法文本译出的。1883 年，我们的德国朋友用原文出版了这本小册子。此后，根据这个德文本又出版了意大利文、俄文、丹麦文、荷兰文和罗马尼亚文的译本。这样，连同现在这个英文版在内，这本小书已经用 10 种文字流传开了。据我所知，任何社会主义著作，甚至我们的 1848 年出版的《共产党宣言》和马克思的《资本论》，也没有这么多的译本。在德国，这本小册子已经印了四版，共约两万册”①。

这表明，19 世纪下半叶马克思主义的欧洲化，是工人运动和无产阶级解放事业的伟大胜利成果。此后，进入 20 世纪还有一个俄国化问题——列宁主义的诞生和发展，在一定意义上讲，马克思主义的欧洲化本来也包括俄国化。

我认为，马克思主义欧洲化、俄国化、中国化，是马克思主义发展史的不同历史阶段，而马克思主义的世界化，则是一个历史总趋势。无论是欧洲化、俄国化还是中国化，把马克思主义与本地区、本国家的具体情况相结合，通过一定的民族形

① 《马克思恩格斯文集》第 3 卷，人民出版社 2009 年版，第 500—501 页。

式,来实现其“民族化”“具体化”,这才是“化”的要义所在。

马克思主义欧洲化,是马克思、恩格斯时代欧洲工人运动和无产阶级解放事业,在马克思主义指导下的伟大实践。这是一个历史进程。马克思主义中国化,是马克思主义在中国具体化、民族化,是马克思列宁主义普遍真理和中国革命实践的结合;是中国共产党人运用马克思主义的立场、观点和方法,来具体地分析中国革命问题和解决中国革命、建设、改革问题,这也是一个历史进程。

马克思主义中国化,是历史的必然。马克思主义与中国实际相结合,产生了两个伟大的成果,一个是新民主主义理论,另一个是中国特色社会主义理论。在新民主主义革命阶段,中国共产党在思想认识上出现了一次飞跃,形成了适合中国革命需要的理论体系。这个理论体系,党的七大定名为毛泽东思想。毛泽东思想科学回答了中国社会的性质、中国革命的性质、对象、任务、动力、前途,以及斗争策略、党的领导等一系列基本问题。中国进入社会主义时期以后,特别是经过三十多年改革开放的实践、认识,再实践、再认识,我们党在思想认识上又出现了一次飞跃,形成了新的理论体系。这个理论体系,党的十七大定名为“中国特色社会主义理论体系”。这个理论体系科学回答了中国社会主义的发展道路、发展阶段、根本任务、发展动力、外部条件、政治保证、战略步骤、党的领导和依靠力量以及祖国统一等一系列基本问题。

马克思主义世界化是它的总趋势,是历史的必然。这就是恩格斯在《社会主义从空想到科学的发展》中所指出的,“无产阶级将取得公共权力,并且利用这个权力把脱离资产阶级掌握的社会生产资料变为公共财产。……无产阶级使生产资料摆脱了它们迄今具有的资本属性,使它们的社会性有充分的自由得以实现。从此按照预定计划进行的社会生产就成为可能的了。……随着社会生产的无政府状态的消失,国家的政治权威也将消失。人终于成为自己的社会结合的主人,从而也就成为自然界的主人,成为自身的主人——自由的人”①。这就是未来共产主义的实现。我认为,正是在这个意义上说,马克思主义的世界化是历史的必然。

① 《马克思恩格斯文集》第3卷,人民出版社2009年版,第566页。

第二节 社会主义建设规律、共产党执政规律、人类社会发展规律

一、问题的提出

时代在发展,社会在前进。中国共产党在新的历史条件下,特别提出了研究共产党执政规律、社会主义建设规律和人类社会发展规律问题。从现在掌握的文献来看,号召全党运用马克思主义基本理论研究现实中的重大问题,特别是研究共产党执政规律、社会主义建设规律和人类社会发展规律问题,是江泽民在庆祝中国共产党成立八十周年大会上的讲话中提出来的。他说:“我们党有八十年的奋斗历史,有创立和发展毛泽东思想、邓小平理论的伟大实践,有国内外发展社会主义事业正反两方面的历史经验,只要我们站在时代前列,立足于新的实践,把握住时代特点,运用马克思主义基本理论研究现实中的重大问题,不断深化对共产党执政的规律、对社会主义建设的规律、对人类社会发展的规律的认识,不断吸取一切科学的新经验、新思想、新成果,我们就能够对丰富和发展马克思主义作出新的贡献。”此后,在党的第十六次全国代表大会上,江泽民又深入地阐述了全党必须研究共产党执政规律、社会主义建设规律和人类社会发展规律问题。①

那么,什么是共产党执政规律?为什么要研究共产党执政规律?共产党执政规律与社会主义建设规律、人类社会发展规律的关系是什么?运用什么方法来研究共产党执政规律?这些都是必须搞清楚的问题。

(一)什么是共产党执政规律?

什么是共产党执政规律?回答这个问题,首先必须搞清楚什么是规律、什么是执政规律。

规律是客观事物发展过程中的本质联系,具有普遍性的形式,反映客观事物发展的必然趋势。规律是客观的,既不能创造,也不能消灭,不管人们承认不承认,规律总是以铁的必然性起着作用。但是,人在客观规律面前并不是消极被动的,在实践中,可以通过大量的外部现象,认识和发现客观规律,并利用客观规律

---

① 江泽民:《在庆祝中国共产党成立八十周年大会上的讲话》,人民出版社2001年版,第29页。

来改造世界，从而为人类社会服务。世界上的万事万物，都有各自不同的发展规律。一般说来，我们把规律分为自然规律、社会规律和思维规律这三大领域。

马克思和恩格斯都认为历史进程是受内在的一般规律支配的。在自然界，所发生的任何事情，都没有预期的自觉的目的，偶然性在起支配作用。自然规律是在不自觉的、盲目的动力相互作用中表现出来的。在社会历史领域，“历史事件似乎总的说来同样是由偶然性支配着的。但是，在表面上是偶然性在起作用的地方，这种偶然性始终是受内部的隐蔽着的规律支配的，而问题只是在于发现这些规律。”①

如何发现社会历史领域的规律？早在抗日战争时期，毛泽东就总结出了“实事求是”的根本原则。他说：“‘实事’就是客观存在着的一切事物，‘是’就是客观事物的内部联系，即规律性，‘求’就是我们去研究。”②指出实事求是是马克思列宁主义的态度和方法。中国革命的每一次胜利，都是将马克思列宁主义的基本原理和中国的具体实际相结合，实事求是的结果；反之，照抄照搬马克思列宁主义，背离实事求是，革命就会失败。实事求是，说起来容易，真正做到却不那么简单。这是因为实事求是本身就是法则和规律，是对规律的理论表述和概括。谁违背了规律，违背了实事求是这个铁的法则，谁就要受到惩罚。毛泽东坚持实事求是，提出了农村包围城市、最终夺取全国胜利的革命道路，领导我们党推翻了国民党反动统治，建立了中华人民共和国。在社会主义建设时期，毛泽东同样坚持实事求是，领导中国人民做出了举世瞩目的成就，积累了许多成功的经验，对社会主义建设规律和人类社会发展规律进行了有益的探索。当然，其中也有不少挫折和教训。所有这些，无疑都是中国共产党的宝贵财富。

邓小平作为中国改革开放的总设计师，是坚持解放思想，实事求是，尊重客观规律和利用客观规律为中国特色社会主义建设服务的典范。不坚持实事求是，就没有党的十一届三中全会对“文化大革命”的否定，就不会有实践是检验真理唯一标准大讨论的成功展开，更不会有二十多年中国特色社会主义建设事业的突飞猛进。邓小平把解放思想作为实事求是的重要前提，指出只有解放思想，打破禁锢，才能做到实事求是。他指出，一个党，一个国家，一个民族，如果一切从本本出发，思想僵化，迷信盛行，那它就不能前进，它的生机就停止了，就要亡党亡国。他把

① 《马克思恩格斯选集》第4卷，人民出版社1995年版，第247页。

② 《毛泽东选集》第3卷，人民出版社1991年版，第801页。

实事求是提到世界观的高度来认识,指出:“实事求是,是无产阶级世界观的基础,是马克思主义的思想基础。过去我们搞革命所取得的一切胜利,是靠实事求是;现在我们要实现四个现代化,同样要靠实事求是。”①邓小平把解放思想和实事求是统一起来,认为不解放思想就做不到实事求是。邓小平始终坚持解放思想、实事求是,从理论和实践上回答了“什么是社会主义和怎样建设社会主义”这个根本问题,在社会历史领域规律的层面上,提出了一系列科学的论断。

以江泽民为核心的党中央第三代领导集体,坚持解放思想,实事求是,与时俱进,在新的历史条件下,进一步回答了“什么是社会主义,怎样建设社会主义”的根本问题,创造性地回答了“建设什么样的党,怎样建设党”的根本问题,提出了“三个代表”重要思想:中国共产党必须始终代表中国先进生产力发展的要求,代表中国先进文化的前进方向,代表中国最广大人民的根本利益。“三个代表”重要思想的提出,标志着中国共产党从本质上对执政党建设有了更深刻的理解,是马克思主义中国化的重大理论成果,是对共产党执政规律的深刻认识和把握。

以胡锦涛为总书记的新一届中央领导集体,面对新世情、国情、党情,科学地把握时代主题,坚持走和平发展的道路,创造性地提出了一系列新思想、新观点。例如,在怎样建设社会主义的根本问题上,创造性地提出了科学发展观和构建社会主义和谐社会;在怎样建设党的根本问题上,系统地阐述执政党建设理论,等等,这就进一步推进了我们党对共产党执政规律的认识,标志着我们党对共产党执政规律的认识越来越自觉、越来越深刻、越来越彻底。这些新思想、新观点,是对“三个代表”重要思想的继承、丰富和发展。从而也表明,中国共产党对社会历史规律的认识和把握,是逻辑和历史相统一、理论和实践相统一的进程,是不断深化的进程。

如上所述,规律又称法则,它是客观的、人的意志所不能抗拒,也是不能违背的。那么,什么是执政规律?总的来说,执政规律是执政党在执政的实践中,对客观规律的具体把握和运用。执政党执政,就是政党掌管政权,并对国家和全社会的公共权力实施占有和运用。具体来说,执政规律是执政党在控制和行使国家和全社会公共权力过程中,必须遵循的法则,是一种客观必然性的要求。执政党能否遵循执政规律,关系到国家的发展,社会的稳定,人民的福祉,自然也关系到执政党自身的地位。

---

① 《邓小平文选》第2卷,人民出版社1994年版,第143页。

那么,什么是共产党的执政规律?简而言之,共产党执政的规律,就是共产党在执政实践中,必须遵循的法则,这些法则反映着客观事物的本质联系和发展的必然性趋势。共产党执政的规律,反映共产党执政本质和必然性的法则和客观要求,包括共产党必须遵循的执政理念和执政方略,应该采取的执政体制和执政方式,应该巩固的执政基础和执政资源,应该创造的执政条件和执政环境,等等。共产党执政规律来自执政的实践,寓于执政的实践之中。共产党对执政规律的认识和把握决不是一蹴而就,而是渐进的、不断深化的过程。

(二)深化对共产党执政规律研究的迫切性

中国共产党通过六十多年的执政,已经积累了丰富的执政经验,对执政规律已经具有比较深刻的认识。但是,这并不等于说,中国共产党对执政规律已经全面把握和已经驾轻就熟了。应该看到,真正能够全面认识和把握执政规律,是不容易的;而能够很好地运用这些规律,始终遵循执政的客观必然性法则,则难度更大。至于说穷尽对执政规律的认识,则是不可能的。正如恩格斯所说,规律是不自觉地、以外部必然性的形式、在无穷无尽的表面的偶然性中为自己开辟道路。人类在认识和把握规律的过程中,会受到自身所获得的一切知识具有的局限性,以及在获得知识时所处的环境对这些知识的制约性。①

为什么要研究共产党执政规律问题?中国共产党在新世纪伊始,为什么把研究共产党执政规律问题作为重要议事日程提出来?为什么反复强调加强党的执政能力建设问题?仅仅是因为在全国执政了半个多世纪长的时间,需要总结执政的经验和教训吗?不是。应该看到,认识和把握共产党执政规律和加强党的执政能力建设,是对中国共产党在新世纪、新阶段、新的历史条件以及党的自身建设状况所提出的必然要求。

1. 深化研究共产党执政规律是适应国际局势深刻变化的迫切要求

当人类社会跨入21世纪的时候,国际局势正在发生深刻变化。世界多极化和经济全球化的趋势在曲折中发展,科学技术日新月异,综合国力竞争日趋激烈。形势逼人,不进则退。中国共产党作为执政党,在复杂多变的形势下,必须坚持独立自主的和平外交政策,不断提高应对国际局势和处理国际事务的能力。深化研究共产党执政规律,从执政规律的高度上深刻认识国内大局和国际大局、内政和外交的关系,科学把握世界的深刻变化及其特点、主动顺应维护和平、促进发展的

---

① 《马克思恩格斯选集》第4卷,人民出版社1995年版,第243—244页。

时代潮流,正确应对世界多极化、经济全球化和科技进步的发展趋势,从而做到审时度势、因势利导、内外兼顾、趋利避害。

当今世界,任何政党、任何国家,关起门来执政,关起门来搞建设,是行不通的。闭关锁国不仅不现实,而且会给自身带来严重的损失和危害。作为一个成熟的执政党,面对纷繁复杂的国际局势,要想占有和掌握主动权,需要研究和反思自身在应对国际局势和处理国际事务方面的经验和教训,这就需要研究执政规律问题。特别是要研究如何科学判断国际形势,制定正确的对外发展战略,维护国家安全,从而能够始终自立于世界民族之林和永远立于不败之地。

在国际局势发生深刻变化的条件下,能不能适应复杂多变的局势,站稳脚跟,正确处理重大的国际问题,对我们党来说,是一个严峻的考验。对此,党的十六届四中全会通过的《中共中央关于加强党的执政能力建设的决定》,要求我们党提高五种执政能力,其中就包括不断提高应对国际局势和处理国际事务的能力问题。这种能力具体指我们党要坚持用宽广的眼界观察世界,提高科学判断国际形势和进行战略思维的水平;坚定不移地贯彻执行对外方针政策,掌握处理国际事务的主动权;全面认识和把握国际因素对我国的影响,不断提高同国际社会交往的本领;始终把国家主权和安全放在第一位,坚决维护国家安全。

2. 深化研究共产党执政规律是适应国内改革开放形势发展的迫切要求

现在,我国的改革开放正向纵深发展,社会主义现代化建设进入了关键时期。所谓关键时期,是指随着我国人均国内生产总值已经突破1000美元,改革和发展的不平衡和不协调问题越来越突出,已经到了不能回避而且必须处理好的关键阶段。国际经验表明,人均国内生产总值从1000美元到3000美元的时候,是实现现代化的一个关节点。在这个阶段,原有的比较优势,例如原来的土地价格、劳动力价格比较低,生产要素比较低廉等,从而能够吸引外资流入,推动经济发展的这些优势会显著降低;而有没有知识产权、能不能有核心竞争力,成为发展的关键。当人均年收入达到1000美元以后,人们的消费开始升级,生活的要求出现多样化。原来以温饱为主,现在则对住宅、汽车、文化教育、医疗卫生、养老保健、环境保护以及生活质量的需求明显提高。同时,这个阶段人的差别已经明显地表现出来,例如收入差距明显拉大,出现了不同利益的集团,很容易导致社会利益集团的冲突加剧。在民主政治方面,人们对参政、议政的要求相应提高,要求政策透明、廉政建设、对政府行政监督、惩治腐败的呼声提高。如果这方面的问题处理不好,容易引发社会动荡。我国的社会主义现代化建设正处于这样的关键时期。

那么,作为领导社会主义现代化建设的中国共产党,能不能领导社会主义现代化建设安全顺利地度过关键时期?这也是一个重大考验。为此,我们党适时提出用科学发展观指导现代化建设和构建社会主义和谐社会的目标。科学发展观和构建和谐社会的提出,是以胡锦涛为总书记的新一届中央领导集体对共产党执政规律深化认识的重大成果。

发展是党执政兴国的第一要务。一个国家坚持什么样的发展观,对国家的发展会产生重大影响。坚持以人为本,全面、协调、可持续的发展观,反映了我们党对发展问题的科学认识。而构建社会主义和谐社会的提出,是贯彻落实科学发展观,提高党的执政能力,更好地推进经济社会全面发展的战略举措。反映了我国改革开放进入关键时期的客观要求,体现了广大人民群众的根本利益和共同要求。我们党对和谐社会特征的描绘和阐释,提出民主法治、公平正义、诚信友爱、充满活力、安定有序、人与自然和谐相处,是对共产党执政规律深化认识的产物。

3. 深化研究共产党执政规律是总结其他政党丧失政权教训的迫切要求

20 世纪 80 年代末 90 年代初以来,世界政治舞台频频发生“政治地震”,使人们至今仍记忆犹新。世界上一些执政几十年的大党、老党,在执政地位上发生了根本性的变化。例如,苏联、东欧国家的共产党,南斯拉夫联盟社会党,墨西哥革命制度党,等等,先后失去政权,有的走向衰亡。这不能不引起国际社会的广泛关注,更不能不引起中国共产党的警觉和反思。这些执政党丧失执政地位的原因是什么?

《中共中央关于加强党的执政能力建设的决定》指出:“无产阶级政党夺取政权不容易,执掌好政权尤其是长期执掌好政权更不容易。党的执政地位不是与生俱来的,也不是一劳永逸的。”这个内涵丰富、思想深刻的论断,正是在科学总结和汲取世界上一些执政党兴衰成败经验教训的基础上提出来的。

中国共产党为什么能够长期执政?为谁执政?靠谁执政?这些关于执政的根本问题,我们党必须有清醒的认识。执政党的生命力取决于它的执政基础,执政基础是否巩固直接决定着执政地位是否巩固。在长期的执政实践中,中国共产党认识到一个根本道理,这就是立党为公、执政为民。人民,只有人民才是推动社会历史前进的动力。人心向背永远是政党执政地位巩固与否的根本标志。如果失去了民心,失去了广大人民群众的信任和拥护,执政党丧失政权就成为必然。当世界上一些政党纷纷丧失政权的时候,自然会引起中国共产党的警觉,从而反思自身的执政基础是否牢固,反思自身的执政能力建设,探寻执政的规律。于是,共产党执政规律问题,自然会提到议事日程,摆在紧要的位置上。

4. 深化研究共产党执政规律是加强党的自身建设的迫切要求

历史的深刻性,往往来自历史内涵的充分展示。江泽民在建党八十周年的讲话中旗帜鲜明地提出:我们要站在时代的前列,立足于新的实践,不断深化对共产党执政规律的认识。这表现了当代中国共产党人重视规律、认识规律、尊重规律以及对自己所肩负的历史使命和社会责任的理性自觉。

深化研究共产党执政规律,是加强党的自身建设的迫切要求。我们党从毛泽东时代开始,就一直重视党的自身建设。党的建设的伟大工程的实施使我们党保持了青春的活力,领导中国人民取得了新民主主义革命的胜利,建立了中华人民共和国。邓小平领导的党的建设新的伟大工程,开辟了中国特色社会主义的宽广道路,使改革开放的社会主义中国取得了举世瞩目的巨大成就,增强了我国的综合国力,从根本上回答了什么是社会主义和怎样建设社会主义的问题。江泽民把党的建设新的伟大工程继续推向前进,在党的建设方面进行了一系列的理论创新和实践创新。"三个代表"重要思想的提出,从根本上回答了建设一个什么样的党和怎样建设党的问题。以胡锦涛为总书记的新一届中央领导集体,在党的建设方面继续进行创新,丰富和拓展了党的建设理论,使党的建设新的伟大工程向纵深发展。我们党正是在不断推进党的建设新的伟大工程的进程中,自觉地意识到把握共产党执政规律的重要性和迫切性。

毋庸置疑,党的建设新的伟大工程的深入进展,对于认识和把握共产党执政规律具有直接的促进作用。同时,认识和把握共产党执政规律,对于搞好党的自身建设,更好地推进党的建设新的伟大工程,丰富和完善党的执政建设理论,具有至关重要的作用。

(三)共产党执政规律与社会主义建设规律、人类社会发展规律的关系

共产党执政规律的研究,不是孤立进行的。在研究过程中,需要弄清楚共产党执政规律、社会主义建设规律与人类社会发展规律的关系。

在目前党的文献中,是将共产党执政规律、社会主义建设规律、人类社会发展规律并列在一起的。虽然如此,并不等于说对这三大规律的认识是同步的。我们应该在全面理解共产党执政规律、社会主义建设规律、人类社会发展规律三者之间关系的基础上,进一步认识和把握共产党执政规律。

第一,共产党执政规律、社会主义建设规律与人类社会发展规律的关系,是特殊规律和普遍规律的关系。

在马克思主义哲学看来，人类历史发展的长河，存在着不以人们意志为转移的客观发展规律——人类社会发展规律。人类社会发展规律是一条普遍的发展规律。

马克思指出："人们在自己生活的社会生产中发生一定的、必然的、不以他们的意志为转移的关系，即同他们的物质生产力的一定发展阶段相适合的生产关系。这些生产关系的总和构成社会的经济结构，即有法律的和政治的上层建筑竖立其上并有一定的社会意识形式与之相适应的现实基础。物质生活的生产方式制约着整个社会生活、政治生活和精神生活的过程。"①"社会的物质生产力发展到一定阶段，便同它们一直在其中运动的现存生产关系或财产关系（这只是生产关系的法律用语）发生矛盾。于是这些关系便由生产力的发展形式变成生产力的桎梏。那时社会革命的时代就到来了。随着经济基础的变更，全部庞大的上层建筑也或慢或快地发生变革。"②马克思还进一步指出："无论哪一个社会形态，在它所能容纳的全部生产力发挥出来以前，是决不会灭亡的；而新的更高的生产关系，在它的物质存在条件在旧社会的胎胞里成熟以前，是决不会出现的。"③人类社会从无阶级的原始社会到有阶级的奴隶社会，从奴隶社会到封建社会，从封建社会到资本主义社会，从资本主义社会到社会主义社会，最终发展到无阶级的共产主义社会，都将始终遵循人类社会发展的普遍规律。这个人类社会发展的普遍规律已经被马克思揭示出来了。

但是，共产党执政和社会主义社会，只是人类社会历史长河中的一个特定的发展阶段。这个特定的发展阶段又有自己各个方面的不同的发展规律，包括共产党执政规律和社会主义建设规律。从总的发展趋势来说，共产党执政规律和社会主义建设规律，离不开人类社会发展规律，它们必须顺应和服从于人类社会发展规律，符合人类社会发展的总方向、总趋势。就共产党执政规律和社会主义建设规律来说，他们又都有各自的特点，存在自身发展的特殊性即特殊规律。同样，人类社会发展的普遍规律，也离不开人类社会不同发展阶段的发展规律，它正是由人类社会的不同历史时期、不同历史阶段、不同社会的发展规律体现出来的。因而，它们之间是特殊规律和普遍规律的关系。

---

① 《马克思恩格斯选集》第2卷，人民出版社1995年版，第32页。

② 《马克思恩格斯选集》第2卷，人民出版社1995年版，第32—33页。

③ 《马克思恩格斯选集》第2卷，人民出版社1995年版，第33页。

第二，共产党执政规律和社会主义建设规律的关系，是相伴相生、发展的关系。所谓相生相伴关系，是指二者之间的密切联系。共产党执政是社会主义建设的政治基础，共产党是社会主义建设的领导者和组织者；社会主义建设是共产党执政的逻辑必然，是共产党执政的题中应有之义。所谓发展的关系，是从时间顺序来说，先有共产党的执政，然后才有社会主义建设。共产党不是为了执政而执政，而是要建立共同富裕的社会主义社会，并朝着共产主义的目标前进。

就中国共产党而言，1949 年新中国成立，共产党在全国执掌政权伊始，并没有立即进入社会主义建设阶段，而是有一个向社会主义转变的过渡时期，由新民主主义转变为社会主义。这个过渡时期是在新中国成立后的头七年中进行的。直到 1956 年党的八大宣布过渡时期结束，顺利完成了“一化、三改”的任务以后，才正式宣称进入了社会主义建设时期。从过渡时期到社会主义建设时期开始以后的长时间里，中国共产党是作为执政党来领导过渡时期和社会主义建设的。我们可以从这个长时期里，看到共产党执政和社会主义建设之间的关系，从而进一步考察和探索共产党执政规律和社会主义建设规律的关系。

第三，共产党执政规律和社会主义建设规律的关系，是相辅相成、相互包容的关系。

共产党是无产阶级革命的产物。无产阶级登上历史舞台，就把消灭私有制和解放全人类作为自己的奋斗目标。当共产党从资产阶级手中夺取政权以后，它们为实现自己的奋斗目标，必然首先建立一个消灭剥削、消除两极分化、实现共同富裕的社会主义社会。应该说，共产党执政和社会主义建设，是相伴相生的。社会主义建设离不开共产党的领导，社会主义建设的规律必然与共产党执政规律相联系，反映共产党执政规律。而共产党执政规律也必然体现在社会主义建设规律之中。也可以说，共产党执政规律和社会主义建设规律是互相包容的。共产党执政和社会主义建设是必然的逻辑联系。

在一定意义上说，共产党执政规律和社会主义建设规律的关系，它们是一个铜板的两面。只要是共产党执政，就必须走社会主义道路，建设社会主义；只要是社会主义，就必须坚持共产党的领导。不走社会主义道路的共产党不是真正的共产党，不坚持共产党领导的社会主义不是真正的社会主义。当然，共产党执政和社会主义建设并不是同义语，二者之间是有区别的。社会主义是共产党的奋斗目标，但不是共产党奋斗目标的全部，共产党最终要实现共产主义。共产党执政虽然从根本上说，是主观见之于客观的行动，是主体和客体的统一，但更多地表现为主体行为;社会主义建设也是主观见之于客观的行动,则更多地表现为客体行为,二者在实践上形成主体和客体的统一。

第四,共产党执政规律、社会主义建设规律与人类社会发展规律的关系,体现着党的最低纲领和最高纲领的统一。

马克思和恩格斯于1848年发表的《共产党宣言》,是无产阶级政党的第一个纲领性文献。《宣言》宣布,全世界共产党人的最高纲领是实现共产主义。马克思恩格斯在论述党的纲领时,明确提出了一个十分重要的原则,那就是这些基本原理的实际运用,随时随地都要以当时的历史条件为转移。无产阶级政党所确立的纲领中,始终包含着最高纲领和最低纲领的辩证统一。共产党执政规律、社会主义建设规律与人类社会发展规律的关系,体现着党的最低纲领和最高纲领的统一。

党的最低纲领和最高纲领的统一表明,党的纲领,既有终极性目标,又有阶段性目标;既有长期目标,又有短期目标,既有理想目标,又有现实目标。简略地说,党的最低纲领是实现社会主义,党的最高纲领是实现共产主义。党的最低纲领的贯彻和实践,为最终实现最高纲领开辟道路。党的最高纲领虽然是终极目标,但它的本质和属性在最低纲领所处的社会主义阶段中都有反映和联系,或以萌芽的形式出现,或者渗透着种种因素,表现了终极目标和中间阶段的本质统一。最高纲领和最低纲领都不是孤立存在的,离开最高纲领的所谓最低纲领,离开最低纲领的所谓最高纲领,是不能成立的。

当然,最低纲领与最高纲领是有区别的。共产党人必须矢志不渝地坚持为共产主义远大目标而努力奋斗,但是,坚持共产主义的奋斗目标,并不意味着共产主义在现阶段就可以立刻实现。不能把对未来社会的理想追求作为当前的行动纲领和具体政策,否则,就要犯超越阶段、急躁冒进的错误。离开社会主义初级阶段的基本国情,离开党在社会主义初级阶段的基本路线和基本纲领,用对共产主义的预见和理想来要求和规范改革开放和社会主义现代化建设的实践,不是真正坚持共产主义理想,不是真正的共产党人。同样,脱离党的最高纲领和终极目标的社会主义,也不是真正坚持社会主义,也不是真正的共产党人。最高纲领为最低纲领的制定指明前进方向;最低纲领为最高纲领的实现准备必要条件。没有最高纲领,最低纲领就会失去灵魂,偏离正确的方向;没有最低纲领,就不可能脚踏实地、循序渐进地做好当前工作,最高纲领就只能是美好的空想。

共产党执政规律、社会主义建设规律与人类社会发展规律的关系,正体现了上述党的最低纲领和最高纲领的统一。这种统一,是通过共产党执政来实现的。再好的纲领,如果不付诸实践,不通过执政党的贯彻和实施,也只是空中楼阁。共产党执政规律的探索及其成果,与党的最高纲领和最低纲领的理论和实践的统一,具有直接的不可分割的关系。

(四)研究共产党执政规律的原则和方法

怎样研究共产党执政规律?

毋庸置疑,共产党执政规律是客观存在的。然而对执政规律的探索和把握却不是一件容易的事。在实践中能够遵循和运用执政规律,则更不容易。共产党执政规律需要通过几代甚至十几代中国共产党人的努力,才能更加深刻认识和完整把握。随着实践的发展,对共产党执政规律还将继续进行探索和研究。其中,研究原则和方法显得至关重要。

作为中国共产党人,探索和研究执政规律,必须注意把握以下原则和方法:

第一,研究共产党执政规律,必须坚持实事求是。

实事求是,既是我们党的思想路线,又是科学研究必须遵循的根本原则。坚持实事求是的原则,是深入探索和揭示共产党执政规律的基础和前提。从这个基础和前提出发,我们才能深刻认识什么是共产党执政规律,哪些是共产党执政规律,哪些不是共产党执政规律。不能简单地断言这些是执政规律,那些就不是执政规律。对共产党执政规律的揭示,不只是理论的探索,还需要在实践中进行验证。需要严谨的科学态度,不能人云亦云,要对共产党执政规律锲而不舍地探索下去。

第二,研究共产党执政规律,必须尽可能全面地掌握共产党执政的历史资料。

马克思在讲述《资本论》的研究方法时指出,研究必须详细地占有材料,分析它的不同的发展形态,并探寻出各种形态的内部联系。只有在完成这种工作之后,实际的运动方才能适当地叙述出来。我们研究共产党执政规律,就必须尽可能全面地掌握共产党执政的历史资料。要研读中国共产党党史,特别是研究1949年共产党执政以后至今的历史。不仅对重大历史事件进行研究,还要顾及党执政的方方面面。

历史是一面镜子,共产党执政的历史也是如此。改革开放以来,特别是现在,总结共产党执政历史的资料和研究著作,已有不少。其中有许多作者是共产党执政的直接参与者。例如,20世纪90年代初出版的《若干重大决策事件的回顾》(上下卷),就是薄一波同志亲自撰写的,在党内和社会上引起重大反响。我们通过这本书,可以直接了解到共产党执政过程中的许多重要活动,这本书对我们研究共产党执政规律,帮助极大。此外,党内还有许多老同志撰写的回忆录,也可以供我们研究作参考。

第三,研究共产党执政规律,必须认真总结中国共产党在执政实践中的经验和教训。

党的十六届四中全会通过的《中共中央关于加强党的执政能力建设的决定》(以下简称《决定》),总结了中国共产党执政的经验,这是我们党治国理政的纲领性文件。《决定》总结了六条执政的主要经验:必须坚持党在指导思想上的与时俱进,用发展着的马克思主义指导新的实践;必须坚持推进社会主义的自我完善,增强社会主义的生机和活力;必须坚持抓好发展这个党执政兴国的第一要务,把发展作为解决中国一切问题的关键;必须坚持立党为公、执政为民,始终保持党同人民群众的血肉联系;必须坚持科学执政、民主执政、依法执政,不断完善党的领导方式和执政方式;必须坚持以改革的精神加强党的建设,不断增强党的创造力、凝聚力、战斗力。这六条执政的主要经验,对于我们进一步揭示共产党执政规律,打下了深厚的理论和实践基础。

事实上,这些正面的经验,也是通过一些反面的教训得出来的。任何正面的经验,都离不开对失败和错误的检讨和反思。正面的经验和反面的教训,都是我们党执政建设的宝贵财富。我们还要通过研究党在执政实践中的教训,来揭示共产党执政规律的铁的必然性。因而,对党在执政方面的反面教训、失误和错误,我们也必须认真进行总结。在总结正反两方面的经验和教训中,来揭示共产党的执政规律。

第四,研究共产党执政规律,必须比较研究世界社会主义运动中其他政党执政的经验和教训。

研究共产党执政规律,光有中国共产党党内正反两方面的经验和教训是不够的,还要总结和借鉴世界社会主义运动中其他政党执政的经验和教训。应把研究共产党执政的规律的领域扩展到世界社会主义运动的领域,放在世界社会主义运动的大背景下面来思考。要研究在执政实践中其他社会主义国家也遇到的同类问题。例如,许多共产党国家在取得了政权之后,都犯有冒进和超阶段的错误,给国家带来了严重损失,这几乎成为共产党执政以后的一个通病。因此,对于这种错误的原因进行分析,用共性的东西(特别是教训和失误)来说明和阐述什么是执政规律,确有必要。凡是前人已经犯过的错误和走过的弯路,我们不必再去重复,而是引以为戒。

比较世界社会主义运动其他政党执政的经验和教训,也有必要联系世界上非社会主义国家的执政党执政的经验和教训。20 世纪 90 年代,世界一些政党特别是大党和老党纷纷失去政权,从掌握执政的位置上跌落下来,原因是多方面的。从根本上说,是失去了人民的支持和拥护。但是,在发生剧变和垮台之前,都有相类似的重大事件发生,从而引发动乱和骚乱,最终导致丧失政权。对于这些重大事件的研究,从中探究出规律性的东西来,也很有必要。总之,比较性的研究方法,对于我们研究共产党执政规律,是完全适用的。

二、对党的执政能力建设理论和执政规律探索的历史进程

中国共产党对执政能力建设理论和执政规律的探索,并不是始于新中国成立后。应该说,自从中国共产党诞生之日起,当我们党把自己的奋斗的目标锁定在推翻三座大山,打倒国民党反动政府,夺取全国政权,实现人民当家作主开始,就已经在全国部分地区(例如中央苏区、红色根据地和解放区等地)不断尝试和摸索怎样执政的问题了。例如,1927 年毛泽东领导的工农革命军成立的茶陵县工农兵政府,1934 年成立的(瑞金)中华苏维埃共和国临时中央政府,以及延安抗日民主政权、华北人民政府,革命政权以星火燎原之势,不断发展壮大,表明了中国共产党经历了从局部执政到全国执政的历程。当然,我们这里研究党的执政能力建设理论和执政规律,主要是依据新中国成立后中国共产党的执政实践。

共产党的执政能力建设理论和执政规律的关系非常密切。党的执政能力建设理论是在实践中不断丰富和发展的。正是由于党的执政能力建设理论的丰富和发展,才有可能深入认识和把握执政规律。从理论上来说,共产党执政规律是党的执政能力建设理论的升华,是把执政能力建设理论上升到规律层面来认识。执政规律是在更深刻的层面上对执政能力建设理论的总结和概括。党的十六届四中全会指出:“党的执政能力,就是党提出和运用正确的理论、路线、方针、政策和策略,领导制定和实施宪法和法律,采取科学的领导制度和领导方式,动员和组织人民依法管理国家和社会事务、经济和文化事业,有效治党治国治军,建设社会主义现代化国家的本领。”同理,正确地认识和把握执政规律,会使党的执政能力有新的提高和质的飞跃。

（一）毛泽东对党的执政能力建设理论和执政规律的探索

早在民主革命时期，中国共产党就十分注重党自身的建设。毛泽东早在1939年10月就提出，为了中国革命的胜利，迫切地需要建设一个全国范围的、广大群众性的、思想上政治上完全巩固的马克思列宁主义的中国共产党。

1945年夏，黄炎培和几位参政员访问延安时，曾有一段与毛泽东畅谈未来新中国的历史性对话。黄炎培直言："我生六十多年，耳闻的不说，所亲眼看到的，真所谓'其兴也浡焉'，'其亡也忽焉'，一人，一家，一团体，一地方，乃至一国，不少单位都没有能跳出这周期率的支配力。……一部历史，'政怠宦成'的也有，'人亡政息'的也有，'求荣取辱'的也有。总之没有能跳出这周期率。中共诸君从过去到现在，我略略了解的了。就是希望找出一条新路，来跳出这周期律的支配。"毛泽东肃然相答："我们已经找到了新路，我们能跳出这周期率。这条新路，就是民主。只有让人民起来监督政府，政府才不敢松懈。只有人人起来负责，才不会人亡政息。"①

在新中国成立前夕（1949年3月）召开的党的七届二中全会上，面对即将掌握全国政权的新形势新任务，毛泽东向全党提出要尽快学会领导国家建设，努力建设一个强大的新国家。由于党的中心任务从破坏一个旧政权转到建设一个新中国，从而也就要求党在中国政治舞台上的角色从一个夺取政权的革命党向掌握政权的执政党转变。毛泽东要求全党"必须用极大的努力去学会管理城市，必须学会在城市中向帝国主义者、国民党、资产阶级作斗争"，并告诫全党"如果我们不去注意这些问题，不去学会同这些人作这些斗争，并在斗争中取得胜利，我们就不能维持政权"。毛泽东及时提醒全党一定警惕敌人"糖衣炮弹"的攻击，提出要"务必使同志们继续地保持谦虚、谨慎、不骄、不躁的作风，务必使同志们继续地保持艰苦奋斗的作风"、"我们不但善于破坏一个旧世界，我们还将善于建设一个新世界"。② 这说明毛泽东从新中国成立前夕就十分重视党的角色转变带来的新的历史课题，强调必须加强党的自身建设。1949年10月1日新中国的成立，标志着中华民族的发展开启了新的历史纪元，中国人民从此站起来了。同时，也标志着中国共产党的社会政治地位发生了根本变化，她从此成为掌管国家政权的执政党。此后，党的任务从破坏一个旧世界转变为建设一个新世界。

---

① 参见薄一波：《若干重大决策和事件的回顾》上卷，中共中央党校出版社1991年版，第156页。

② 《毛泽东选集》第4卷，人民出版社1991年版，第1439页。

新中国成立伊始,在毛泽东的领导下,我们党依靠工人阶级、农民阶级和全体人民,在短短三年内就根本扭转了国民党反动统治者留下来的混乱局面,实现了政治、经济、社会的稳定。从1953年起执行我国第一个五年计划时,毛泽东开始考虑向社会主义过渡问题,紧接着制定了党在过渡时期的总路线,提出要在相当长的时期内,逐步实现国家的社会主义工业化,并逐步实现对农业、对手工业和资本主义工商业的社会主义改造。1954年2月10日,党的七届四中全会正式批准了过渡时期的总路线。1956年上半年,我国生产资料私有制的社会主义改造基本完成,社会主义制度已经基本建立起来。同年9月5日至27日党的八大召开,标志着我国开始从革命转为建设时期,社会主义和资本主义谁战胜谁的问题已经基本解决。党的八大指出,我们国内的主要矛盾,已经是人民对于建立先进的工业国的要求同落后的农业国的现实之间的矛盾,已经是人民对于经济文化迅速发展的需要同当前经济文化不能满足人民需要的状况的矛盾。

从新中国成立到党的八大召开的七年中,由于我们党十分重视执政能力建设,使我国的经济、政治、文化都呈现出生机勃勃的局面。这期间,毛泽东发表了《论十大关系》。这是一篇马克思主义的光辉文献,无论对我国的物质文明建设、政治文明建设还是精神文明建设,都具有里程碑的地位和意义。《论十大关系》是毛泽东于1956年4月25日在中共中央政治局扩大会议上的讲话。在这篇讲话中,借鉴苏联的经验和教训,总结了我国的经验,论述了社会主义革命和社会主义建设的十大关系:重工业和轻工业、农业的关系;沿海工业和内地工业的关系;经济建设和国防工业的关系;国家、生产单位和生产者个人的关系;中央和地方的关系;汉族和少数民族的关系;党和非党的关系;革命和反革命的关系;是和非关系;中国和外国的关系。《论十大关系》初步总结了我国社会主义建设的经验,提出了探索适合中国国情的社会主义建设的道路的任务。从党的执政能力建设理论来看,《论十大关系》的发表,标志着我们党对执政能力建设的探索是成功的。这一探索的最大成果,就是提出了"以苏联为戒"和与此相关的"百花齐放、百家争鸣"的文艺方针。

应该说,《论十大关系》是毛泽东对共产党执政规律和我国社会主义建设规律的积极探索。十大关系的提出,是以苏联为借鉴,总结我们自己的经验,探索中国怎样走社会主义道路的大问题。毛泽东提出了十大关系,即提出了处理十大关系的方针政策,党的八大第一次会议的工作报告就是根据《论十大关系》起草的。

《论十大关系》包含着对制度和体制问题的思考。毛泽东在谈到中央和地方的关系时说:"处理好中央和地方的关系,这对于我们这样的大党是一个十分重要的问题。这些问题,有些资本主义国家也是很注意的。它们的制度和我们的制度根本不同,但是它们发展的经验,还是值得我们研究。拿我们自己的经验说,我们建国初期实行的那种大区制度,当时有必要,但是也有缺点……"在谈到汉族和少数民族的关系时,也谈到经济管理体制和财政体制问题,提出究竟怎样适合,要好好研究。特别是在谈到中国和外国的关系时说:"我们的方针是,一切民族、一切国家的长处都要学,政治、经济、科学、技术、文学、艺术的一切真正好的东西都要学。但是,必须有分析有批判地学,不能盲目地学,不能一切照抄,机械搬运。"他还说:"外国资产阶级的一切腐败制度和思想作风,我们要坚决抵制和批判。但是,这并不妨碍我们去学习资本主义国家的先进的科学技术和企业管理方法中合乎科学的方面。"

继《论十大关系》之后,党中央还发表了毛泽东的《关于正确处理人民内部矛盾问题》《一九五七年夏季的形势》等文献。这些文献都是好的。《一九五七年夏季的形势》中提出,必须在我国建立一个现代化的工业基础和现代化的农业基础,这样,我们的社会主义的经济制度和政治制度,才能获得自己的比较充分的物质基础;为了建成社会主义,工人阶级必须有自己的技术干部队伍,必须有自己的教授、教员、科学家、新闻记者、文学家、艺术家和马克思主义理论家的队伍,这是一个宏大的队伍,人少了是不成的;要造成一个既有集中又有民主,既有纪律又有自由,既有统一意志、又有个人心情舒畅、生动活泼那样一种政治局面。毛泽东的这些论述,对物质文明建设、政治文明建设和精神文明建设都具有重大的指导意义。

毛泽东在《论十大关系》等文献中提出了许多重要的非常好的问题,其基本点是立足于对社会主义道路的探索。本应该在实践中认真贯彻并继续探索,可惜,八大以后,党的路线发生了偏离,逐渐走入另一条艰难曲折的道路,出现了许多失误。特别是"文化大革命"给中国和中国人民带来了严重的后果,留下了许多教训和无尽的思考。关于对中国社会主义道路的探索,邓小平曾经指出:"总的说来,一九五七年以前,毛泽东的领导是正确的,一九五七年反右派斗争以后,错误就越来越多了。《论十大关系》是好的。《关于正确处理人民内部矛盾问题》也是好的。"①他还对党的八大评价说:"一九五六年召开的党的第八次全国代表大会,分析了生产资料私有制的社会主义改造基本完成以后的形势,提出了全面开展社会

① 《邓小平文选》第2卷,人民出版社1994年版,第294—295页。

主义建设的任务。八大的路线是正确的。但是,由于当时党对于全面建设社会主义的思想准备不足,八大提出的路线和许多正确意见没有能够在实践中坚持下去。八大以后,我们取得了社会主义建设的许多成就,同时也遭到了严重挫折。”他还将党的十二大和八大进行了对比,提到认识社会主义建设的规律问题。他说:“现在这次代表大会和八大时的情况有了很大的不同。正如七大以前,民主革命二十多年的曲折发展,教育全党掌握了我国民主革命的规律一样,八大以后社会主义革命和社会主义建设二十多年的曲折发展也深刻地教育了全党。从十一届三中全会以来,我们党在经济、政治、文化等各方面的工作中恢复了正确的政策,并且研究新情况、新经验,制定了一系列新的正确政策。和八大的时候比较,现在我们党对我国社会主义建设规律的认识深刻得多了,经验丰富得多了,贯彻执行我们的正确方针的自觉性和坚定性大大加强了。我们有充分的根据相信,这次代表大会制定的正确的纲领,一定能够全面开创社会主义现代化建设的新局面,使我们党兴旺发达,使我们的社会主义事业兴旺发达,使我们的国家和各民族兴旺发达。”①

中国共产党第八次全国代表大会修改党章的报告中指出:“……由于我们党现在已经是在全国执政的党,脱离群众的危险,比以前大大地增加了,而脱离群众对于人民可能产生的危害,也比以前大大地增加了。因此,目前在全党认真地宣传和贯彻执行群众路线,也就有特别重大的意义。”②尤其是在党的八大的党章中,要求全体党员干部把贯彻群众路线、克服官僚主义作风作为一项重要的政治任务来完成。党的八大正式使用了“执政”一词,这说明中国共产党对执政意识有了更加深刻的理解,这是在进入开始全面建设社会主义新阶段后树立起来的。党的八大实现了工作中心转向经济建设的任务与对执政党要求的统一,这是八大的伟大功绩。党的八大根据对国内主要矛盾的正确判断,得出要满足人民群众日益增长的物质和文化要求的结论,揭示了执政党领导社会主义建设的本质。

党的八大对党的执政能力建设做出了贡献,江泽民对此做出了高度的评价,他说:“党的八大,曾经对党执政后地位的变化和可能带来的问题从理论上政治上作过深刻的分析,要求全党同志必须谦虚谨慎,正确运用手中的权力,防止脱离人

① 《邓小平文选》第3卷,人民出版社1993年版,第2页。

② 《邓小平文选》第1卷,人民出版社1994年版,第221页。

民群众,经得起执政的考验。”①

虽然党的第一代中央领导集体在社会主义建设实践的探索中存在一些失误和偏差,但在建国初期关于加强执政能力建设所采取的一系列措施,对执政党良好的党风、政风的形成起到了至关重要的作用,使中国共产党的威信空前提高,全国人民衷心地拥护党的领导。这就有力地保证了中国共产党胜利完成新中国成立初期各项民主革命任务,也保证了从新民主主义向社会主义顺利过渡的实现,国民经济迅速恢复和好转。以毛泽东为核心的党中央坚持“为人民服务”执政理念,把人民群众的支持作为党执政的坚实基础。党的第一代中央领导集体奠定了执政能力建设理论的基础,此后我们党也是在此基础上不断地继续探索前进,进一步反思、创新和拓展的。

以毛泽东为代表的党中央第一代中央领导集体,对党的执政能力建设理论和共产党执政规律的许多思考和探索,至今仍是我们党的宝贵财富。例如,毛泽东始终强调中国共产党是领导革命和建设事业的核心力量;马克思列宁主义是指导革命和建设事业的理论基础。他说:“领导我们事业的核心力量是中国共产党,指导我们思想的理论基础是马克思列宁主义。”这个思想直到今天始终是我们党奉行的指针。又例如,他提出的“百花齐放、百家争鸣”的方针,始终成为我们党对文化领域的指导方针,等等,《十大关系》的辩证思考,充满了对规律问题的探索。诚然,许多思考和探索还只是初步的,这是因为我们党在全国的执政刚开始,还没有成熟的经验。既然是探索,就允许犯错误。我们党正是在坚持真理和修正错误的道路上不断前进的。

(二)邓小平对党执政能力建设理论和执政规律的反思

以 1978 年 12 月党的十一届三中全会为标志,中国进入了以经济建设为中心的改革开放新时期。

在经历了“文革”之后,物资匮乏、文化落后、政治不民主就成了亟待解决的突出矛盾。但是,最根本的是人民群众的温饱问题没有得到彻底解决。以邓小平为核心的第二代中央领导集体拨乱反正,制定了解放思想、实事求是的思想路线,对“什么是社会主义和怎样建设社会主义”的根本问题进行了反思和总结。邓小平深刻指出:“在社会主义国家,一个真正的马克思主义政党在执政以后,一定要致

① 江泽民:《论党的建设》,中共文献出版社 2001 年版,第 467 页。

力于发展生产力,并在这个基础上逐步提高人民的生活水平。"①党的十三大提出了"一个中心、两个基本点"的基本路线,开创了建设中国特色社会主义事业的新局面。实践表明,坚持把发展生产力作为根本任务,不断地满足人民群众日益增长的物质和文化需求,是巩固党的执政地位和执政基础的重要途径。

邓小平提出了坚持党的领导和改善党的领导的重大问题。他指出:"……中国由共产党领导,中国的社会主义现代化建设事业由共产党领导,这个原则是不能动摇的;动摇了中国就要倒退到分裂和混乱,就不可能实现现代化。"②坚持党的领导,必须努力改善党的领导。邓小平说:"……怎样改善党的领导,这个重大问题摆在我们的面前。不好好研究这个问题,不解决这个问题,坚持不了党的领导,提高不了党的威信。"③

邓小平用平实的语言和务实的作风强调:中国共产党应当以人民"拥不拥护""赞不赞成""高不高兴""答不答应"作为工作的出发点和归宿,把人民群众作为中国共产党执政的坚实基础。离开了人民群众这一执政基础,执政的科学性和合法性就不复存在,执政的地位也难以稳定甚至丧失。

在 1980 年的十一届五中全会上,邓小平提出了"执政党应该是一个什么样的党,执政党的党员怎样才合格,党怎样才叫善于领导"④的一系列重大问题。高度重视和不断加强党的自身建设是执政党长期的任务。党的执政实践告诉我们,党的建设是任何时候都不能放松的头等大事。执政党的地位决定了要解决中国的问题关键在党。邓小平强调:"中国要出问题,还是出在共产党内部。"⑤

在党的组织建设上,邓小平强调正确的政治路线要靠组织来保证,确立了新时期干部队伍建设的"四化"方针。他说,中国的事情能不能办好,社会主义和改革开放能不能坚持,经济能不能快一点发展起来,国家能不能长治久安,从一定意义上说,关键在于人。要按照"革命化、年轻化、知识化、专业化"的标准,选拔德才兼备的人进入领导班子。他把培养下一代接班人当作头等大事来抓,指出:"我们说党的基本路线要管一百年,要长治久安,就要靠这一条。真正关系到大局的是

① 《邓小平文选》第 3 卷,人民出版社,1993 年版,第 28 页。

② 《邓小平文选》第 2 卷,人民出版社 1994 年版,第 267—268 页。

③ 《邓小平文选》第 2 卷,人民出版社 1994 年版,第 271 页。

④ 《邓小平年谱 1975—1997》(上),中央文献出版社 2004 年版,第 605 页。

⑤ 《邓小平文选》第 3 卷,人民出版社 1993 年版,第 380 页。

这个事。”①要进一步提拔年轻人进领导班子，让更多的年轻人成长起来。要尊重知识，尊重人才，选贤任能。要创造一种环境，使拔尖人才能够脱颖而出。改革就是要创造这种环境。为此，他提出废除领导职务终身制，建立干部退休制度，改革干部人事制度，实现干部管理科学化、规范化。

在党的制度建设上，邓小平强调必须健全党的各方面制度，革除现行制度的弊端。他总结历史经验，尤其是“文化大革命”的教训，指出：“我们过去发生的各种错误，固然与某些领导人的思想、作风有关，但是组织制度、工作制度方面的问题更重要。这些方面的制度好可以使坏人无法任意横行，制度不好可以使好人无法充分做好事，甚至会走向反面。”②

他还指出，要发扬党内民主，活跃党内生活，保障党员权利，坚持和完善集体领导和个人分工负责相结合的制度。他提出了一系列党内生活的新思想和新原则，以实现党内政治生活的正常化和民主化。

在党要管党、从严治党问题上，邓小平强调党要管党，是加强党的自身的一条基本原则。他指出：“党要管党，一管党员，二管干部。对执政党来说，党要管党，最关键的是干部问题。”③贯彻党要管党的原则，必须按照《党章》加强对党员的教育和管理，使党员认真履行党员义务，做合格的共产党员；坚决执行党的干部工作的路线、方针、政策，加强对干部的教育、管理和监督。贯彻党要管党的原则，就必须从严治党。要坚持在纪律面前人人平等，不允许任何违纪的人逍遥于纪律之外。

保持党的优良作风是执政党建设的一个重要环节，邓小平在很多讲话中将党的作风问题提高到关系党的生死存亡的高度来认识。共产党将以什么样的面貌展现在中国社会主义实践中，展现在人民群众面前，除了需要有正确的路线方针政策外，作风问题是关键。邓小平在1982年7月出席中央军委座谈会上，又把党的组织建设和作风建设作为实现现代化的四项保证之一的高度提了出来。党的执政实践一再表明，保持党的优良作风不是一蹴而就的事情。党的作风建设必须要持之以恒。邓小平指出：“抓党风和社会风气，没有十年的努力不行。十年育人嘛！”④1983年10月，邓小平在中共十二届二中全会上，针对党内少数人存在思想

① 《邓小平文选》第3卷，人民出版社1993年版，第380页。
② 《邓小平文选》第2卷，人民出版社1994年版，第333页。
③ 《邓小平文选》第1卷，人民出版社1994年版，第328页。
④ 《邓小平年谱1957—1997》(下)，第1102页。

不纯、作风不纯、组织不纯的现象,指出:“必须下定决心,用坚决、严肃、认真的态度来进行这次整党,通过搞好这次整党,把党建设成为有战斗力的马克思主义政党,成为领导全国人民进行社会主义物质文明和精神文明建设的坚强核心。”①并且特别强调:“整党不能走过场。”②

改革开放以来,我国进入了新的历史时期,党的建设也进入了新的发展阶段。邓小平从总结党的建设新鲜经验中,揭示社会主义改革开放和现代化建设条件下党的建设的规律,把实践经验上升为理论,用以指导党的建设的实践,推动实践的深化和发展,开创了党的建设新的伟大工程。

以邓小平为核心的党中央第二代领导集体,在开创中国特色社会主义建设的道路上,对执政规律和社会主义建设的规律,进行了艰辛的探索,已经得出许多规律性的认识和结论。例如:

马克思主义不能照抄照搬,必须与中国革命和建设的实际相结合。马克思主义不是教条,而是行动的指南,这是中国共产党在革命战争年代就已经认识了的规律和真理。在共产党执政和进行社会主义建设时期,同样如此。实践表明,我们必须走自己的路。邓小平开创的中国特色社会主义建设事业,充分证明了中国共产党人对这一客观规律的深刻认识。

共产党执政以后一定要致力于发展生产力。邓小平指出,“在社会主义国家,一个真正的马克思主义政党在执政以后,一定要致力于发展生产力,并在这个基础上逐步提高人民的生活水平”。对这一规律的认识,是我们党对执政实践的历史经验和教训的总结。

建设社会主义不能急于求成。建设社会主义必须遵循社会主义建设的规律,其中首要的是不能超出特定的历史阶段。我国现在仍然处在社会主义初级阶段,认定这个历史方位,却颇费曲折。我们曾盲目追求一大二公,结果给社会主义建设带来严重损失。事实上,建设社会主义不顾生产力发展的水平,急于求成,已成为社会主义国家的通病。苏联是如此,越南也是如此。这确实是带有规律性的问题。

正确处理人民内部矛盾和敌我矛盾,阶级斗争不能扩大化。无产阶级夺取政权以后,急风暴雨式的阶级斗争已经过去。阶级斗争虽然没有结束,但正确处理

① 《邓小平年谱 1957—1997》(下),第 939 页。

② 《邓小平文选》第 3 卷,人民出版社 1993 年版,第 36 页。

两类不同性质的矛盾已成为主要问题。必须正确地处理人民内部矛盾和敌我矛盾。但在实践中,取而代之的往往是阶级斗争扩大化。1957 年的反右斗争是如此,“文化大革命”则把阶级斗争扩大化推向极致。

贫穷不是社会主义,一定要把生产力搞上去。“文化大革命”结束以后,邓小平拨乱反正,彻底批驳“四人帮”的“宁要社会主义的草,不要资本主义的苗”的谬论,提出贫穷不是社会主义,一定要把生产力搞上去。这是对社会主义本质和建设规律的认识,使社会主义建设走上正轨。

社会主义要通过改革,实现社会主义制度的自我完善。社会主义社会的基本矛盾,依然是生产力和生产关系、经济基础和上层建筑的矛盾。当生产关系不适应生产力发展的要求时,就必须进行改革,改革生产关系、经济体制。这种改革,不是改革社会主义的基本制度,而是社会主义制度的自我完善。这是个规律性的问题,中国处理得比较好。苏联的改革却走上否定社会主义制度的道路,从而使改革失败,苏联解体。

坚决反对资产阶级自由化,坚持党的基本路线一百年不动摇。在社会主义建设中,特别是在改革开放的大环境中,要始终坚持四项基本原则,坚决反对资产阶级自由化,坚持党的基本路线一百年不动摇,已是我党必须把握的铁的规律。

正确处理改革、发展、稳定之间的关系。发展是硬道理,解决中国问题的关键要靠自己的发展。增强国力,改善人民生活要靠发展,巩固和完善社会主义制度,保持稳定的局面离不开发展;顶住霸权主义和强权政治的压力,维护国家主权和独立,从根本上摆脱经济落后状况,从而跻身于世界现代化国家之林,都离不开发展。改革是经济和社会发展的强大动力,是为了进一步解放和发展生产力。稳定是发展和改革的前提,发展和改革必须要有稳定的政治和社会环境。三者关系处理得当,就能统揽全局,保证经济社会的顺利发展;处理不当,就会吃苦头,付出代价。

没有民主就没有社会主义,就没有社会主义现代化。我们所进行的社会主义现代化建设,是一项长期、艰巨的伟大事业,需要发挥全体人民的智慧和力量。只有发扬社会主义民主,才能激发全体人民高昂的劳动热情和首创精神,才能充分发挥他们的智慧和力量,从而使社会主义事业蓬勃发展。社会主义民主,是社会主义事业始终沿着正确方向发展的保证。历史的经验告诉我们,社会主义民主遭到破坏,社会主义事业就会受到挫折,社会主义的发展方向就会发生偏离。要保证社会主义事业始终沿着正确方向发展,就要努力发展社会主义民主。

物质文明和精神文明建设两手抓,两手都要硬。中国共产党五十多年的执政经验,在文化建设上探索出来一条执政规律,就是物质文明和精神文明两手一起抓,两手都要硬。建设中国特色的社会主义,不仅要建设高度的物质文明,而且要建立高度的精神文明,是物质文明建设和精神文明建设共同发展的社会主义。这是社会主义本质理论的必然要求,也是社会主义国家发展的必然要求。

右可以葬送社会主义,"左"也可以葬送社会主义,中国要警惕右,但主要是防止"左"。1956 年以后社会主义建设的实践,我们既有右的错误,也由"左"的错误,但主要是"左"。大跃进、人民公社是"左","文化大革命"是极左。在我国,"左"有着较深厚的土壤。"左"和右同样可以葬送社会主义。

以邓小平为核心的第二代中央领导集体,对党的执政建设理论和执政规律的许多探索和反思,为我们党进一步揭示执政规律和理论创新打下了坚实的基础。

(三)江泽民对党的执政能力建设理论的创新和对执政规律的认识

在全面继承邓小平关于执政党建设理论的基础上,以江泽民为核心的第三代党中央领导集体,继续坚持不懈地抓党的建设,推进党的建设新的伟大工程,进一步揭示了共产党执政的规律。

处于世纪之交的国际国内形势发生了重大变化,我们党的执政环境也和以往有了很大的不同。世界上很多大党老党丧失了执政地位,我们党已经从领导人民为夺取全国政权而奋斗的党,成为领导人民掌握全国政权并长期执政的党,从受到外部封锁和实行计划经济条件下领导国家建设的党,成为对外开放和发展社会主义市场经济条件下领导国家建设的党,从建党初期只有几十个党员的小党,发展为在一个人口众多的发展中国家执政的党。这些重大变化,使中国共产党面临着重大挑战和考验。党要迎接挑战,经受考验,就必须不断加强执政能力建设,提高领导水平和执政水平。

以江泽民为核心的党中央第三代领导集体,提出"治国必先治党,治党务必从严"。这是对执政党和国家建设关系的规律性认识。中国共产党作为执政党,是国家及其机关的领导者。要治国,首先要治党,而治党,务必从严,只有这样,才能跟上时代的步伐。在领导社会主义建设的进程中,适时提出社会主义制度和市场经济体制相结合,建立社会主义市场经济体制。这些都是中国共产党对社会主义建设规律和共产党执政规律的深入探索。

江泽民在总结中外执政党兴亡更替的教训时,得出一个重要结论:"人心向背的变化都是其中很重要的一个原因。"中国历史上的封建王朝,从执政党到最终丧失执政地位的政党“很多都走了从得到民心兴起到失去民心衰亡的这样一条道路”①。党的领导方式和执政方式必须与时俱进,必须加强和改善党的领导。当代中国社会发生了巨大的变化,国际社会的新格局和科学技术的飞速发展又使世界形势日新月异,党的执政基础和执政方式面临着全新的情况。世纪之交,江泽民反复提出要认真研究共产党执政的规律,研究党的领导方式和执政方式的问题,意义十分重大。

1990 年 3 月,十三届六中全会通过了《中共中央关于加强党同人民群众联系的决定》。该《决定》指出,鉴于历史和现实的经验,必须从七个方面坚持不懈地努力加强党同人民群众的联系。

1992 年 10 月,江泽民在中国共产党第十四次全国代表大会上指出,在新的历史时期,党所处的环境和肩负的任务有了很大变化,党的思想、政治、组织、作风建设都面临许多新情况和新问题。要遵循党的基本路线,坚持党要管党和从严治党,加强和改进党的建设,努力提高党的执政水平和领导水平。

1994 年 9 月,党的十四届四中全会通过了《中共中央关于加强党的建设几个重大问题的决定》。全会要求按照已有部署,继续把党的思想建设放在首位,推动全党同志对建设有中国特色社会主义理论的学习不断向广度和深度发展。要继续抓好党的作风建设,把反腐败斗争深入持久地进行下去。进一步发扬艰苦奋斗的优良传统,密切党同人民群众的联系。

1997 年 2 月,中共中央颁布了《中国共产党纪律处分条例(试行)》,对于维护党的章程、严肃党的纪律、保证党的路线方针政策的贯彻执行发挥了重要作用。

1997 年 9 月,江泽民在党的十五大报告中指出:“共产党执政就是领导和支持人民掌握国家的权力,实行民主选举、民主决策、民主管理和民主监督,保证人民依法享有广泛的权利和自由,尊重和保障人权。”“以邓小平为核心的第二代领导集体,把马克思列宁主义、毛泽东思想创造性地运用于当代中国,围绕在改革开放和现代化建设条件下建设一个什么样的党、怎样建设党的问题,开创了党的建设新的伟大工程。面向新世纪,党中央领导全党正在继续推进这个新的伟大工程。”

2000 年初,江泽民提出了“三个代表”重要思想,“总结我们党七十多年的历史,可以得出一个重要结论,这就是:我们党所以赢得人民的拥护,是因为我们党在革命、建设、改革的各个历史时期,总是始终代表着中国先进生产力的发展要

① 江泽民:《论党的建设》,中央文献出版社 2001 年版,第 474 页。

求,代表着中国先进文化的前进方向,代表着中国最广大人民群众的根本利益,并通过制定正确的路线方针政策,为实现国家和人民的根本利益而不懈奋斗"①。

江泽民指出:我们党要成为一个马克思主义的执政党,必须"坚持不懈地加强党的思想建设、政治建设、组织建设和作风建设"。② 这是一条非常重要的历史经验。他深刻指出:"历史和现实都表明,执政党的建设和管理,比没有执政的政党要艰难得多。"③因此,必须从执政党的角度确定治理党的原则,"党的性质、党在国家和社会生活中所处的地位、党肩负的历史使命,要求我们治国必先治党,治党务必从严。治党始终坚强有力,治国必会正确有效"。④ 并强调:"党执政的时间越长,越要抓紧自身建设,越要从严要求党员和干部。"⑤江泽民指出:"我们党取得执政地位以后,获得了更好地为人民服务的条件,也增加了脱离群众甚至腐败变质的危险。"⑥因而,江泽民特别强调指出,为人民谋利益,"这是我们的立党之本、执政之本"。⑦ 执政为民的工作作风一刻也不能丢,要求全党牢固树立执政为民的根本观念。

2001 年 7 月 1 日,《在纪念中国共产党成立 80 周年大会上的讲话》中,江泽民系统地阐述了"三个代表"重要思想的科学内涵,提出按照"三个代表"重要思想的要求加强和改进党的建设。讲话还指出,我们党不仅是中国工人阶级的先锋队,同时也是中国人民和中华民族的先锋队。中国共产党本质上代表最广大人民群众的根本利益。我们党应当在社会主义建设的实践中,为人民掌好权,执好政。这样才能赢得人民群众对执政党的地位和权力的支持与拥护,才能得到人民群众的认同,我们党才能具有坚实的执政基础。

2001 年 9 月 24 日至 26 日,党的十五届六中全会通过了《中共中央关于加强和改进党的作风建设的决定》。全会认为,执政党的党风,关系党的形象,关系人心向背,关系党和国家的生死存亡。现在,党的作风总的是好的,但也存在一些亟待解决的问题。全党要坚持讲学习、讲政治、讲正气,在推进党的思想建设、组织建设的同时,把加强和改进党的作风建设放在更加突出的位置,切实抓紧抓好。

---

① 江泽民:《论"三个代表"》,中央文献出版社 2001 年版,第 2 页。
② 江泽民:《论党的建设》,中央文献出版社 2001 年版,第 344 页。
③ 江泽民:《论党的建设》,中央文献出版社 2001 年版,第 468 页。
④ 江泽民:《论党的建设》,中央文献出版社 2001 年版,第 359 页。
⑤ 江泽民:《论党的建设》,中央文献出版社 2001 年版,第 518 页。
⑥ 江泽民:《论党的建设》,中央文献出版社 2001 年版,第 34 页。
⑦ 江泽民:《论党的建设》,中央文献出版社 2001 年版,第 352 页。

2002年11月,江泽民在党的十六大报告中明确指出,要“加强党的执政能力建设,提高党的领导水平和执政水平”。这是以江泽民为核心的党的第三代中央领导集体,坚持和发展马克思主义建党学说,立足于我们党所处的历史地位和时代赋予的历史使命,着眼于中国特色社会主义事业的前进方向,从党和国家长治久安的战略高度,向全党提出的带全局性根本性的重大课题。这对从根本上加强执政党建设,推进党的建设新的伟大工程,全面建设小康社会,开创中国特色社会主义事业新局面,具有十分重要的意义。党的十六大对加强党的执政能力建设的时代要求、科学内涵、重点任务和主要措施,进行了全面深刻的阐述。江泽民鲜明地提出了执政党必须具备的五种能力和包括提高执政能力在内的两大历史性课题,极大地丰富和发展了马克思主义的建党学说。明确提出的依法治国执政方略,实现了党的执政理念和执政方式的重大改变。

以江泽民为核心的党中央第三代领导集体,在不断深化和提高对党的执政能力建设的基础上,对共产党的执政规律有了新的认识。其中最伟大的理论贡献,就是提出了“三个代表”重要思想。本书的主要内容,就是阐述“三个代表”重要思想与共产党执政规律的关系;阐述“三个代表”重要思想的提出,表明我们党对执政规律的认识达到了新的理论高度,开辟了马克思主义的新境界;阐述“三个代表”重要思想是共产党执政规律的集中体现。

(四)胡锦涛对党的执政能力建设理论的拓展和对执政规律的新认识

以胡锦涛同志为总书记的新一届中央领导集体,坚持和继承了党的第三代中央领导集体的理论成果,以提高党的执政能力为重点,为全面推进党的建设新的伟大工程做出了新的不懈努力。

2003年底,为了全面贯彻“党要管党、从严治党”的方针,更好地维护党的良好形象,中共中央正式颁布实施了《中国共产党纪律处分条例》,明确将“三个代表”重要思想作为指导思想,并规定对于涉及人民群众生产、生活切身利益的问题能解决而不解决的是违纪行为,以保证我党努力做到立党为公、执政为民和切实实现好、维护好、发展好最广大人民的根本利益。

2004年6月29日,胡锦涛总书记在中共中央政治局第十四次集体学习时的讲话中强调:“党的执政理论建设是一项系统工程,包括执政理念、执政基础、执政方略、执政体制、执政方式、执政资源等主要方面。”在8月22日邓小平100周年诞辰纪念大会的讲话中,加上了一个“执政环境”的方面。这七个有关执政问题的基本范畴构成了党的执政能力建设理论的基本内容。这是新一届党中央对执政理论的新认识和对党建理论的新的重大发展。

2004年9月,党的十六届四中全会召开。以胡锦涛同志为总书记的新一届党中央领导集体,科学分析了当前的国际国内形势,高瞻远瞩,审时度势,居安思危,未雨绸缪,全会通过了《中共中央关于加强党的执政能力建设的决定》(以下简称《决定》)。

《决定》开篇就明确指出了加强党的执政能力建设的重要性和紧迫性。指出我们党成为执政党,是历史的选择、人民的选择。加强党的执政能力建设,是时代的要求、人民的要求。进入新世纪新阶段,国际局势发生新的深刻变化,世界多极化和经济全球化的趋势继续在曲折中发展,科技进步日新月异,综合国力竞争日趋激烈,各种思想文化相互激荡,各种矛盾错综复杂,敌对势力对我国实施西化、分化的战略图谋没有改变,我们仍面临发达国家在经济、科技等方面占优势的压力。我国改革发展处在关键时期,社会利益关系更为复杂,新情况新问题层出不穷。在机遇和挑战并存的国内外条件下,我们党要带领全国各族人民全面建设小康社会,实现继续推进现代化建设、完成祖国统一、维护世界和平与促进共同发展这三大历史任务,必须大力加强执政能力建设。这是关系中国社会主义事业兴衰成败、关系中华民族前途命运、关系党的生死存亡和国家长治久安的重大战略课题。只有不断解决好这一课题,才能保证我们党在世界形势深刻变化的历史进程中始终走在时代前列,在应对国内外各种风险和考验的历史进程中始终成为全国人民的主心骨,在建设中国特色社会主义的历史进程中始终成为坚强的领导核心。

《决定》深刻总结了中国共产党五十五年来执政的六条主要经验。明确了加强党的执政能力建设的指导思想,指出:加强党的执政能力建设,必须坚持以马克思列宁主义、毛泽东思想、邓小平理论和"三个代表"重要思想为指导,全面贯彻党的基本路线、基本纲领、基本经验,以保持党同人民群众的血肉联系为核心,以建设高素质干部队伍为关键,以改革和完善党的领导体制和工作机制为重点,以加强党的基层组织和党员队伍建设为基础,努力体现时代性、把握规律性、富于创造性。

《决定》提出了加强党的执政能力建设的总体目标:通过全党共同努力,使党始终成为立党为公、执政为民的执政党,成为科学执政、民主执政、依法执政的执政党,成为求真务实、开拓创新、勤政高效、清正廉洁的执政党,归根结底成为始终做到"三个代表"重要思想、永远保持先进性、经得住各种风浪考验的马克思主义执政党，带领全国各族人民实现国家富强、民族振兴、社会和谐、人民幸福。

当前和今后一个时期，加强党的执政能力建设的主要任务是：按照推动社会主义物质文明、政治文明、精神文明协调发展的要求，不断提高驾驭社会主义市场经济的能力、发展社会主义民主政治的能力、建设社会主义先进文化的能力、构建社会主义和谐社会的能力、应对国际局势和处理国际事务的能力。全党要紧紧围绕上述任务，立足现实、着眼长远，抓住重点、整体推进，不断研究新情况、解决新问题、创建新机制、增长新本领，全面加强和改进党的建设，使党的执政方略更加完善、执政体制更加健全、执政方式更加科学、执政基础更加巩固。

以胡锦涛同志为总书记的新一届中央领导集体把加强党的执政能力提到了新的高度，把加强党的执政能力建设作为我们党应充分利用所面临的难得机遇、正确应对所面临的严峻挑战，从而完成所担负的历史使命的现实需要，并且把它作为一个关系到全面建设小康社会进程、关系到社会主义事业兴衰成败、关系到党和国家长治久安的重大课题来研究，从而为党的执政能力建设提供强有力的理论指导。我们有理由相信并一定会看到，在党的十六届四中全会精神的指导下，中国共产党执政能力建设必将开创一个崭新的局面。

马克思主义的认识论告诉我们，人的认识是无止境的。对共产党执政的规律、社会主义建设的规律、人类社会发展的规律的认识，也是如此。事实上，中国共产党对执政规律的认识，是和对社会主义建设的规律的认识，紧密联系在一起的。随着对执政的规律和社会主义建设的规律的深入认识，对社会发展规律的认识也越来越深刻。

我们在社会主义建设中确实已经认识了不少规律，也有不少是在总结经验和教训中得出的规律性结论。例如，马克思列宁主义不能照抄照搬，必须和中国建设的具体实际相结合；建设社会主义不能急于求成；正确处理敌我矛盾和人民内部矛盾，不能搞阶级斗争扩大化；贫穷不是社会主义，必须把生产力搞上去；社会主义要通过改革，实现社会主义制度的自我完善；社会主义制度和市场经济相结合，是建设社会主义的正确途径；坚决反对资产阶级自由化，坚持党的基本路线一百年不动摇；必须正确处理改革、发展、稳定的关系；没有民主就没有社会主义；坚持依法治国，并将依法治国和以德治国结合起来；物质文明和精神文明建设两手抓，两手都要硬；右可以葬送社会主义，“左”也可以葬送社会主义，中国要警惕右，但主要是防止“左”；治国必先治党，治党务必从严；坚持独立自主和对外开放的方针；坚决反对霸权主义；坚持三个有利于标准；等等。上述对社会主义建设的规律性的认识,深化和丰富了共产党对执政规律的认识,也深化了对人类社会发展规律的认识。

恩格斯在谈到社会历史规律的时候,讲到人民群众在历史中的作用,人民是历史发展的真正动力。他说:“……如果要去探究那些隐藏在——自觉地或不自觉地,而且往往是不自觉地——历史人物的动机背后并且构成历史的真正的动力的动力,那么问题涉及的,与其说是个别人物,即使是非常杰出的人物的动机,不如说是使广大群众、使整个整个的民族,并且在每一个民族中间又是使整个整个阶级行动起来的动机;而且也不是短暂的爆发和转瞬即逝的火光,而是持久的、引起重大历史变迁的行动。”恩格斯的这番话,对于我们今天深刻理解“三个代表”重要思想的本质和落脚点,就是党要始终代表中国最广大人民的根本利益,党的理论、路线、纲领、方针、政策和各项工作,必须坚持把人民的根本利益作为出发点和归宿,从而充分发挥人民群众的积极性主动性创造性,在社会不断发展进步的基础上,使人民群众不断获得切实的经济、政治、文化利益,仍具有重要的启示和现实指导意义。

第三节　马克思主义中国化的规律性认识及规律

规律是事物发展过程中的本质联系,这是一种反映总体的、全过程的、最普遍的联系,因而,不可能到处都是规律,众多的具体经验也不能被视为就是规律。但是,马克思主义中国化的规律确是客观存在,是不能否认的。对其规律的发现和总结,只能也必须实事求是。本章从理解规律的内涵和怎样发现规律、把握规律入手,遵循和借鉴马克思主义经典作家关于对人类历史发展规律揭示的立场、观点和方法,力图重点阐述对马克思主义中国化的“结合律”“正反律”“创新律”及其规律性的认识。

第四节　规律的内涵及规律的发现、把握和运用

一、规律的基本内涵

规律也被称为法则，是事物本身所固有的、深藏于现象背后并决定和支配现象的方面，决定着事物发展的必然趋向。

规律具有普遍性的形式，是客观事物发展过程中的本质联系；是指同一类现象的本质关系或本质之间的稳定联系，它是千变万化的现象世界的相对静止的内容，是同本质具有同等地位的概念。规律是反复起作用的，只要具备必要的条件，合乎规律的现象就会必然出现。规律是客观存在的，既不能创造，也不能消灭；不管人们承认不承认，规律总是以其铁的必然性起着作用。

世界上千差万别的事物，都有各自互不相同的规律，可分为自然规律、社会规律和思维规律。自然规律和社会规律都是客观的物质世界的规律，但它们的表现形式有所不同：自然规律是在自然界各种不自觉的、盲目的动力相互作用中表现出来的；社会规律则必须通过人们的自觉活动表现出来。思维规律是人的主观的思维形式对物质世界的客观规律的反映。

无论是自然规律、社会规律还是思维规律，既然是规律，它们都是不以人们的意志为转移的，都不能被创造、改变和消灭。但是，在实践的基础上，人们可以对它们表现出来的种种现象进行研究，去粗取精、去伪存真、由此及彼、由表及里，逐步认识和掌握它们，并利用它们来认识世界和改造世界。揭示这些规律的真谛，借以指导实践，这是马克思主义学者的本职任务。

一般说来，历史上绝大多数唯心主义或者都否认规律的存在，或者以这样那样的方式把规律说成是“绝对精神”“神的赐予”等个人的主观意志等意识现象的产物。他们或者认为规律是人强加给自然界的。否认人类社会的发展有客观规律性，这是唯心史观的根本特征之一。

古希腊时期的唯物主义者赫拉克利特（Heraclitus，约公元前530—公元前470年），继承米利都学派的传统，认为物质性的元素是万物的本原。这个本原是永恒的活火，火转化为万物，万物又转化为火。他认为万物都是在不断运动变化中的，并提出了“人不能两次踏进同一条河流”的命题。他论证了事物的运动变化是按

照一定的规律进行的，第一个提出了“逻各斯”的思想：“这个世界对于一切存在物都是同一的，它不是任何神或者任何人所创造的，它过去，现在和未来永远是一团永恒的活火，在一定分寸上燃烧，在一定分寸上熄灭。”

赫拉克利从探究万物的本原深入到探求现象背后的普遍规律，其辩证法思想虽然还带着朴素的直观性，但在当时却是非常深刻的。他提出事物不断运动变化，一切皆流的思想，认为事物的运动变化都是按照一定的尺度、分寸进行的，从而提出了逻各斯的思想，内含着对立统一的辩证法，朴素地看到对立双方是相互依存、相互统一、相互转化、相互作用的。他甚至提出了斗争是万物之父、万物之王的思想，无愧为被称为辩证法的奠基人。

二、马克思、恩格斯对人类历史发展规律的认识和揭示

马克思、恩格斯创立了唯物史观，发现了人类社会发展的一般规律，第一次使人们真正认识到，人类社会和自然界一样，也是按照自己固有的客观规律运动和发展的。自然科学和社会科学的规律都是对客观事物发展规律的反映。

马克思、恩格斯在《共产党宣言》中运用历史唯物主义的理论，分析了资本主义社会两大基本阶级——资产阶级和无产阶级产生、发展及其相互斗争的过程，揭示了资本主义必然灭亡和社会主义必然胜利的客观规律，阐明了无产阶级的历史使命。

《共产党宣言》阐明了共产党的性质、特点和基本纲领，是无产阶级根本利益的代表，是无产阶级的先锋队组织。共产党坚持无产阶级国际主义原则，坚持各国无产阶级要团结战斗、互相支援。共产党以科学社会主义作为行动的指导思想，能够把握社会的发展规律。共产党的最低起点是推翻资产阶级的统治，由无产阶级夺取政权，最高纲领和最终目的是彻底消灭私有制，消灭一切阶级和阶级差别，在全世界实现共产主义。马克思、恩格斯还论述了无产阶级革命和无产阶级专政的基本思想，对无产阶级历史使命的学说作了完整、系统的、精辟的阐述。在反对资产阶级斗争中，无产阶级的队伍不断扩大，最终成为埋葬旧制度的阶级力量和建设新社会的领导力量。资产阶级不会自动退出历史舞台。它总是要运用政治、经济和思想文化的手段，特别运用资产阶级的国家机器奴役镇压无产阶级，无产阶级只有用暴力推翻全部的社会制度。无产阶级的革命是阶级斗争的最高形式，无产阶级夺取政权之后，必须建立自己的政治统治，即实行无产阶级专政，这是向共产主义过渡的重要条件。

马克思、恩格斯一方面揭示了资本主义必然灭亡、社会主义必然胜利的历史趋势；另一方面又指出："无论哪一个社会形态，在它所能容纳的全部生产力发挥出来以前，是决不会灭亡的；而新的更高的生产关系，在它的物质存在条件在旧社会的胎胞里成熟以前，是决不会出现的。""两个决不会"与"两个必然"，恰好构成了辩证的统一体，体现了现实与未来的统一、量变与质变的统一、科学性与革命性的统一。

马克思在《资本论》中深刻地揭示了资本主义生产关系的本质和资本主义生产方式的运动规律，科学论证了社会主义必然代替资本主义的历史趋势，展示了未来共产主义社会的美好前景。《资本论》是应时代发展的客观要求而产生的。19 世纪三四十年代，无产阶级和资产阶级之间的矛盾日益尖锐，工人运动蓬勃发展，无产阶级作为一支独立的政治力量已经登上了历史舞台，迫切需要科学的革命理论来指导。于是，《资本论》作为工人阶级的"圣经"便应运而生了。《资本论》以资本主义生产关系为研究对象，运用矛盾分析的方法，从解剖资本主义社会的经济细胞"商品"开始，逐一分析了商品二因素、生产商品的劳动二重性、私有制条件下商品社会的基本矛盾以及资本主义社会固有的内在矛盾，从而科学揭示了资本主义制度的产生、发展和灭亡的历史趋势。

恩格斯的《在马克思墓前的讲话》，阐述了马克思对人类历史的发展规律的发现："正像达尔文发现有机界的发展规律一样，马克思发现了人类历史的发展规律，即历来为纷繁芜杂的意识形态所掩盖着的一个简单事实：人们首先必须吃、喝、住、穿，然后才能从事政治、科学、艺术、宗教等等。所以，直接的物质的生活资料的生产，从而一个民族或一个时代的一定的经济发展阶段，便构成基础，人们的国家设施、法的观点、艺术以至宗教观念，就是从这个基础上发展起来的。因而，也必须由这个基础来解释，而不是像过去那样做得相反。"恩格斯还指出："不仅如此。马克思还发现了现代资本主义生产方式和它所产生的资产阶级社会的特殊的运动规律。由于剩余价值的发现，这里就豁然开朗了，而先前无论资产阶级经济学家或社会主义批评家所做的一切都只是在黑暗中摸索。"恩格斯指出了发现规律的难度，说"一生中能有这样两个发现，该是很够了，即使只要能作出一个这样的发现，也已经是幸福的了。但是马克思在他所研究的每一个领域，甚至在数学领域，都有独到的发现，这样的领域是很多的，而且其中任何一个领域他都不是浅尝辄止”①。

三、列宁对帝国主义发展规律的认识和揭示

列宁说:“规律是现象中持久的东西。”无论自然界还是人类社会,不仅都按照本身固有的规律向前发展,而且规律贯穿着事物发展过程的始终。开始如此,过程如此,将来也必然如此。他还说,“规律和本质是表示人对现象、对世界等等的认识深化的同一类的(同一系列的)概念,或者说得更确切些,是同等程度的概念”。规律就是“本质的关系或本质之间的关系”。

列宁在《帝国主义是资本主义的最高阶段》中深刻地揭示了帝国主义的本质。他阐明,垄断是帝国主义经济实质,帝国主义的五个基本经济特征都是在垄断基础上产生和发展起来的,帝国主义是垄断的资本主义。他对帝国主义的实质特点、基本矛盾进行了全面的分析,揭示了帝国主义形成、发展、灭亡的规律,论证了帝国主义是垂死的资本主义,是社会主义革命的前夜。列宁在本书中揭示了资本主义政治经济发展不平衡规律,指出了生产资料私有制与帝国主义战争的必然联系。不平衡规律证明:不管它是从经济上对世界市场已经瓜分完毕,还是从政治上对殖民地等领土已经瓜分完毕,为了重新瓜分世界市场和攫取更多的殖民地,必然要发生帝国主义侵略战争。列宁从帝国主义本质的分析出发所作的结论,已为历史所证实。

四、毛泽东对中国革命战争规律的认识和揭示

毛泽东对规律的阐述特别是对战争规律的揭示,具有独特的理论贡献。毛泽东从世界观和认识论的高度对实事求是作了科学概括,他说:“‘实事’,就是客观存在着的一切事物,‘是’,就是客观事物的内部联系,即规律性,‘求’就是我们去研究。我们要从国内外、省内外、县内外、区内外的实际情况出发,从其中引出其固有的而不是臆造的规律性,即找出周围事变的内部联系,作为我们行动的向导。”②毛泽东对战争的客观规律进行了详细研究,他在《中国革命战争的战略问题》《抗日游击战争的战略问题》《论持久战》等一系列军事著作,系统地揭示了战争发展的规律,阐明了按客观规律指导战争,办好一切事情的必要性。对于战争

① 《马克思恩格斯文集》第3卷,人民出版社2009年版,第601—602页。

② 《毛泽东选集》第3卷,人民出版社1991年版,第801页。

“不懂得它的情形,它的性质,它和它以外事情的关联,就不知道战争的规律,就不知道如何指导战争,就不能打胜仗”。不仅战争如此,而且“不论做什么事,不懂得那件事的情形,它的性质,它和它以外的事情的关联,就不知道那件事的规律,就不知道如何去做,就不能做好那件事”①。毛泽东把战争规律区分为一般战争的规律、革命战争的规律和中国革命战争的规律。指出“我们不但要研究一般战争的规律,还要研究特殊的革命战争的规律,还要研究更加特殊的中国革命战争的规律,”因为“中国革命战争——不论是国内战争或民族战争,是在中国的特殊环境之内进行的,比较一般的战争,一般的革命战争,又有它的特殊的情形和特殊的性质。因此,在一般战争和一般革命战争的规律之外,又有它的一些特殊规律。如果不懂得这些,就不能在中国革命战争中打胜仗”②。

毛泽东在《中国革命战争的战略问题》中,分析了中国革命的四个特点:一是“中国是一个政治经济发展不平衡的半殖民地的大国,而又经过了一九二四年至一九二七年的革命”。这个特点“不但基本地规定了我们政治上的战略战术,而且也基本上规定了我们军事上的战略和战术”。二是“敌人的强大”。这个特点,“使红军的作战不能不和一般战争以及苏联内战、北伐战争都有许多不同”。三是“红军的弱小”。表现在我们的军队与国民党军队相比,数量少、武器差、供给十分困难等。这个特点决定了我们不可能很快地战胜敌人。四是“共产党的领导和土地革命”。党的领导和农民的援助,这使我们在政治上具有巨大的威力,是我们能够以弱胜强的源泉,实行土地革命,使我们获得了广大农民的拥护和援助,军队也有了物质上的保障。毛泽东指出:“第一个特点和第四个特点,规定了中国红军的可能发展和可能战胜其敌人。第二个特点和第三个特点,规定了中国红军的不可能很快发展和不可能很快战胜其敌人,即是规定了战争的持久,而且如果弄得不好的话,还可能失败。”③他强调:“这是中国革命战争的根本规律,许多都是从这个根本规律发生出来的。”④土地革命战争和后来的抗日战争、解放战争的历史,都充分证明了毛泽东总结的这一规律的正确性。

这里需要指出,毛泽东明确阐述了掌握规律和运用规律的根本方法,这就是就要从战争中学习战争。认识和掌握战争规律必须经过战争实践。正确地认识

① 《毛泽东选集》第1卷,人民出版社1991年版,第171页。
② 《毛泽东选集》第1卷,人民出版社1991年版,第171页。
③ 《毛泽东选集》第1卷,人民出版社1991年版,第191页。
④ 《毛泽东选集》第1卷,人民出版社1991年版,第191页。

和指导战争,就必须使主观与客观相符合。指导战争同进行任何工作一样,必须正确认识和处理主观与客观的关系,力求做到主观指导同客观实际相符合。在第二次国内革命战争时期,我党领导的革命战争有的胜利了,有的失败了,其根本原因是战争的指导者是否遵循一条马克思主义的思想路线或认识路线,能否做到主观指导同客观实际相结合的问题。毛泽东说:“为什么主观上会犯错误呢? 就是因为战争或战斗的部署和指导不适合当时当地的情况,主观的指导和客观的实在情况不符合,不对头,或者叫做没有解决主观和客观之间的矛盾,”而要做到主观与客观之间的符合,具体到战争中来,“那就是熟识敌我双方各方面的情况,找出其行动的规律,并且应用这些规律于自己的行动”①。

五、邓小平对社会主义建设规律的认识和揭示

改革开放以来,邓小平在总结中国共产党的历史经验和教训的基础上,主要反思了“什么是社会主义,怎样建设社会主义?”这个根本问题,揭示了社会主义建设的规律,成功地开创了中国特色社会主义道路。

邓小平在党的十二大开幕式上指出:“和八大的时候比较,现在我们党对我国社会主义建设规律的认识深刻得多了,经验丰富得多了,贯彻执行我们的正确方针的自觉性和坚定性大大加强了。我们有充分的根据相信,这次代表大会制定的正确的纲领,一定能够全面开创社会主义现代化建设的新局面,使我们党兴旺发达,使我们的社会主义事业兴旺发达,使我们的国家和各民族兴旺发达。”②

邓小平指出:“我们的现代化建设,必须从中国的实际出发。无论是革命还是建设,都要注意学习和借鉴外国经验。但是,照抄照搬别国经验、别国模式,从来不能得到成功。这方面我们有过不少教训。把马克思主义的普遍真理同我国的具体实际结合起来,走自己的道路,建设有中国特色的社会主义,这就是我们总结长期历史经验得出的基本结论。”③这里,所谓总结长期历史经验得出的基本结论,即是对社会主义建设规律的认识。

从邓小平的开幕词上下文的逻辑上看,是在讲对规律的认识。他将党的十二大与七大、八大相比较,两次强调对规律的认识:一次是提到党的七大以前,民主

① 《毛泽东选集》第1卷,人民出版社1991年版,第178页。
② 《邓小平文选》第3卷,人民出版社1993年版,第2页。
③ 《邓小平文选》第3卷,人民出版社1993年版,第2—3页。

革命经过二十多年的曲折发展，“全党掌握了我国民主革命的规律”；另一次提到八大以后社会主义革命和建设二十多年的曲折发展，说“从十一届三中全会以来，我们党在经济、政治、文化等各方面的工作中恢复了正确的政策，并且研究新情况、新经验，制定了一系列新的正确政策。和八大的时候比较，现在我们党对我国社会主义建设规律的认识深刻得多了，经验丰富得多了，贯彻执行我们的正确方针的自觉性和坚定性大大加强了”。接下来，也从认识规律的高度，讲到现代化建设，必须从中国的实际出发。讲到了我们党总结长期历史经验得出的基本结论，就是“把马克思主义的普遍真理同我国的具体实际结合起来，走自己的道路，建设有中国特色的社会主义”。①

邓小平在会见外宾时还曾指出：“马克思主义必须发展。我们不把马克思主义当作教条，而是把马克思主义同中国的具体实际相结合，提出自己的方针，所以才能取得胜利。过去我们以农村包围城市，取得了革命的胜利，这一点在马克思列宁主义书本里是没有的。现在我们还是坚持马克思列宁主义、毛泽东思想。这里有继承的部分，有发展的部分。我们建设社会主义，准确地说是建设有中国特色的社会主义，这样才是真正地坚持了马克思主义。”②“我们坚持马列主义、毛泽东思想，坚持社会主义道路，不过什么叫社会主义的问题，我们现在才解决。坦率地说，我们过去照搬苏联搞社会主义的模式，带来很多问题。我们早就发现了，但没有解决好。我们现在要解决好这个问题，我们要建设的是具有中国自己特色的社会主义。”③这里，既是对社会主义建设规律的认识，也是对马克思主义中国化规律的认识。

总之，马克思主义经典作家在发现规律、把握规律、遵循规律、运用规律方面，做出了典范，他们的阐述，给人们以极大的启发和教育。

第五节　马克思主义中国化的规律是客观存在

马克思主义中国化的规律性研究，是以对马克思主义中国化的基本内涵正确

① 《邓小平文选》第3卷，人民出版社1993年版，第2页。
② 《邓小平文选》第3卷，人民出版社1993年版，第191页。
③ 《邓小平文选》第3卷，人民出版社1993年版，第261页。

理解为前提的。马克思主义在中国的“民族化”和“具体化”的进程中,会出现什么样的规律?这些规律是客观存在吗?如何发现这些规律并运用它们?这些规律在两次伟大的历史性飞跃中,呈现出什么特点?这些都是我们应深入思考和探索的问题。

如前所述,从学理上说,规律是客观事物发展过程中的本质联系;是指同一类现象的本质关系或本质之间的稳定联系。这里首先需要思考的是,马克思主义在中国的传播中,同一类现象的本质关系或本质之间的稳定联系是什么?

一、马克思、恩格斯著作的翻译

马克思、恩格斯的著作传入中国,在19世纪末就开始了。1899年上海广学会创办的《万国公报》上发表的《大同学》中提到了“马克思”,这是中文报刊上最早的马克思的中译名。但这不是中国人自己的译著。中国人在自己的著述中,首次提到马克思的是梁启超。他在1902年9月的《新民丛报》上发表的《进化论革命者颉德之学说》中,把麦喀士(即马克思)称为社会主义之泰斗。1903年,日本出版的《近世社会主义》和《社会主义神髓》两本介绍马克思主义理论的书籍,先后译成中文出版。这是最早的两本介绍社会主义理论的中文译著。我国最早介绍马克思恩格斯的生平并摘译马克思恩格斯著作的,是资产阶级民主主义者朱执信。他在1905年同盟会机关报《民报》第2号发表的《德意志社会革命家小传》一文中,第一次比较详细地叙述了马克思恩格斯的生平活动,介绍了《共产党宣言》的写作背景和中心思想,并节译了其中的十项纲领。这是中国人第一次著文介绍《共产党宣言》,其中十项纲领的译文也是马克思恩格斯著作的第一次中文节译。《共产党宣言》第一个中文全译本是陈望道于1920年翻译的。《反杜林论》的第一个全译本,是吴黎平在1930年译成,但是他的劳动结果出版之后,译者本人就被国民党逮捕入狱了。《资本论》的第一个中文全译本费了十年工夫。郭大力和王亚南于1928年开始翻译,第一卷译稿尚未问世,就在1932年被日本帝国主义的侵华炮火烧毁。1934年两位译者又再次从头开始翻译,一直到1938年,才由读书·生活·新知三联书店印制出版。

二、马克思主义从日本间接传入中国

在中共早期成员中,留日学生占了很大的比例。陈独秀去日本最早,从1901年至1915年,前后达5次之多。五四运动前后,李大钊、李汉俊、李达、陈望道、董

必武、周恩来、彭湃、施存统、周佛海等，先后赴日本留学。在留日群体中，以李大钊、李汉俊、李达为优秀代表，“三李”的理论素养较高，社会影响最大。

日本经过1868年“明治维新”一跃而为强国，吸引中国许多青年到日本寻找救国的出路。20世纪初，中国形成留学日本热潮，从1900年的百人增加到1905年的五六千人。此时日本出现了社会主义思想的高潮，社会主义者界利彦等创办《新社会》杂志，刊登介绍马克思主义的文章；社会主义先驱者幸德秋水写的《社会主义神髓》于1903年译成中文，成为第一部介绍马克思主义的译著。十月革命后，中国留日学生不断地把日文版的马克思主义文献翻译介绍到中国。1919年1月，日本的马克思主义经济学家河上肇创办《社会问题研究》，山川均创办理论刊物《社会主义研究》，陆续发表介绍马克思主义的文章和译文，对中国思想界影响很大。

1920年，幸德秋水所著《广长舌》和《二十世纪之怪物帝国主义》，译成中文出版，当时在中国颇为流行。“社会主义”一词就是此时从日语中引进的。李大钊1914年1月到日本留学，考入东京早稻田大学政治本科学习，1916年5月回国，只两年多时间。这期间，正是袁世凯大闹恢复帝制，他积极组织神州学会，参加留日学生总会，秘密进行反袁活动。李大钊受幸德秋水和河上肇的讲授和著作影响较大，开始接触马克思主义。五四运动后，在“问题”与“主义”论争中，李大钊于1919年8月写了《再论问题与主义》，有力地批驳了胡适的资产阶级改良主义和实验主义，捍卫了马克思主义的阵地，帮助广大青年划清了马克思主义与改良主义的界限，为马克思主义传播开辟了道路。10月，李大钊发表了著名论文《我的马克思主义观》，是我国第一部系统地全面介绍马克思主义的论著。李大钊的这篇文章，在很大程度上是受河上肇的《马克思的社会主义理论体系》和福田德三的《续经济学研究》的影响而写成的。他不但介绍了马克思主义的概要，同时阐明了自己带有批判观点的对马克思主义的见解。此外，李大钊于1920年下半年，在北京大学等5所高等学校开设《现代政治》《唯物史观》《社会主义和社会运动》《史学思想史》《女权运动史》等课程，系统地讲授马克思主义。

李达回忆说：“中国接受马克思主义得自日本的帮助很大，这是因为中国没人翻译，资产阶级学者根本不翻译，而我们的人又翻译不了。”1920年8月，李达回国后，参加《新青年》编辑工作，担任上海发起组的理论刊物《共产党》月刊主编。12月，李达发表《社会革命底商榷》《无政府主义之解剖》等文章，以鲜明的马克思主义立场，阐明了无产阶级专政的历史作用，有力批驳了无政府主义者的谬论。在反对梁启超、张东荪等人的基尔特社会主义的论争中,李达1921年5月撰写长篇论文《讨论社会主义并质梁任公》,指出:“在今日而言开发实业,最好莫如采用社会主义。”

三、马克思主义从法国、德国等间接传入中国

中国共产党早期领导人,许多都有旅欧经历。五四运动后,周恩来、蔡和森、陈毅、邓小平、赵世炎、陈乔年、陈延年、王若飞、罗亦农、彭述之、向警予、朱德、蔡畅、聂荣臻、李维汉、李富春等赴法国勤工俭学。

蔡和森1895年3月出生于上海,1913年进入湖南省立第一师范学校读书。期间,同毛泽东等人一起组织进步团体新民学会,创办《湘江评论》,参加五四运动。1919年底赴法国勤工俭学。在法国期间,他翻译马克思的著作,认真研究俄国十月革命的经验,很快成为坚定的马克思主义者。1920年下半年至1921年初,他先后致信毛泽东等,明确提出:只有社会主义能够拯救中国与改造世界,要发展中国革命,先要组织党——共产党。共产党是无产阶级革命运动的“发动者、宣传者、先锋队、作战部”。他第一次旗帜鲜明地称这个党为“中国共产党”。毛泽东对他的主张“深切赞同”。同时,蔡和森对中国共产党建党的理论、方针及组织原则也作了较系统的阐述,为党的创建和早期党的建设做出重要贡献。1921年春,周恩来、赵世炎等人在巴黎成立了由留学生中先进分子组成的共产党早期组织。翌年6月,旅欧中国少年共产党(简称“少共”)在巴黎成立。其后,在欧洲大陆诞生了中国共产党和中国共青团最早的海外支部。

周恩来等人在欧洲这个马克思主义的发源地,接受着有关革命的新思想、新理论,也接触着真实的资本主义社会。中国共产党的巴黎组织称作“旅欧总支部”,由赵世炎任第一届总支书记,周恩来任第二届书记。旅欧总支部领导的范围不限于法国,而且包括德国和比利时。周恩来为党在欧洲的喉舌《少年》月刊——1923年改名为《赤光》撰稿。第二期刊登了他的《共产主义与中国》的文章。周恩来在文章中指出,“世界上只有一个共产主义能使这个责任无国界无种界地放在无产阶级的肩上,也只有他能使中国民族得列于人类中间彼此一视同仁”。作为旅欧总支部的负责人,周恩来经常奔波于巴黎和柏林之间,而且在德国逗留的时间往往较长。在柏林,认识了比他年长十二岁的朱德。朱德后来通过周恩来介绍参加了中国共产党。

四、列宁主义从苏联传入中国

列宁的著作是随着十月革命一声炮响传入中国的。1917 年 11 月 10 日，即十月革命胜利的第三天，上海《民国日报》就报道了十月革命胜利的消息，其中提到列宁及其几项主张。1919 年 9 月，北京《解放与改造》杂志刊载了列宁在 1917 年写的《俄国的政党和无产阶级的任务》一文，这是我国报刊上最早发表的列宁著作中译文。此后，我国先进分子相继组织共产主义小组和马克思列宁主义研究团体，翻译和研究马列著作。到中国共产党创立前，我国报刊发表《俄罗斯的新问题》等列宁著述约 13 篇。1921 年 9 月 1 日，中国共产党在建立和开展活动的初期，在上海正式成立了我党的第一个出版机构——人民出版社。党中央宣传主任李达亲自主持的人民出版社的任务是：秘密出版发行马克思主义的理论著作和翻译著述。它曾拟订出版 15 种"马克思全书"、14 种"列宁全书"和 11 种"康民尼斯特（共产主义）丛书"。由于反动势力的迫害和人力物力等困难，实际只出了 3 种"马克思全书"。1923 年 11 月，中国共产党成立了第二个出版发行机构——上海书店，并以上海书店为中心，在全国建立了传播马列著作和革命书报的发行网。据统计，从中国共产党成立到第一次国内革命战争结束，我国出版列宁著作约 6 种，报刊发表列宁著述约 28 篇。大革命失败以后，上海是白色恐怖最严重的地区。然而仅上海地区就出版列宁著作近 30 种，其中包括《国家与革命》《帝国主义是资本主义的最高阶段》等列宁主要著作。在中央苏区革命根据地，尽管战斗频繁，条件极为艰难，仍然出版了《二月革命至十月革命》《列宁论游击战争》等多种图书。党的机关刊物《斗争》一年内就发表过《新的任务与新的力量》等 5 篇列宁著述。据统计，在第二次国内革命战争时期，我国出版列宁著作约 42 种，报刊发表列宁著述约 19 篇。红军长征到达陕北以后，党中央在延安成立了解放社，专门出版马克思列宁主义著作和党的文献。中宣部长张闻天在延安马列学院建立了专门负责编辑、翻译马列主义著作的编译部。此外，中央军委、鲁迅艺术文学院等单位也纷纷成立编译部，翻译恩格斯的军事著作和马克思恩格斯文艺论述，等等。

1921 年，刘少奇、任弼时等人赴苏俄入莫斯科东方劳动者共产主义大学学习。从 1923 年 3 月至 1924 年 9 月，在共产国际和苏联政府协助下，在巴黎的中共旅欧支部成员先后有三批赴东方大学学习，到 1927 年上半年，到东方大学学习的中共人员前后达百人以上。至 1930 年，莫斯科中山大学培养了 1000 多名毕业生，其中有叶挺、王稼祥、秦邦宪、王明、俞秀松、朱瑞、左权、乌兰夫、杨尚昆、陈赓、伍修权、张如心、陈伯达、刘伯承、凯丰等。

1921 年冬天,东方大学中国班开始建立党的组织。刘少奇、罗亦农、彭述之、卜士奇、吴芳等首先由团转党,加入东方大学总支部。接着组成了中共旅莫支部。当时中国班的团员也参加支部的组织生活。1922 年初任弼时、萧劲光等先后由团转党。中共旅莫支部委员会由刘少奇、罗亦农、彭述之、卜士奇、吴芳组成。中共旅莫支部受东方大学总支直接领导。

中国班的第一批学员的课程主要有:科学社会主义、政治经济学、辩证唯物主义和历史唯物主义、国际职工运动史、社会学和俄语等。还学习了一些马列主义基本著作,如共产党宣言、青年团的任务等。瞿秋白担任过中国班的翻译兼助教,主讲过社会学课程。课余时间,大家除了晚上站岗、星期六或星期天义务劳动外,不少学员还进行了翻译马列著作、撰写论文、写诗等活动。把这些成果寄回国内,从而扩大了马列主义在中国的传播。

1922 年 11 月到 12 月,陈独秀率领的中国共产党代表团到莫斯科,出席共产国际第四次代表大会。在此期间,陈独秀、张太雷等到东方大学看望了中国班的学员。他们对东方大学的教学和中国学员的学习都很满意。同时,陈独秀得悉中共旅欧支部的许多同志的学习和生活遇到了较多困难,于是便决定分批抽调同志到莫斯科东方大学学习。在征得共产国际和苏联政府同意后,陈独秀便在莫斯科写信给巴黎中共旅欧支部。中国旅欧支部接到陈独秀的指示,随即决定分批派旅欧同志赴莫斯科东方大学学习。

1925 年共产国际决定在莫斯科成立一所专门培养中国干部的大学,这所大学为了纪念孙中山先生命名为中山大学。中山大学既招收共产党员和共青团员,又招收国民党员。第一批学生有 300 多人。中山大学成立后,东方大学中国班继续招生。

1927 年 7 月中国的第一次大革命失败后,共产国际和中国共产党为了能在短期内培养出一批军事干部,以便更好地进行武装革命斗争,于是在全国各地挑选了六七百人赴莫斯科东方大学的军事速成班学习。这六七百人先后于同年 10 月到达莫斯科。预定六个月毕业。并从中选拔出数十人,进东方大学二年制的中国班。1928 年夏,东方大学的军事速成班结束后,大部分学员回国,一部分进中山大学和苏联正规军事学校继续学习。东方大学中国班(二年制)的学员,当年秋并入中山大学,合并后,中山大学改名为中国劳动者共产主义大学。此后整个 30 年代,苏联通过留学的方式为中共培训干部,尤其是掌握现代军事理论和指挥技能的军事人才，相当一部分留苏学员日后成长为我军高级将领，如刘伯承、林彪、滕代远、许光达、刘亚楼、李天佑、杨至成等人。除此之外，一批优秀的党政干部也在这一时期留学苏联，如李兆麟、魏拯民、陈云、蔡畅、孔原、陈郁、贺诚等，对中共的干部队伍建设起到推动作用。

五、马克思主义中国化规律客观存在的认识

如前所述，从时空上看，马克思主义在中国传入和传播的“点”是多发的。一是通过对马克思、恩格斯、列宁原著的翻译，使中国人知晓马克思主义；二是中国留日学生接受马克思主义，从日本间接传入中国；三是中国旅欧勤工俭学生接受马克思主义，从法国、德国等间接传入中国；四是中国留苏学生接受马克思主义，从苏联间接传入中国。无论是从哪个“点”上在中国传入和传播开来，其本质的联系或者说本质之间的稳定联系，所表现出来的共同点有四个方面：首先是它的“科学性”和“真理性”，不仅得到传入者和传播者的认同，而且也得到受众者的认同，使中国人耳目一新；其次是它的“实践性”即理论在实践中取得的成就和业绩，得到传入者和传播者的称赞，使之心向往之；再次是它的“阶级性”即其主张、目标和受众者特别是工人阶级的渴望和需求相吻合，在根本利益上一致，所谓一拍即合；最后是它的“革命性”受到反动阶级的憎恨和阻挠，越是加以扼杀和诋毁，越是得到反弹，传播反而越是广泛和深入。综观马克思主义在中国的传入和传播，基本如此。这些所谓呈现出来的共同的特点，都具有本质之间的联系，具有规律的性质。由此分析，马克思主义在中国的传入和传播，有其内在的规律。马克思主义中国化的规律是客观存在。

考察马克思主义中国化规律的客观存在，我们还可以从新民主主义革命和社会主义革命建设两个时期，中国共产党对马克思主义中国化的认识来说明。

新民主主义革命时期，中国共产党的六届六中全会，是马克思主义中国化历程中的重要节点，具有里程碑的意义。1938 年 10 月 14 日在延安召开的中共六届六中全会上，毛泽东正式提出并阐述了马克思主义中国化。毛泽东在报告《论新阶段》的一部分题目是《中国共产党在民族战争中的地位》中指出：“马克思主义必须和我国的具体特点相结合并通过一定的民族形式才能实现。”他还说：“离开中国特点来谈马克思主义，只是抽象的空洞的马克思主义。因此，使马克思主义在中国具体化，使之在其每一表现中带着必须有的中国的特性……按照中国的特点去应用它，成为亟待了解并亟须解决的问题。”

在六届六中全会报告中，毛泽东根据抗日战争的新形势，分析了中国社会的特点，指出在半殖民地半封建的中国，革命不是先占城市后取乡村，而是走相反的道路。中国的特点是：不是一个独立的民主的国家，而是一个半殖民地的半封建的国家；在内部没有民主制度，而受封建制度压迫；在外部没有民族独立，而受帝国主义压迫。因此，无议会可以利用，无组织工人举行罢工的合法权利。至此，以毛泽东为代表的中国共产党人，经过对中国革命正反两方面经验教训的不断总结，对中国社会的现状和历史、对中国革命的特点和规律有了更为深刻和完整的认识，基本上明确了什么是新民主主义革命和怎样进行新民主主义革命的一系列根本问题。很明显，毛泽东关于什么是新民主主义革命和怎样进行新民主主义革命的论述，就是马克思主义的“民族化”“具体化”，就是马克思主义中国化规律性的认识。

社会主义革命和建设时期，特别是改革开放以来，邓小平也阐述了马克思主义中国化的规律问题。这就是回答和解决了马克思主义与什么是社会主义，怎样建设社会主义的关系问题。

邓小平在 1984 年 6 月 30 日会见日本民间人士时说：“思想路线是什么？就是坚持马克思主义，坚持把马克思主义同中国实际相结合，也就是坚持毛泽东同志说的实事求是，坚持毛泽东同志的基本思想。坚持马克思主义对中国十分重要，坚持社会主义对中国也十分重要。中国自鸦片战争以来的一个多世纪内，处于被侵略、受屈辱的状态，是中国人民接受了马克思主义，并且坚持走从新民主主义到社会主义的道路，才使中国的革命取得了胜利。”①

邓小平还指出：“中国共产党人坚持马克思主义，坚持把马克思主义同中国实际结合起来的毛泽东思想，走自己的道路，也就是农村包围城市的道路，把中国革命搞成功了。如果我们不是马克思主义者，没有对马克思主义的充分信仰，或者不是把马克思主义同中国自己的实际相结合，走自己的道路，中国革命就搞不成功，中国现在还会是四分五裂，没有独立，也没有统一。对马克思主义的信仰，是中国革命胜利的一种精神动力。建国以后，我们从旧中国接受下来的是一个烂摊子，工业几乎等于零，粮食也不够吃，通货恶性膨胀，经济十分混乱。我们解决吃饭问题，就业问题，稳定物价和财经统一问题，国民经济很快得到恢复，在这个基础上进行了大规模经济建设。靠的是什么？靠的是马克思主义，是社会主义。人

---

① 《邓小平文选》第 3 卷，人民出版社 1993 年版，第 62 页。

们说,你们搞什么社会主义!我们说,中国搞资本主义不行,必须搞社会主义。如果不搞社会主义,而走资本主义道路,中国的混乱状态就不能结束,贫困落后的状态就不能改变。所以,我们多次重申,要坚持马克思主义,坚持走社会主义道路。但是,马克思主义必须是同中国实际相结合的马克思主义,社会主义必须是切合中国实际的有中国特色的社会主义。"①

什么叫社会主义,什么叫马克思主义?邓小平回答说:"我们过去对这个问题的认识不是完全清醒的。马克思主义最注重发展生产力。我们讲社会主义是共产主义的初级阶段,共产主义的高级阶段要实行各尽所能、按需分配,这就要求社会生产力高度发展,社会物质财富极大丰富。所以社会主义阶段的最根本任务就是发展生产力,社会主义的优越性归根到底要体现在它的生产力比资本主义发展得更快一些、更高一些,并且在发展生产力的基础上不断改善人民的物质文化生活。如果说我们建国以后有缺点,那就是对发展生产力有某种忽略。社会主义要消灭贫穷。贫穷不是社会主义,更不是共产主义。"②

邓小平的这些论述,也是中共党人对马克思主义中国化规律客观存在的认识。

六、马克思主义中国化"化"的规律性

如上所述,我们阐述了马克思主义传入中国的特点,试图总结其中的规律性,找出同一类现象的本质关系或本质之间的稳定联系。在此基础上再看马克思主义中国化"化"的规律性是什么,导致"化"出来的成果是什么,其中有什么规律可循。

从宏观上来看,马克思主义在"化"的过程中,一直存在教条主义的马克思主义与"民族化、具体化"的马克思主义的斗争。前者是假的马克思主义,后者是真的马克思主义。教条主义只会片面地引用马克思、恩格斯、列宁、斯大林的个别词句,而不会运用他们的立场、观点和方法,来具体地研究中国的现状和中国的历史,具体地分析中国革命问题和解决中国革命问题。只知道照搬照抄马克思主义经典著作中的具体论述和俄国革命的具体经验,导致严重脱离中国实际,给革命事业带来巨大损失。除了教条主义,还有经验主义、"左"倾机会主义、"左"倾冒

① 《邓小平文选》第3卷,人民出版社1993年版,第62—63页。

② 《邓小平文选》第3卷,人民出版社1993年版,第63—64页。

险主义和右倾机会主义、右倾投降主义，等等。它们有时表现为思想路线、组织路线或政治路线，极大地干扰和影响了马克思主义中国化的实践。以陈独秀为代表的和以王明为代表的教条主义，在政治上或表现为右倾机会主义，或表现为“左”倾机会主义，表现形式虽然不同，但都几乎葬送了中国革命。

在马克思主义中国化“化”的过程中，中国实现了三个伟大转变———从半殖民地半封建社会向新民主主义的转变、从新民主主义向社会主义的转变、从社会主义向建设有中国特色社会主义的转变。① 前两个转变是在毛泽东思想指导下完成的，后一个转变是在中国特色社会主义理论体系的指导下进行的。三个转变表明中国的革命和建设是坚持把马克思主义和中国的具体实际相结合，依据本国国情，走出了自己的路。

中国与俄国不同的是，中国社会是半殖民地半封建社会，革命的任务是反帝反封建。毛泽东把马克思主义普遍原理和中国具体实际相结合，提出了新民主主义理论，解决了如何走自己的路的问题，这就是不走通过中心城市起义引发革命高涨的欧洲式革命的老路，而是要紧紧依靠农民，建立农村革命根据地，走以农村包围城市、最后夺取城市这样一条独特的革命道路。新中国成立时，中国已不再是半殖民地半封建国家，但还不是社会主义国家，而是处在从新民主主义向社会主义过渡的时期，毛泽东率领全党完成了对农业、手工业和资本主义工商业的社会主义改造，实现了从新民主主义向社会主义的转变。紧接着毛泽东带领全党进行社会主义建设的艰辛探索，提出了一些建设社会主义的新思路。但在实践中毛泽东对资本主义复辟的危险性作了错误的估计，强调以阶级斗争为纲，以致最终酿成“文化大革命”这场灾难，给国家和人民带来严重危害，使马克思主义的中国化遭受挫折。随着“四人帮”的被粉碎，党的十一届三中全会的胜利召开，邓小平带领全党开辟了建设有中国特色社会主义的新道路，实现了从社会主义向中国特色社会主义的转变。② 以江泽民、胡锦涛、习近平为代表的中国共产党人，沿着这条道路不断扩展，取得了邓小平理论、“三个代表”重要思想、科学发展观、中国梦等中国化马克思主义的最新成果。在中国特色社会主义理论体系的指导下，中国特色社会主义道路越走越宽广。

这也就是说，马克思主义中国化“化”的结果，是走出了自己的道路，形成了毛

① 参见邢贲思:《马克思主义中国化的光辉历史》，人民日报 2001 年 6 月 20 日。

② 参见邢贲思:《马克思主义中国化的光辉历史》，人民日报 2001 年 6 月 20 日。

泽东思想和中国特色社会主义理论体系的伟大成果——中国化的马克思主义。这是从宏观上对马克思主义中国化规律性的认识,还需要从微观具体的规律认识上来把握。

第六节　马克思主义中国化的"结合律""正反律""创新律"

那么,马克思主义中国化的规律性具体是什么呢?我们认为,可以初步概括"结合律""正反律""创新律"。

所谓"结合律""正反律""创新律",只是一个简单概括。下面我们依次阐述之。

一、"结合律"

"结合律"是一个简明的称谓。其完整的表述是:马克思主义必须与中国革命、建设的实际相结合,只有始终坚持真正的"相结合",中国革命和建设才能取得胜利和成功,这是马克思主义中国化的"铁律"之一。

我们之所以把"结合律"成为马克思主义中国化的"铁律",可以从两个方面进行论证。

首先,中国共产党的领导人从毛泽东到邓小平,凡是在阐述学习和坚持马克思主义时,都无一例外地提出二者必须"相结合"。这里列举数例:

1930年5月,毛泽东在《反对本本主义》中指出:"马克思主义的'本本'是要学习的,但是必须同我国的实际情况相结合。我们需要'本本',但是一定要纠正脱离实际情况的本本主义。"①1940年1月,毛泽东在《新民主主义论》中指出:"中国共产主义者对于马克思主义在中国的应用也是这样,必须将马克思主义的普遍真理和中国革命的具体实践完全地恰当地统一起来,就是说,和民族的特点相结合,经过一定的民族形式,才有用处,决不能主观地公式地应用它。公式的马克思主义者,只是对于马克思主义和中国革命开玩笑,在中国革命队伍中是没有他们的位置的。"②1941年5月19日,毛泽东在《改造我们的学习》中指出:"中国

① 《毛泽东选集》第1卷,人民出版社1991年版,第111—112页。
② 《毛泽东选集》第2卷,人民出版社1991年版,第707页。

共产党的二十年,就是马克思列宁主义的普遍真理和中国革命的具体实践日益结合的二十年。……灾难深重的中华民族,一百年来,其优秀人物奋斗牺牲,前仆后继,摸索救国救民的真理,是可歌可泣的。但是直到第一次世界大战和俄国十月革命之后,才找到马克思列宁主义这个最好的真理,作为解放我们民族的最好的武器,而中国共产党则是拿起这个武器的倡导者、宣传者和组织者。马克思列宁主义的普遍真理一经和中国革命的具体实践相结合,就使中国革命的面目为之一新。"①毛泽东还指出:"就是要有目的地去研究马克思列宁主义的理论,要使马克思列宁主义的理论和中国革命的实际运动结合起来,是为着解决中国革命的理论问题和策略问题而去从它找立场,找观点,找方法的。这种态度,就是有的放矢的态度。'的'就是中国革命,'矢'就是马克思列宁主义。"②

毛泽东上述类似关于马克思主义理论和中国实践相统一的立场和观点,在毛泽东的著作中可以说不胜枚举,比比皆是。而在《邓小平文选》第3卷本中,凡是在谈论建设有中国特色社会主义时,也往往是在坚持马克思主义普遍真理和中国具体实际相结合的前提下,进行阐述。这就说明二者之间是相辅相成、互为统一的。

其次,马克思主义在中国的实践,本质的表现是理论和实践的统一,是用马克思主义之"矢"去射中国实际之"的",不只是形式的"结合",而是"本质"的联系。也就是说,二者之间的"结合"不是形式的,而是本质的。当我们考察中国革命和建设那些成功的案例时,无一都是"结合"得好的。反之,"结合"得不好,就必然失误并走向失败。成功的案例数不胜数,失败的案例也有不少。限于篇幅,这里不再展开阐述。

马克思主义中国化的"结合律",看似普通和简单,但确是不可逆转和违背的"铁律",这应该是不争的事实。顺便指出的是,"结合律"符合唯物辩证法思想。2008年12月胡锦涛在纪念党的十一届三中全会召开30周年大会上的重要讲话中,深刻总结了改革开放30年的宝贵经验,把它高度概括为"十个结合",思想深刻,内涵丰富。2007年党的十七大报告,首次用"结合"作为关键词来概括中国特色社会主义的基本经验。报告把近30年来改革开放进行现代化建设、巩固和发展社会主义的宝贵经验,提炼成"十个结合"。这就是:把坚持马克思主义基本原

① 《毛泽东选集》第3卷,人民出版社1991年版,第795—796页。

② 《毛泽东选集》第3卷,人民出版社1991年版,第801页。

理同推进马克思主义中国化结合起来,把坚持四项基本原则同坚持改革开放结合起来,把尊重人民首创精神同加强和改善党的领导结合起来,把坚持社会主义基本制度同发展市场经济结合起来,把推动经济基础变革同推动上层建筑改革结合起来,把发展社会生产力同提高全民族文明素质结合起来,把提高效率同促进社会公平结合起来,把坚持独立自主同参与经济全球化结合起来,把促进改革发展同保持社会稳定结合起来,把推进中国特色社会主义伟大事业同推进党的建设新的伟大工程结合起来。十七大报告强调,改革开放以来我们取得一切成绩和进步的根本原因,归结起来就是:开辟了中国特色社会主义道路,形成了中国特色社会主义理论体系。胡锦涛在纪念党的十一届三中全会召开30周年大会上的重要讲话中,更全面地阐述了"十个结合",应该说,这些虽然是在经验的层面上总结出来的,经验还不都是规律,但是都具有对马克思主义中国化具体规律性认识和诠释的性质。

可以看出,"十个结合"不是一般的经验,它们是从范畴体系的层面上作出的总结。辩证唯物主义认为,范畴和规律具有不可分的联系。范畴反映着事物的本质属性和普遍联系,是自然、社会和思维发展过程最本质、最普遍联系的反映;而规律具有普遍性的形式,是客观事物发展过程中的本质联系。二者在普遍性的本质联系上是一致的。所不同的是,范畴和规律反映客观事物本质属性的角度不同。范畴反映客观事物各个不同的方面、不同阶段的本质普遍联系,而规律反映客观事物总体的、全过程的、最普遍的本质联系。

二、"正反律"

"正反律"是一个简明的称谓。其完整的表述是:马克思主义中国化,始终伴随着正反两方面的历史经验,只有始终坚持实事求是地总结"正反"两方面的历史经验,克服形而上学,反对一种倾向掩盖另一种倾向,防止从一个极端走向另一个极端,中国革命和建设才能步入正轨,才能取得胜利和成功,这也是马克思主义中国化的"铁律"之一。

"正反律"是对历史经验的概括,所谓"正反","正"是成功地经验,"反"是失败的教训。"正"是对"正确""好""优""成功""革命""前进""正面"的抽象;"反"是对"错误""坏""劣""失败""反动""倒退""反面"的抽象。翻开中国革命和建设的史册,无论是正面的经验,还是反面的教训,或者说是正反两方面的经验,都鲜活地呈现在党的历史当中,都是党的一部信史,都是党的宝贵财富。

在正反两方面的历史经验中，蕴藏着规律，马克思主义中国化的规律就在其中。

总结历史上正反两方面的经验，对于认识和把握规律非常重要，规律存在于历史的发展过程之中。1959 年 12 月—1960 年 2 月毛泽东在《读苏联〈政治经济学教科书〉的谈话》说："规律是在事物的运动中反复出现的东西，不是偶然出现的东西。规律既然反复出现，因此就能够被认识。"①还说："规律自身不能说明自身。规律存在于历史发展的过程之中。应当从历史发展过程的分析中来发现和证明规律。不从历史发展过程的分析下手，规律是说不清楚的。"②1962 年 1 月毛泽东在扩大的中央工作会议上，总结了党从建立到抗日战争时期，中间有北伐战争和十年土地革命战争，经过了两次胜利，两次失败。北伐战争胜利了，但是到一九二七年，革命遭到了失败。土地革命战争曾经取得了很大的胜利，红军发展到三十万人，后来又遭到挫折，经过长征，这三十万人缩小到两万多人。毛泽东指出："情形正是这样。在民主革命时期，经过胜利、失败，再胜利、再失败，两次比较，我们才认识了中国这个客观世界。在抗日战争前夜和抗日战争时期，我写了一些论文，例如《中国革命战争的战略问题》《论持久战》《新民主主义论》《〈共产党人〉发刊词》，替中央起草过一些关于政策、策略的文件，都是革命经验的总结。那些论文和文件，只有在那个时候才能产生，在以前不可能，因为没有经过大风大浪，没有两次胜利和两次失败的比较，没有充分的经验，还不能充分认识中国革命的规律。"③他还说："……有了正、反两方面的经验，才有这样的可能。……这样，我们就可以更加妥善地进行社会主义革命和社会主义建设。在总路线的指导下，制定一整套的具体的方针、政策和办法，必须通过从群众中来的方法，通过作系统的周密的调查研究的方法，对工作中的成功经验和失败经验，作历史的考察，才能找出客观事物所固有的而不是主观臆造的规律，才能制定适合情况的各种条例。这件事情很重要，请同志们注意到这点。"④

上述毛泽东关于从历史上的正反两方面经验认识规律的论述，可以看出规律是在正反两方面经验的升华和深化，科学地阐明了规律和正反两方面经验的关系。我们在马克思主义中国化的历史进程中，也是要通过总结正反两方面的经

① 《毛泽东文集》第 8 卷，人民出版社 1999 年版，第 105 页。
② 《毛泽东文集》第 8 卷，人民出版社 1999 年版，第 106 页。
③ 《毛泽东文集》第 8 卷，人民出版社 1999 年版，第 299 页。
④ 《毛泽东文集》第 8 卷，人民出版社 1999 年版，第 305 页。

验,进一步认识马克思主义中国化的规律性。

在马克思主义中国化的历史进程中,中国共产党的正反两方面的经验是非常丰富的。成功的经验我们党有很多很多,这里不再列举和阐述;而主要阐述几个反面的经验和教训,简要阐述"大革命的失败及其经验教训""陈独秀右倾机会主义""瞿秋白左倾盲动主义""李立三左倾冒险主义""王明左倾教条主义"。

"大革命的失败及其经验教训。"第一次国内革命战争,又称"大革命",是1924年至1927年中国人民在中国共产党和中国国民党合作领导下进行的反帝反封建的革命斗争。"大革命是一场以工农民众为主体的,包括民族资产阶级和上层小资产阶级在前期都曾积极参加的人民革命运动。它以与辛亥革命完全不同的形式和规模,在中国辽阔的大地上掀起了翻天覆地的狂飙,沉重打击了帝国主义在华势力,基本推翻了北洋军阀的反动统治,使民主革命思想在全国范围内得到空前的传播,产生了巨大革命影响。"①大革命教育和锻炼了各革命阶级;充分显示了中国共产党的先进性;空前提高了中国共产党在全国人民中的政治威望和壮大了共产党及其领导的革命力量;对于殖民地半殖民地人民来说,是继俄国十月革命之后发生的具有世界意义的重大事件。

这个时期,中国共产党还是一个幼年的党,来不及也不可能从容地做好各种准备,便匆忙地投入大革命的洪流。党富有蓬勃的革命朝气,但缺乏足够的理论准备和实践经验。正如毛泽东后来所指出的:"这时的党终究还是幼年的党,是在统一战线、武装斗争和党的建设三个基本问题上都没有经验的党,是对于中国的历史状况和社会状况、中国革命的特点、中国革命的规律都懂得不多的党,是对于马克思列宁主义的理论和中国革命的实践还没有完整的、统一的了解的党。"②在大革命后期,作为革命中坚的中国共产党的领导机关犯了以陈独秀为代表的右倾机会主义错误,不懂得掌握政权和武装的重要性,不善于处理同国民党的关系,企图以妥协让步和束缚工农运动等消极措施拉住即将叛变的同盟者。结果,"自愿地放弃对于农民群众、城市小资产阶级和中等资产阶级的领导权,尤其是放弃对于武装力量的领导权"③使党在大革命的危急时刻完全处于被动地位。

"陈独秀右倾机会主义。"陈独秀的右倾机会主义,主要表现为在第一次国内

---

① 中共中央党史研究室:《中国共产党历史》第1卷(1921—1949)上册,中共党史出版社2002年9月版,第220页。

② 《毛泽东选集》第2卷,人民出版社1991年版,第610页。

③ 《毛泽东选集》第4卷,人民出版社1991年版,第1257—1258页。

革命战争时期,他当时作为党的领导人——中共中央总书记,放弃了党作为革命带头人和领导者的地位,而将革命领导者的地位主动交于国民党,导致蒋介石上台后利用军权大肆杀害共产党人。

陈独秀在实际工作中推行机会主义,其主要特征是:在统一战线中放弃无产阶级的领导权,放弃无产阶级的可靠同盟军农民,放弃对武装力量的领导权,甘心做资产阶级的尾巴。其主要根源在于对中国社会各阶级状况的错误分析和由此而产生的错误思想观念。1923 年,陈独秀发表了《资产阶级的革命与社会各阶级》《中国国民革命与社会各阶级》等文,认为"农民居处散漫势力不易集中,文化低生活欲望简单易于趋向保守,中国土地广大易于迁徙被难苟安",故一般"难以加入革命"。无产阶级则"因为殖民地半殖民地产业还未发达,连资产阶级都很幼稚,工人阶级在客观上更是幼稚了",故"工人阶级在国民革命中固然是重要分子",却不是"独立的革命势力"。资产阶级虽然是与工人、农民"一体幼稚",然而资产阶级的力量比农民集中,比工人雄厚。"国民革命若轻视了资产阶级,是一个很大错误观念","便失去了阶级意义和社会基础"。基于上述分析,陈独秀对中国革命得出了这样的结论:"统帅革命的资产阶级,联合革命的无产阶级,实行资产阶级民主革命",结果"自然是资产阶级握得政权",革命的前途只能是资本主义的。至于社会主义革命,只有待资本主义有了充分发展,无产阶级的队伍壮大之后才能进行,形成民主革命和社会主义革命相分离的"二次革命论"。在这种思想观点支配之下,面对国民党右派的进攻,采取了一次次妥协退让投降的做法。1926 年在"中山舰事件""整理党务案"中,妥协退让;1927 年适应国民党右派反对农民运动的要求,阻挠和压制农民运动,反对武装工农。就在蒋介石背叛革命后的 1927 年 6 月,还在党内通过所谓《关于国共合作关系的决议》中规定,工农等民众团体均受国民党领导和监督,工农武装均应服从政府的管理和训练。以致汪精卫再次背叛革命时,中国共产党人不能组织有效的抵抗。1927 年党的"八七会议",总结大革命失败的经验教训,纠正了陈独秀右倾机会主义的错误。

陈独秀右倾机会主义错误出现的原因,是多方面的。从主观上说,陈独秀在由资产阶级民主主义者向马克思主义者转变的过程中,还保留着一些非马克思主义的成分,带有旧知识分子的气味和封建家长制的作风,从而产生了或多或少地轻视人民群众巨大作用的思想,特别是不能从本质上认识年轻的无产阶级的历史作用。从客观上说,受共产国际的影响。共产国际在指导中国革命的问题上,判断错误,指挥失误。

“瞿秋白左倾盲动主义。”大革命失败后，在国民党反动派的屠刀下，白色恐怖笼罩全国，革命力量受到极大的摧残。从 1927 年 4 月到 1928 年上半年，有 30 多万共产党员和革命群众被杀害，陈延年、赵世炎、恽代英、罗亦农、向警予、彭湃等卓越的革命家先后慷慨就义。中共党员从 5 万多人减至 1 万人左右。党内蕴藏着的一股对国民党反动派的仇恨情绪，在八七会议精神传达后迅速爆发出来，各地党组织先后发动了武装暴动。由复仇心理和对陈独秀右倾机会主义不满而逐渐滋长生成的革命急性病，助长了“左”倾思想的发展，主持临时中央工作的瞿秋白无法驾驭这种局势，犯了“左”倾盲动错误。

1927 年 11 月 9 日至 10 日，在瞿秋白主持下，召开了中共中央临时政治局扩大会议。这次会议时值两湖农民暴动受挫，叶挺、贺龙军队失败之后。因此，会议主要任务是总结经验教训，制定继续斗争的策略。但是，这次会议在全国革命形势已转入低潮的情况下，在共产国际代表直接指导下，仍坚持认为中国革命是“不断革命”，革命形势是不断高涨，革命方针是进行全国总暴动。扩大会议后，中共中央开始实施全国总暴动的方针，先后部署了广州、上海、武汉、天津、长沙等大城市举行“总罢工”“总暴动”计划；部署两湖、江苏、浙江等省的“工农总暴动”；先后发动了宜兴、无锡的农民起义，以及上海起义、武汉起义、顺直暴动等，并在某些地区提出过“左”的政策和口号。这些错误与共产国际全权代表罗明纳兹直接有关，中共中央临时政治局 11 月扩大会议通过的《中国现状与共产党的任务决议案》，就出自罗明纳兹的手笔，他在起草决议案中提出许多“左”倾盲动主义的错误观点。罗明纳兹认为，中国革命是马克思所称的“不间断的革命”，中国革命的进程，必然要从彻底解决民权主义任务而急转直下地进入社会主义的道路，明显地混淆了民主革命和社会主义革命的界限，不懂得无产阶级在领导人民大众夺取政权后，还需经过一个政治上、经济上实行新民主主义纲领的过渡时期。广州起义的失败，使瞿秋白等中央领导人有所醒悟，停止了两湖年关总暴动。此后 1927 年 12 月，瞿秋白在《武装暴动的问题》一文中，提出了工农武装割据的理论雏形，意识到了盲动的危害，自觉地纠正了左倾盲动主义。

“李立三左倾冒险主义。”1928 年党的六大以后，由于贯彻了大会的正确路线，各地党组织在领导农民的斗争中，逐步形成了开展游击战争、土地革命和建设农村革命根据地等一整套办法，使红军和农村革命根据地不断巩固和扩大，在全国范围内出现革命走向复兴的局面。随着局势的好转，共产党内“左”的急性病又逐渐发展起来。

1930年6月,李立三主持召开的中共中央政治局会议,通过了《新的革命高潮与一省或几省的首先胜利》的决议案,以李立三为代表的"左"倾冒险主义错误在党中央占据了统治地位。主要表现是:第一,对形势作了根本错误的估计,认为中国革命也好,世界革命也好,都到了大决战的前夜。第二,主张在实际工作中已不再需要逐步积聚和准备革命的力量,因为群众已经不要小干、只要大干,也就是只要武装暴动,而且是全国性的武装暴动了。第三,坚持"城市中心论"的错误观点,反对以农村包围城市,以根据地推动全国革命高潮的思想。第四,再一次混淆民主革命和社会主义革命的界限,认为一省或数省首先胜利,就是向社会主义革命转变的开始,企图在反对帝国主义和封建主义的同时,反对资产阶级。基于这些错误认识,李立三提出了组织全国中心城市武装起义的口号,并决定将党、团、工会的各级领导机关合并为武装起义的各级行动委员会,命令红军进攻武汉、长沙等中心城市。

李立三的"左"倾错误在党内统治的时间虽然只有3个多月,但使刚刚发展起来的革命力量遭受了重大损失。国民党统治区内,许多地方的党组织因为急于组织暴动而把原来的有限力量暴露出来,先后有11个省委机关遭受破坏,武汉、南京等城市的党组织几乎全部瓦解。红军在进攻大城市时也遭到很大损失,先后丢失了洪湖及右江等革命根据地。1930年9月,中共中央召开了六届三中全会。会议纠正了李立三对中国革命形势的左的估计,停止了组织城市暴动和红军进攻大城市的冒险计划,恢复了党、团、工会的独立组织。会上,李立三作了自我批评,承认了错误,接着便离开中央的领导岗位。

"王明左倾教条主义。"从1931年1月—1935年1月,以王明为代表的"左"倾教条主义在党中央领导机关内占据领导地位长达4年。这次"左"倾错误在党内统治的时间最长,给党带来的危害也最大,它使中国革命几乎陷入绝境。

1930年10月,共产国际给中共中央来信,提出立三的路线就是反国际的政治路线。王明立刻猛烈攻击三中全会后的党中央,要求彻底改造党的领导。认为立三路线是在"左"的词句下掩盖着右的实质,宣称党内目前的主要危险是右倾。1931年1月,中国共产党在上海召开六届四中全会,王明等"左"倾冒险主义者在共产国际代表米夫的支持下,以批判三中全会的所谓对于"立三路线"的"调和主义"为宗旨,强调反对"党内主要危险"的右倾,决定"改造充实各级领导机关"。由于得到米夫支持,原来不是中央委员、缺乏实际斗争经验的王明,不仅被补选为中央委员,而且成为政治局委员,使以王明为代表的"左"倾冒险主义在党中央领导机关内取得了统治地位。

王明“左”倾教条主义混淆民主革命与社会主义革命的界限，企图一举夺取社会主义革命的胜利；否认中间力量的存在，认为国民党各派和中间派都是“最危险的敌人”，要一切斗争，整个地反对；推行“城市中心论”，要求红军去占领城市，反对毛泽东的在农村积蓄力量，以农村包围城市，最后夺取全国胜利的正确道路；他们打着反右倾的旗号，实行宗派主义，对不同意他们错误主张的同志进行残酷斗争，无情打击。在上述错误主张指导下，国民党统治区内党的工作出现了一片混乱，由于“左”倾教条主义和关门主义的主观蛮干，使党在组织上和工作上都受到严重损失。至1935年，国民党统治区内的党组织除少数地方外都已破坏殆尽。在中央苏区，排斥毛泽东对中央根据地党和红军的正确领导，推行“左”倾冒险主义方针。在第五次反“围剿”中，放弃积极防御的方针，反对“诱敌深入”，实行进攻中的冒险主义，主张“御敌于国门之外”，去攻打敌人的坚固阵地。失败后，又转而实行防御中的保守主义，结果导致了第五次反“围剿”的失败，中央红军受到了极大损失，不得不开始了战略性的大转移（即长征）。1935年1月，中国共产党在贵州遵义召开了中央政治局扩大会议，结束了王明“左”倾教条主义在党中央的统治，确立了以毛泽东为代表的正确领导。

综上所述，我们列举了几个反面经验的例子。当然，对这些反面经验也要具体问题具体分析，需要区分主观和客观原因、主要责任和非主要责任等，不能一概而论。

这些反面经验揭示了一个最简单、最朴实、最普遍的道理，这就是上述所有错误产生的重要原因，都是脱离了实情错误地判断了形势，对马克思主义采取了教条主义，没有把马克思主义的普遍原理与中国革命的实际真正结合起来。对这些反面经验和教训纠正的结果，使我们党回到了“正”的方面，制定并执行了符合中国革命实际的战略和策略，从而使党摆脱了危机，重新取得斗争的胜利。一次又一次的失败和胜利，积累了党对中国革命规律的认识。对此，胡锦涛曾指出：“在历史上的一些时期，我们曾经犯过错误甚至遇到严重挫折，根本原因就在于当时的指导思想脱离了中国实际。我们党能够依靠自己和人民的力量纠正错误，在挫折中奋起，继续胜利前进，根本原因就在于重新恢复和坚持贯彻了实事求是。”①这一正和一反，或者说一反和一正，既表明了中国革命的曲折性，也表明了马克思

① 胡锦涛在庆祝中国共产党成立90周年大会上的讲话。

主义中国化的曲折性,其中还蕴藏着马克思主义中国化的规律性。换言之,有比较才有鉴别,马克思主义中国化,是在与右倾机会主义、"左"倾盲动主义、"左"倾冒险主义、"左"倾教条主义等各种错误的曲折斗争中,"化"出来中国化的马克思主义。

因此,我们有理由认为,"正反律"是中国共产党对正反两方面经验的抽象,是对马克思主义中国化规律性的抽象。

从马克思主义的"正",到非马克思主义的"反",再回到马克思主义的"正",这里面包含着辩证法,表现着"正、反、合"的辩证发展过程。我们知道,在黑格尔那里,辩证法是由正题、反题与合题组成的。所谓"正题""反题""合题",其实是绝对精神在不同阶段的表现形式。正题必然地派生出它的对立面——反题,并且和反题构成"对立",最终二者都被扬弃而达到"统一"的合题。所以,辩证法就是绝对精神不断流动、展开的一个历史过程,它是动态的。任何事物,都是在"正——反——合"的辩证发展的过程中存在。黑格尔的唯心主义辩证法有三大规律:质量互变、对立统一和否定之否定。其中,对立统一思想是黑格尔辩证法中最重要和最有价值的部分。恩格斯曾经这样高度评价黑格尔:"近代德国哲学产生了,而且在黑格尔身上达到了顶峰。它的最大的功绩,就是恢复了辩证法这一最高的思维形式。"马克思主义中国化的"正反律",从辩证法的角度看,与黑格尔的"正反合"是一致的,其中也蕴含着对质量互变、对立统一和否定之否定的认识。

马克思主义中国化的"正反律",与党的思想路线息息相关。邓小平曾指出,思想路线是什么?就是坚持马克思主义,坚持把马克思主义同中国实际相结合,也就是坚持毛泽东同志说的实事求是,坚持毛泽东同志的基本思想。邓小平提出了"解放思想、实事求是",开启了全党总结历史经验教训、拨乱反正、完整准确把握毛泽东思想体系的、实行改革开放的航程。这里需要指出,对"文化大革命"的"拨乱反正",也具有"正反律"的特性,是对"正反律"的另一种诠释。

马克思主义中国化的"正反律",还是对中国共产党形成和不断完善自我纠错制度的反映。中国共产党不仅是善于总结历史经验的政党,还是敢于坚持真理、善于认识错误和纠正错误、善于自我批评的马克思主义政党。这是中国共产党与世界上其他资产阶级政党的重要区别之一。对待党在历史上发生的错误,我们党坚决反对遮掩和避重就轻,从而是公开自己的错误,纠正自己的错误,运用批评和自我批评的武器,总结经验教训。通过批评和自我批评,我们党形成并不断完善了自我纠错制度。往往在历史的转折关头,纠错制度起到了至关重要的作用。

例如遵义会议和十一届三中全会,比较充分地彰显了党的纠错制度的优越性。1935 年 1 月 15 日至 17 日,中共中央政治局在贵州遵义召开的扩大会议,是在红军第五次反"围剿"失败和长征初期严重受挫的情况下,为了纠正王明"左"倾领导在军事指挥上的错误,挽救红军和中国革命的危机而召开的。会议全力纠正了博古等人在军事上和组织上的"左"倾错误;肯定了毛泽东的正确军事主张,选取毛泽东为中央政治局常委,取消博古、李德的军事最高指挥权。遵义会议结束了王明"左"倾错误在中央的统治,在事实上确立了以毛泽东为核心的新的中央正确领导。这是中国共产党运用马克思主义原理解决自己的路线、方针的政策,妥善处理了党内长期存在的分歧和矛盾,是中国共产党走向成熟的标志。这次会议在极其危急的情况下,挽救了党,挽救了红军,挽救了革命,成为党的历史上一个生死攸关的转折点。十一届三中全会是在党和国家面临向何处去的重大历史关头召开的。粉碎"四人帮"之后,广大干部群众强烈要求纠正"文化大革命"的错误,彻底扭转十年内乱造成的严重局势,使党和国家从危难中重新奋起。在邓小平领导下和其他老一辈革命家支持下,全会认真纠正"文化大革命"中及其以前的"左"倾错误,坚决批判了"两个凡是"的错误方针,充分肯定了必须完整、准确地掌握毛泽东思想的科学体系,高度评价了关于真理标准问题的讨论,确定了解放思想、开动脑筋、实事求是、团结一致向前看的指导方针,果断停止使用"以阶级斗争为纲"的口号,作出了把党和国家工作中心转移到经济建设上来、实行改革开放的历史性决策。

这里顺便提一下马克思主义中国化中的"左"和右的问题。这也是另一视角对"正反律"的认识。1992 年春天邓小平在南方谈话中,也曾谈论过"左"与右的问题。他说:"现在,有右的东西影响我们,也有'左'的东西影响我们,但根深蒂固的还是'左'的东西。有些理论家、政治家,拿大帽子吓唬人的,不是右,而是'左'。'左'带有革命的色彩,好像越'左'越革命,'左'的东西在我们党的历史上可怕呀!一个好好的东西,一下子被他搞掉了。右可以葬送社会主义,'左'也可以葬送社会主义。中国要警惕右,但主要是防止'左'。……我们必须保持清醒的头脑,这样就不会犯大错误,出现问题也容易纠正和改正。"①

总之,"正反律"在马克思主义中国化的实践中,是客观存在的,确实在本质联系上反映了马克思主义中国化的历程。

---

① 《邓小平文选》第 3 卷,人民出版社 1993 年版,第 375 页。

三、“创新律”

“创新律”是一个简明的称谓。其完整的表述是：马克思主义中国化，只有始终坚持理论创新，才能产生中国化马克思主义的伟大成果，唯有“创新”，才能使中国化马克思主义永葆青春活力，这还是马克思主义中国化的“铁律”之一。

在马克思主义中国化的历程中，毛泽东思想、邓小平理论、“三个代表”重要思想、科学发展观，都是马克思主义中国化的伟大成果，是中国化的马克思主义；是对马克思主义的理论创新；以毛泽东、邓小平、江泽民、胡锦涛为代表的中国共产党人，是提出把马克思主义和中国革命建设实际相结合并进行理论创新的典型代表。

毛泽东的理论创新与毛泽东思想。

毛泽东作为中国共产党第一代中央领导集体的核心，不仅强调把马克思主义的普遍原理和中国的实际相结合，而且特别强调在实践中进行理论创新。毛泽东是中共党人主张创新马克思主义并付诸实践的典型代表。

首先，毛泽东在自己的著述中，始终强调理论创新。

1930 年 5 月，毛泽东在《反对本本主义》中，就批评了一些人固守书本和党的代表大会通过的各项议案，以为只要遵守“既定办法”就无往而不胜的错误，指出：这“完全不是共产党人从斗争中创造新局面的思想路线，完全是一种保守路线。这种保守路线如不根本丢掉，将会给革命造成很大损失，也会害了这些同志自己”①。毛泽东这一论述，就是主张根据新的情况进行创新。1942 年 2 月，毛泽东在《整顿党的作风》中批评一些同志将马列主义书本上的某些词句当作包治百病的灵丹妙药，指出“马克思、恩格斯、列宁、斯大林曾反复讲，我们的学说不是教条而是行动的指南，这些人偏偏忘记这句最重要最重要的话”。“中国共产党人只有在他们善于应用马克思列宁主义的立场、观点和方法，善于应用列宁斯大林关于中国革命的学说，进一步从中国的历史实际和革命实际的认真研究中，在各方面作出合乎中国需要的理论性创造，才叫做理论和实际相结合。”②1942 年 3 月，毛泽东在《如何研究中共党史》中论述了理论结合实际和理论创新的必要性，他说：“我们要把马、恩、列、斯的方法用到中国来，在中国创造出一些新的东西。只有一

---

① 《毛泽东选集》第 1 卷，人民出版社 1991 年版，第 116 页。
② 《毛泽东选集》第 3 卷，人民出版社 1991 年版，第 820 页。

般的理论,不用于中国的实际,打不得敌人。但如果把理论用到实际上去,用马克思主义的立场、方法来解决中国问题,创造些新的东西,这样就用得了。"①1959 年 12 月—1960 年 2 月,毛泽东在读苏联《政治经济学(教科书)》时说:"马克思这些老祖宗的书,必须读,他们的基本原理必须遵守,这是第一。但是任何国家的共产党,任何国家的思想界,都要创造新的理论,写出新的著作,产生自己的理论家,来为当前的政治服务,单靠老东西是不行的。"②

毛泽东关于理论创新的阐述,表明了他是一个真正的马克思主义者。他反对本本主义、教条主义,以无产阶级革命家和理论家的巨大勇气,提出马克思主义要在实践中进行合乎本国实际的理论创新,这就决定了毛泽东本人注定会成为创造性的马克思主义理论家,他的思想理论成果,就是马克思主义的理论创新。毛泽东对马克思主义的理论创新,主要表现在:毛泽东创造性地运用马克思主义基本原理,深刻分析中国社会形态和阶级状况,经过艰苦的实践和探索,明确了中国革命的性质、对象、任务和动力,提出通过新民主主义革命走向社会主义的两步走的战略,制定了新民主主义革命的总路线,开辟了以农村包围城市、最后夺取全国胜利的革命道路。新中国成立以后,毛泽东不失时机地提出了过渡时期总路线,创造性地完成了由新民主主义革命向社会主义革命的转变,使中国这个占世界人口四分之一的东方大国进入了社会主义社会,实现了中国历史上最深刻、最伟大的社会变革。社会主义改造基本完成以后,毛泽东带领全党全国人民对适合中国国情的社会主义道路进行了艰苦探索,并取得了重要的理论成果,为中国特色社会主义建设奠定了制度基础。

毛泽东思想是马克思主义理论与中国革命实践相统一的思想,是发展着与完善着的中国化的马克思主义,是中国人民完整的革命建国理论。"这些理论,表现在毛泽东同志的各种著作以及党的许多文献上。这就是毛泽东同志关于现代世界情况及中国国情的分析,关于新民主主义的理论与政策,关于解放农民的理论与政策,关于革命统一战线的理论与政策,关于革命战争的理论与政策,关于革命根据地的理论与政策,关于建设新民主主义共和国的理论与政策,关于建设党的理论与政策,关于文化的理论与政策等。这些理论与政策,完全是马克思主义的,

① 《毛泽东文集》第 2 卷,人民出版社 1993 年版,第 408 页。

② 《毛泽东文集》第 8 卷,人民出版社 1999 年版,第 109 页。

又完全是中国的。这是中国民族智慧的最高表现和理论上的最高概括。"①

邓小平的理论创新与邓小平理论。

邓小平始终强调要坚持这一点。"马克思主义必须发展。我们不把马克思主义当作教条,而是把马克思主义同中国的具体实践相结合,提出自己的方针,所以才能取得胜利。"②也就是说,发展马克思主义是马克思主义的内在属性,能否发展马克思主义是能否坚持马克思主义的标准。具体到中国,要坚持马克思主义,就要将马克思主义与中国实践相结合,走中国自己的道路,建设有中国特色的社会主义。邓小平明确指出:"我们坚信马克思主义,但马克思主义必须与中国实际相结合。只有结合中国实际的马克思主义,才是我们所需要的真正的马克思主义。"③

1992 年,邓小平在南方谈话中进一步指出:"学马列要精,要管用的。"邓小平这里所说的"精"有两方面的含义。一是从学习的内容上讲,要学马列的精髓,马列的精髓就是马克思主义根本的立场、观点、方法。邓小平认为马列主义的精髓就是实事求是。二是从学习的方法上讲,学习马列一定要活学活用,将马列主义与中国实际结合起来,而不能够犯教条主义的错误。邓小平所说的"管用",实际上就是强调学习马列主义最终的目的,也可以说是检验学习效果的标准。所谓"管用"就是说学习马列最终要能够解决中国的实际问题。可见,邓小平强调学习马克思主义并不是为学习而学习,而必须是有助于解决实际问题,推动中国特色社会主义事业的前进。

党的十一届三中全会,标志着邓小平同志成为党的第二代中央领导集体的核心。邓小平同志同中央领导集体一起,顺应时代要求和人民愿望,指导我们党系统总结新中国成立以来的历史经验,解决了科学评价毛泽东同志的历史地位和毛泽东思想的科学体系、根据新的实际和发展要求确立中国社会主义现代化建设的正确道路这样两个相互联系的重大历史课题,根本否定了"文化大革命"的错误实践和理论,为我们党和国家的发展确定了正确方向。邓小平同志响亮地提出了走自己的路、建设有中国特色社会主义的伟大号召,领导我们党在新中国成立以来革命和建设实践的基础上,成功地走出了一条建设中国特色社会主义的新道路。

---

① 《刘少奇选集》上卷,人民出版社 1981 年版,第 335 页。
② 《邓小平文选》第 3 卷,人民出版社 1993 年版,第 191 页。
③ 《邓小平文选》第 3 卷,人民出版社 1993 年版,第 213 页。

他强调必须坚持以经济建设为中心,坚持四项基本原则,坚持改革开放,领导我们党制定了党在社会主义初级阶段的基本路线。他指导我们党正确认识我国所处的发展阶段和根本任务,制定现代化建设"三步走"发展战略,有步骤地展开各方面体制改革,勇敢地打开对外开放的大门,推动经济、政治、文化全面发展,推动国防和军队现代化建设。他紧密联系推进改革开放和现代化建设的实际,联系贯彻党的基本路线的要求,强调加强党的领导必须改善党的领导,必须聚精会神抓党的建设,引领党和国家走在时代潮流的前面,使我国社会主义事业和党的建设充满新的生机和活力。

邓小平同志解放思想、实事求是,始终坚持一切从实际出发,以巨大的政治勇气和理论勇气,不断开拓马克思主义和中国特色社会主义事业发展的新境界。解放思想、实事求是,是邓小平同志科学世界观最鲜明的特征。邓小平同志对马克思主义和社会主义事业有着坚定的信念,矢志不渝地遵循马克思主义的科学真理。他说:"对马克思主义的信仰,是中国革命胜利的一种精神动力。""我坚信,世界上赞成马克思主义的人会多起来的,因为马克思主义是科学。它运用历史唯物主义揭示了人类社会发展的规律。"同时,他谆谆告诫我们:"世界形势日新月异,特别是现代科学技术发展很快。现在的一年抵得上过去古老社会几十年、上百年甚至更长的时间。不以新的思想、观点去继承、发展马克思主义,不是真正的马克思主义者。""一个党,一个国家,一个民族,如果一切从本本出发,思想僵化,迷信盛行,那它就不能前进,它的生机就停止了,就要亡党亡国。"邓小平同志称自己是"实事求是派",强调实践是检验真理的唯一标准。他最尊重实践,善于把握时代发展的脉搏,善于从新的实践和新的条件中总结新经验、提出新观点、拓展新视野、开辟新道路。邓小平同志以其深厚的马克思主义理论修养和高瞻远瞩的政治远见,抓住什么是社会主义、怎样建设社会主义这个根本问题,深刻揭示了社会主义的本质,第一次比较系统地初步回答了在中国这样经济文化比较落后的国家如何建设社会主义、如何巩固和发展社会主义的一系列基本问题,实现了马克思主义与中国实际相结合的又一次历史性飞跃,提出了许多对党和人民事业发展具有开创意义的思想,创立了邓小平理论。他提出:我国还处在社会主义初级阶段,巩固和发展社会主义制度需要我们几代人、十几代人,甚至几十代人坚持不懈的努力奋斗;社会主义的本质是解放生产力,发展生产力,消灭剥削,消除两极分化,最终达到共同富裕;发展才是硬道理,必须抓住时机,发展自己;科学技术是第一生产力,必须尊重知识、尊重人才;在农村实行联产承包责任制;允许一部分地区、一部分人先富裕起来,先发展起来的地区带动和帮助后发展的地区;计划和市场都是经济手段,计划多一点还是市场多一点,不是社会主义与资本主义的本质区别;没有民主就没有社会主义,就没有社会主义现代化,必须使民主制度化、法律化;必须推进党和国家领导制度的改革,废除干部领导职务终身制;统一战线是一个重要法宝,要团结一切可以团结的力量,为把我国建设成为现代化的社会主义强国、为完成祖国统一大业而共同奋斗;用“一国两制”的科学构想解决台湾问题和香港问题、澳门问题;等等。邓小平同志提出的这些创造性的思想观点和方针政策,为我们不断开创党和人民事业发展的新局面提供了有力的理论指导。

江泽民的理论创新与“三个代表”重要思想。

在马克思主义中国化的历程中,江泽民是重点强调和集中阐述理论创新最多的领导人之一。江泽民特别强调,创新是一个民族进步的灵魂,是一个国家兴旺发达的不竭动力,也是一个政党永葆生机的源泉。世界在变化,我国改革开放和现代化建设在前进,人民群众的伟大实践在发展,迫切要求我们党以马克思主义的理论勇气,总结实践的新经验,借鉴当代人类文明的有益成果,在理论上不断扩展新视野,作出新概括。只有这样,党的思想理论才能引导和鼓舞全党和全国人民把中国特色社会主义事业不断推向前进。实践基础上的理论创新是社会发展和变革的先导。通过理论创新推动制度创新、科技创新、文化创新以及其他各方面的创新,不断在实践中探索前进,永不自满,永不懈怠,这是我们要长期坚持的治党治国之道。他认为坚持邓小平理论,必须在实践中继续丰富和创造性地发展这个理论,这是党中央领导集体和全党同志的庄严历史责任。他还说,搞社会主义现代化,发展社会主义市场经济,没有现成的经验和模式,必须在实践中探索和创造。要使实事求是、探索求知、崇尚真理、勇于创新的精神,在全党全社会大大发扬起来,推动党和国家的各项工作创造性地向前发展。事实也正是如此,党的十三届四中全会以来,我们党在实践上的每一个重大发展,在理论上的每一个重大突破,在工作上的每一个重大进步,都是江泽民领导全党坚持马克思主义的理论创新,坚持解放思想、实事求是、与时俱进取得的重大成果。

1992 年 10 月,江泽民在党的十四届一中全会上指出:“过去有许多做法和经验已经不适用了,要根据新的实践要求,重新学习,不断创新,与时俱进。”2001 年 9 月,江泽民在国防大学座谈会上指出:“无论从国际还是从国内看,我们都面临着许多新情况新问题,必须从理论上和实践上作出回答并加以解决。我们必须与时俱进,继续丰富和发展马克思主义。如果因循守旧,停滞不前,我们就会落伍,我们党就有丧失先进性和领导资格的危险。理论创新,这是马克思主义唯物辩证法的根本要求。要使党和国家的发展不停顿,首先理论上不能停顿,否则,一切新的发展都谈不上。”他还说,“进行理论创新,必须坚持两个基本要求,一是必须坚持马克思主义的立场、观点和方法,坚持马克思主义的基本原理。这一点,要坚定不移,不能含糊。二是一定要贯彻解放思想、实事求是的思想路线,坚持勇于追求真理和探索真理的革命精神。这一点,也要坚定不移,不能含糊。这两个‘坚定不移、不能含糊’,始终是检验我们是不是真正的马克思主义者的试金石”。

“三个代表”重要思想,是中国化的马克思主义。

“三个代表”重要思想,是以江泽民为主要代表的当代中国共产党人,高举毛泽东思想、邓小平理论伟大旗帜,坚持以发展着的马克思主义指导发展着的实践,准确把握时代特征,科学判断党所处的历史方位,紧紧围绕建设中国特色社会主义这个主题,集中全党智慧,总结实践经验,以马克思主义的巨大理论勇气进行理论创新的结果。

“三个代表”重要思想,突出强调我们党始终代表中国先进生产力的发展要求、代表中国先进文化的前进方向、代表中国最广大人民的根本利益,遵循了人类历史发展进步的普遍规律,顺应了时代发展的潮流和我国社会发展进步的要求,反映了全国各族人民的利益和愿望,抓住了新形势下提高党的执政能力、巩固党的执政地位、完成党的执政使命的根本。“三个代表”重要思想涵盖了社会主义经济建设、政治建设、文化建设、社会建设和党的建设以及国防和军队现代化建设、祖国统一、国际战略和外交工作等各个领域,涉及改革发展稳定、内政外交国防、治党治国治军等各个方面,是一个完整的科学的思想体系。

“三个代表”重要思想最鲜明的特点和最突出的贡献,在于用一系列紧密联系、相互贯通的新思想、新观点、新论断,进一步回答了什么是社会主义、怎样建设社会主义的问题,创造性地回答了在长期执政的历史条件下建设什么样的党、怎样建设党的问题,深化了我们对新的时代条件下推进中国特色社会主义事业和加强党的建设的规律的认识。

胡锦涛的理论创新与科学发展观。

胡锦涛指出,实践发展永无止境,认识真理永无止境,理论创新永无止境。党和人民的实践是不断前进的,指导这种实践的理论也要不断前进。中国特色社会主义道路必将在党和人民的创造性实践中不断拓展,中国特色社会主义制度必将在深化改革、扩大开放中不断完善。这一过程必将为理论创新开辟广阔前景。在新的历史条件下坚持马克思主义,关键是要及时回答实践提出的新课题,为实践提供科学指导。我们要准确把握世界发展大势,准确把握社会主义初级阶段基本国情,深入研究我国发展的阶段性特征,及时总结党领导人民创造的新鲜经验,重点抓住经济社会发展重大问题,作出新的理论概括,永葆科学理论的旺盛生命力。

他还指出,理论创新每前进一步,理论武装就跟进一步,这是我们党加强自身建设的一条重要经验。我们必须按照建设马克思主义学习型政党的要求,抓紧学习人类社会创造的一切科学的新思想新知识。全体党员、干部都要把学习作为一种精神追求,深入学习和掌握马克思列宁主义、毛泽东思想,深入学习和掌握中国特色社会主义理论体系,牢固树立辩证唯物主义和历史唯物主义世界观和方法论,真正做到学以立德、学以增智、学以创业。

他指出,实践永无止境,创新永无止境。全党同志要倍加珍惜、长期坚持和不断发展党历经艰辛开创的中国特色社会主义道路和中国特色社会主义理论体系,坚持解放思想、实事求是、与时俱进,勇于变革、勇于创新,永不僵化、永不停滞,不为任何风险所惧,不被任何干扰所惑,使中国特色社会主义道路越走越宽广,让当代中国马克思主义放射出更加灿烂的真理光芒。

科学发展观,是立足社会主义初级阶段基本国情,总结我国发展实践,借鉴国外发展经验,适应新的发展要求提出来的。科学发展观,是对党的三代中央领导集体关于发展的重要思想的继承和发展,是马克思主义关于发展的世界观和方法论的集中体现,是同马克思列宁主义、毛泽东思想、邓小平理论和"三个代表"重要思想既一脉相承又与时俱进的科学理论,是我国经济社会发展的重要指导方针,是发展中国特色社会主义必须坚持和贯彻的重大战略思想。科学发展观,第一要义是发展,核心是以人为本,基本要求是全面协调可持续,根本方法是统筹兼顾。因此,必须坚持把发展作为党执政兴国的第一要务;必须坚持以人为本;必须坚持全面协调可持续发展;必须坚持统筹兼顾。科学发展和社会和谐是内在统一的。没有科学发展就没有社会和谐,没有社会和谐也难以实现科学发展。构建社会主义和谐社会是贯穿中国特色社会主义事业全过程的长期历史任务,是在发展的基础上正确处理各种社会矛盾的历史过程和社会结果。

综上所述,我们党在领导中国革命、建设、改革的长期实践中,把马克思列宁主义基本原理同中国具体实际和时代特征相结合,不断推进马克思主义中国化,实现了两次历史性飞跃。第一次飞跃发生在新民主主义革命时期,中国共产党人经过反复探索,在总结成功和失败经验的基础上,找到了农村包围城市、最后夺取全国胜利的有中国特色的革命道路,并在革命胜利后积极探索适合我国国情的社会主义建设道路,形成了被实践证明了的关于中国革命和建设的正确的理论原则和经验总结——毛泽东思想。第二次飞跃发生在党的十一届三中全会以后,中国共产党人在总结我国经验和研究国际形势的基础上,开辟了中国特色社会主义道路,形成了被实践证明了的关于在中国建设、巩固和发展社会主义的正确的理论原则和经验总结,这就是中国特色社会主义理论体系。这一体系科学回答了什么是社会主义、怎样建设社会主义,建设什么样的党、怎样建设党,实现什么样的发展、怎样发展三大基本问题,中国特色社会主义理论体系紧紧围绕探索和回答这三大基本问题展开,从实践到理论进行了卓有成效的创造,用一系列紧密联系、相互贯通的新思想、新观点、新论断,深化和丰富了对共产党执政规律、社会主义建设规律、人类社会发展规律的认识。

如上所述,以毛泽东为主要代表的中国共产党人在这时构建的和后来继续丰富的新民主主义理论,精辟地论述了“什么是新民主主义革命,怎样进行新民主主义革命”的问题。这个理论系统地阐述了新民主主义革命的对象、任务、领导权、动力、前途、发展阶段、总路线,以及新民主主义的经济、政治、文化的基本纲领和政策等诸多重大问题,为最终实现马克思主义中国化的第一次历史性飞跃作了最重要的理论建构。以邓小平同志为核心的党的第二代中央领导集体,坚持解放思想、实事求是,科学评价毛泽东同志和毛泽东思想,彻底否定“以阶级斗争为纲”的错误理论和实践,带领全党全国各族人民开启了全面改革开放的伟大历史进程,第一次提出了“建设有中国特色的社会主义”的重大命题,创立了邓小平理论。邓小平理论是中国特色社会主义理论体系的开创之作,是最基础的重要组成部分。以江泽民同志为核心的党的第三代中央领导集体,坚持改革开放、与时俱进,带领全党全国各族人民经受住国内外政治风波和经济风险等种种严峻考验,在深刻认识和准确把握世情、国情、党情发展变化的基础上,创立了“三个代表”重要思想。“三个代表”重要思想是中国特色社会主义理论体系承上启下的极为重要的组成部分。以胡锦涛同志为总书记的党中央,坚持以邓小平理论和“三个代表”重要思想为指导,顺应国内外形势发展变化,发扬求真务实、开拓进取精神,继续推进理论创新和实践创新,提出了科学发展观等重大战略思想。科学发展观等重大战略思想是中国特色社会主义理论体系的重要创新成果。

第七节 “结合律”“正反律”“创新律”的关系及规律性认识

我们阐述了马克思主义中国化的三个规律:“结合律”“反正律”“创新律”。这三个规律只是初步的总结,而且已经申明这只是最简单的概括,或者是最抽象的概括。其实,它们都有完整的表述。

如前所述:马克思主义必须与中国革命、建设的实际相结合,只有始终坚持真正的“相结合”,中国革命和建设才能取得胜利和成功,这是马克思主义中国化的“铁律”。马克思主义中国化,始终伴随着正反两方面的历史经验,只有始终坚持实事求是地总结“正反”两方面的历史经验,克服形而上学,反对一种倾向掩盖另一种倾向,防止从一个极端走向另一个极端,中国革命和建设才能走上正轨,才能取得胜利和成功,这也是马克思主义中国化的“铁律”。马克思主义中国化,只有始终坚持理论创新,才能产生中国化马克思主义的伟大成果,唯有“创新”,才能使中国化马克思主义永葆青春活力,这还是马克思主义中国化的“铁律”。

那么,这三个规律的逻辑是什么?如何认识这三个规律?根据什么断定这三个规律是马克思主义中国化历程中的客观存在?它们与理论形态的关系如何?还有哪些规律性的认识?本节从辩证思维的视角重点讨论如下几个问题。

一、“结合律”“正反律”“创新律”的逻辑与历史统一性原则

“结合律”“正反律”“创新律”的逻辑是什么?或者说,发现和认识这些规律的逻辑方法是什么?讨论这个问题,离不开辩证思维的逻辑与历史统一性原则和方法。

前文曾阐述,“规律存在于历史发展的过程,不从历史发展过程的分析下手,规律是说不清楚的”。这是毛泽东在读苏联政治经济学教科书时讲过的话,通俗易懂。这通俗的话语里,内含着辩证思维中的逻辑与历史相统一的原则和方法。毛泽东这里的分析是指什么?其实就是逻辑方法。恩格斯曾论证过这个问题,他说:“逻辑的方式是唯一适用的方式。但是,实际上这种方式无非是历史的方式,不过摆脱了历史的形式以及起扰乱作用的偶然性而已。”恩格斯在这里肯定了逻辑和历史的一致性。紧接着他说:“历史从哪里开始,思想进程也应当从哪里开始,而思想进程的进一步发展不过是历史过程在抽象的、理论上前后一贯的形式

上的反映；这种反映是经过修正的，然而是按照现实的历史过程本身的规律修正的，这时，每个要素可以在它完全成熟而具有典型性的发展点上加以考察。”在这里，恩格斯确立了逻辑与历史相统一的原则和方法，指出马克思政治经济学的逻辑就是从历史上和实际摆在人们面前的最初和最简单的关系即商品开始的，“而马克思第一次揭示出它对整个经济学的意义”。

在马克思主义中国化的进程中，“结合律”“正反律”“创新律”是客观存在的。对这三个规律的认识和总结，是逻辑与历史一致的原则和方法运用的结果。也就是说，三个规律是辩证思维的逻辑与历史相一致原则和方法的产物。为什么这样说呢？

我们看到，有关马克思主义中国化的语言文字，最初始的就是“结合”，频率最多的也是“结合”，最基础的还是“结合”，这些都是不争的事实。没有这个“结合”，马克思主义中国化无从谈起。没有这个最初始的、最基础的“结合”，马克思主义中国化是“化”不下去的。不仅在语言文字上是这样，在实践中更是如此，在马克思主义中国化的历史中，就是这么走过来的。我们可以说，一部马克思主义中国化史，就是马克思主义与中国革命和建设实际的结合史。当然，这种结合是真正意义上的结合，不是表面上的结合，而是本质之间的关系的结合。这样的结合史，也可以被视为马克思主义和中国革命建设实际的关系史。

用逻辑与历史相一致原则和方法来认识并诠释“结合律”，启示人们科学地认识并解读马克思主义为什么必须与中国革命建设实际相结合，离开这种结合就不是马克思主义中国化，而且必须是本质关系的结合。这样，可以提升人们认识“结合律”的严肃性，而不是随意性，从而在实践中自觉地遵循它。

从社会历史文化发展的视角解读“结合律”，可以思考中国本土优秀的传统文化与世界先进的外来文化是怎样“结合”的？可以在对立统一规律的层面上，分析“结合”的特点。因此，“结合律”所具有的对立统一规律的特性，也是我们在认识“结合律”时应注意到的。

“正反律”中的“正反两方面经验”这一指向，在马克思主义中国化的历程中，出现的频率虽然不如“结合律”那么多，但一直伴随着马克思主义中国化的全过程。在这个全过程中，它不是表象或偶然出现，而是反复出现，特别是在重大历史转折关头，这种一正一反，或者一反一正。必然表现出来，甚至成为重大历史事件，从思想上产生深远的影响。

问题在于，“正反律”是不是人们主观上臆想出来的？它是不是客观的存在？

这个问题决定它能否站得住,能否立起来。人们往往会把"正反两方面经验"看作是主观总结出来的,或许认为正和反本身就存在者不同的立场和认识问题。其实,如果从历史的表象背后进行考察,一正一反或一反一正,是人类辩证思维规律中的"常态"甚至是"模式"。在古希腊哲学家那里,就已经注意并思考这个问题了。亚里士多德比较深入地思考过它,黑格尔则是集大成者。在马克思主义的辩证逻辑中,它更是题中应有之义。

"正反律"提出的意义在于,把这种人们习以为常的、大量出现的正反现象,一旦在规律的层面上加以考察,就会发现它是一种内在的、固有的、普遍存在的逻辑,它们在对立统一之中不断重新组合又不断解体,形成更新的组合。从微观上看某一个历史事件是如此,在宏观上看整个历史的发展,也是如此。具体到马克思主义中国化的历程中,无不如此。

正反两方面的经验,特别是历史经验,对于一个民族、一个国家乃至全人类的生存和发展,非常重要。这也就是我们党始终把它们作为党的宝贵财富的重要原因。事实上,社会的进步和历史的前进,就是在一正一反或一反一正中发生的,它们呈螺旋式前进和发展的状态。对此,否定之否定规律早已阐明了其中的道理。因此,把"正反律"与否定之否定规律联系起来认识,也是顺理成章的。从这个角度上看。"正反律"具有否定之否定规律的性质。

"创新律"是对马克思主义中国化的过程和结果的逻辑认知。在马克思主义中国化的历程中,"创新律"出现的频率或许不如"结合律"和"正反律"多。但作为关键词是必不可少的,因为它起着至关重要的作用。没有创新,马克思主义中国化就会失去生机和活力,中国革命和建设就不会需要它,只能束之高阁或者自欺欺人、形式主义盛行、形而上学猖獗。没有创新,马克思主义中国化的结果,就不会产生中国化的马克思主义,马克思主义中国化就会成为无果实之花。同理,不坚持创新,就是有了马克思主义中国化的成果,也会难以为继,就会落后于时代,最终被历史所抛弃。

"创新律"还表现为与中国化马克思主义的因果关系。正是由于有了创新,才使中国化马克思主义成为可能,而且通过创新,使中国化马克思主义的成果成为现实。综观马克思主义中国化两次历史性飞跃取得的伟大成果,创新所起到了作用功不可没。这也正是中国共产党的领导者如此重视创新的根本原因。

"创新律"作为连接马克思主义中国化和中国化马克思主义之间的桥梁的逻辑反映,在一定意义上是二者之间的中介。创新首先是坚持马克思主义,然后才能发展马克思主义,是在坚持中发展,在发展中创新。

需要指出,马克思主义中国化的"创新律",不是为了创新而创新。创新不是目的而是手段。但是,创新又不是可以信手拈来的工具,它是理论思维以客观存在为根据的"创造"和"升华",与"突破"和"飞跃"的功能接近,与它们一道具有世界观和方法论的意义。因此,使用创新这个术语也应该慎重,新的事物不等于创新,只有在质变的意义上才能使用创新。当然,创新绝不是无源之水无本之木,也有承前启后之功能,从逻辑上也有从量变到质变的性质。因此,在一定程度上,"创新律"具有与量变质变规律相近的特点。

从逻辑顺序上,"结合律""正反律""创新律"的先后排列,符合马克思主义中国化的历程,也体现了逻辑与历史的一致性原则和方法。至于三者之间的具体关系,我们将专文阐述。

二、"结合律""正反律""创新律"的时空坐标:两次历史性飞跃

应该看到,"结合律""正反律""创新律"在马克思主义中国化两次历史性飞跃中,都起着主导的、支配的、至关重要的作用。因此,把两次历史性飞跃作为三个规律的时空坐标,就此分析和阐明三个规律的特点,很有必要。

飞跃是一种质态转变为另一种质态的转化形式,是一种决定性的转折。感性认识上升到理性认识的运动,是飞跃;一种理论形态转变为另一种理论形态的变革,是飞跃;社会形态的更替也是飞跃。恩格斯说:"……从一种运动形式转变到另一种运动形式,总是一种飞跃,一种决定性的转折。"①飞跃的种类多样,自然界、人类社会和人的思维,都会有飞跃。有人类微观和宏观认识的飞跃,有物理运动的飞跃,有社会形态的飞跃。马克思主义中国化的两次历史性飞跃,当属人类思维的理论形态的飞跃。

从时间上看,马克思主义中国化的两次历史性飞跃,从起点—过程—结果,而且还在发展之中,已将近一个世纪。近百年的马克思主义中国化的历史,产生了两次历史性飞跃,不仅证明了马克思主义所具有的强大生命力,而且也证明了两次历史性飞跃的来之不易。

第一次历史性飞跃所经历的时间,如果从1919年五四运动算起,到新民主主义革命的胜利——新中国成立,前后长达30年;从1949年新中国成立到1966年

---

① 《马克思恩格斯文集》第9卷,人民出版社2009年版,第71页。

"文化大革命"前的社会主义革命和建设,也有17年;总共47年,近半个世纪。如果算上"文化大革命"十年的停顿和徘徊,则时间更长,共57年。第一次历史性飞跃的时间跨度大体如此。第二次历史性飞跃所经历的时间,如果从1978年党的十一届三中全会算起,到现在党的十八届三中全会,已有35年的时间,这是第二次历史飞跃的时间跨度。显然,从目前来看,第一次历史性飞跃所经历的时间比第二次历史性飞跃的时间长。如果把十年文化大革命算在第二次历史飞跃的准备阶段,那么也有近半个世纪。这样,两次飞跃所经历的时间大体相近。

从空间上看,马克思主义中国化的范围都是在中国。所不同的是,第一次历史性飞跃时期,中国共产党还不是执政党,从五十几个人开始,历经艰难困苦和挫折,面对的是满目疮痍百废待举的中国,从局部执政到全国执政,经历了国共合作的北伐战争,土地革命战争,抗日战争和全国解放战争,经受了1927年和1934年等多次最严重失败的痛苦考验,共产党员从30万人减到4万人左右。经过长期武装斗争和各个方面、各种形式斗争的密切配合,终于在1949年取得了革命的胜利。第二次历史性飞跃时期,中国共产党已经是执政党。已经从一个领导人民为夺取全国政权而奋斗的党,成为一个领导人民掌握着全国政权并长期执政的党;已经从一个在受到外部封锁的状态下领导国家建设的党,成为在全面改革开放条件下领导国家建设的党。现有8000多万党员,面对的是一个欣欣向荣的社会主义中国。从这个角度上看,第一次历史性飞跃难度大,时间长,曲折多,第二次飞跃时间稍短,尽管也有曲折,但比之第一次历史性飞跃要"顺利"得多。从影响上看,第一次飞跃使中国人民真正站起来了,第二次飞跃使中国摆脱了贫困,富裕起来了。两次历史性飞跃都在世界上产生了重大影响,第一性飞跃改变了世界政治格局,第二次飞跃影响了世界经济发展。

在马克思主义中国化的两次历史性飞跃中,"结合律""正反律""创新律"始终起着决定性和支配性的地位。这方面的事例不胜枚举,前文已有阐述,这里不再赘述。

三、"结合律""正反律""创新律"与科学社会主义的理论形态

什么是科学社会主义的理论形态?本书在《导论》中阐述了马克思主义中国化与科学社会主义理论形态、实践形态、制度形态的关系,认为科学社会主义理论形态即科学社会主义学说。马克思、恩格斯的科学社会主义学说,可称为原生理论形态。这一理论形态随着时代主题的变化和世界科技革命的新发现,特别是随

着生产方式的变革和无产阶级自身的理论需求,而不断发展和完善。马克思、恩格斯的科学社会主义原理,是对这一原生理论形态的诠释、概括。

事实上,马克思、恩格斯的科学社会主义原生理论形态,经过俄国十月革命,在列宁那里得到了创新,形成了列宁的科学社会主义学说。其创新点在于革命的成功和胜利并不在西方发达资本主义国家里发生,更不是在西方几个发达资本主义国家同时发生;而是在东方落后的还带有封建农奴制色彩的俄国里发生了。紧接着,十月革命一声炮响,给中国人民送来了马克思主义。中国共产党和毛泽东接受了列宁的科学社会主义理论形态,并在这一理论形态的指导和影响下,进行了新民主主义革命和社会主义革命、建设。毛泽东时期的世界发展和时代主题与列宁、斯大林时期的世界发展和时代主题没有大的区别。尽管中国在社会主义建设初期毛泽东就已经提出了"以苏为鉴","走自己的路",但是在科学社会主义理论形态上,与列宁和斯大林的科学社会主义学说,基本一致,没有大的区别。但是在革命道路上,中国没有选择像俄国那样,由工人阶级在城市举行武装暴动,最后夺取政权;而是走了农村包围城市的道路,最终也取得了胜利和成功。稍加分析,会看到毛泽东与列宁、斯大林在科学社会主义理论形态上有着惊人的一致性。

但是,在邓小平时期就很不同了。邓小平时期世界发展和时代主题与毛泽东时期相比较发生了变化。帝国主义战争和无产阶级革命是毛泽东时期的时代主题;和平与发展是邓小平时期的时代主题。由于时代主题的不同,科学社会主义的理论形态也发生了变化。由于理论形态和时代主题的变化,科学社会主义的实践形态和制度形态也会发生变化。邓小平的科学社会主义理论形态,是一个崭新的理论形态,是社会主义运动和马克思主义的科学社会主义学说的伟大创举。

与上述问题(相同的理论形态和不同的理论形态)相应,"结合律""正反律""创新律"和理论形态及时代主题,处于互为影响、互相呼应的互动状态。不同历史时期所赋予的历史任务不同。列宁、斯大林、毛泽东时期,实行计划经济,特别是在战争年代,有其内在的合理性。这一时期的"结合""正反""创新"都有革命性的特点,创新点多在革命道路的选择上。邓小平以来的改革开放时期,创新点多在社会主义建设道路的选择上,而实行市场经济也与时代主题有着某种必然的联系。对于后者,马克思、恩格斯不可能科学预见,列宁、斯大林也不可能更没有机会亲身参与实践。只有以邓小平、江泽民、胡锦涛、习近平为首的中共党人,才有可能历史地走在时代的前列,完成新的历史时期赋予的历史使命。

应该指出,作为中国化的马克思主义——邓小平理论、"三个代表"重要思想、科学发展观，被学术理论界视为三个理论形态，在一般的层次上，没有大的问题。因为“结合律”“正反律”“创新率”都在其中起决定性的、支配性的作用。但是，作为科学社会主义的理论形态这个层次上，只有邓小平理论才能被称为是科学社会主义的理论形态；而“三个代表”重要思想和科学发展观，只是对科学社会主义理论形态的补充和诠释，时代的主题没有赋予它们（“三个代表”重要思想、科学发展观）新的、不同于邓小平理论的独特的历史使命。因此，在中国特色社会主义理论体系之中，邓小平理论、“三个代表”重要思想、科学发展观是有层次之分的。从科学社会主义理论形态自身来看，“什么是社会主义、怎样建设社会主义”是中国特色社会主义的主题；“建设一个什么样的党，怎样建设党”是从属于社会主义建设和未来共产主义的，因为共产党的最终目标是建成社会主义和实现共产主义；至于科学发展观，则更是直接属于怎样建设社会主义中的问题，更是对中国特色社会主义建设的补充。这样，就可以科学地阐明邓小平理论对于中国特色社会主义的开创性的意义，邓小平科学社会主义的理论形态，已经写在科学社会主义学说的旗帜上，是世界社会主义运动史上丰碑。

当然，邓小平理论是属于中国特色社会主义理论体系的，但它是开创、主导、决定性和支配性的理论形态。中国特色社会主义理论体系是开放的，随着社会的发展和时代的前进，随着时代主题发生转变，随着新的科学技术革命的成果的应用，马克思主义中国化在新的“结合”“正反”“创新”中，还有可能发生新的第三次历史性飞跃，这也是历史的必然。

四、“结合律”“正反律”“创新律”三者的辩证统一性

“结合律”“正反律”“创新律”三者的辩证统一性，表明了这三个规律之间的关系。这三个规律的关系，也类似于辩证法对立统一、量变质变、否定之否定规律之间的关系。

怎样理解三者之间的辩证统一性？

前文所述，“结合律”“正反律”“创新律”的逻辑顺序的排列，说明了逻辑和历史一致性原则在马克思主义中国化历程中的反映。其中既有主观辩证法，也有客观辩证法；主观辩证法是如此，客观辩证法也是如此，表明了主体和客体的统一。

“结合律”“正反律”“创新律”的逻辑顺序表明：“结合律”是马克思主义中国化的基础、根据、前提、条件；“正反律”是马克思主义中国化的“表象”“中介”“常态”“行为”；“创新律”是马克思主义中国化的“动力因”“成果因”“助产婆”“关键”。

马克思主义中国化,首要解决的是“结合”,不能“结合”,马克思主义中国化无从谈起。因此,这是基础,也是根据、前提和条件。是谁的基础、根据、前提、条件?定语当然是中国化马克思主义。在“正反”中,一正一反或一反一正,作为马克思主义中国化的表象,是一种常态性的行为,在实践中具有中介的功能,上承“结合”下启“创新”。“创新”是中国化马克思主义成果的“动力因”,“成果因”,创新导致了中国化马克思主义的产生,因而是“助产婆”;在马克思主义中国化的整个历程中,是“关键”,没有它,中国化马克思主义成果是“虚”的,甚至可能功亏一篑。

为什么在马克思主义中国化的进程中,会产生一正一反或一反一正,这和真正的、本质的“结合”或虚假的、形式的“结合”有关。也就是说,结合得好,一定成功,结合得不好或很坏,一定会失误甚至失败。“结合”得好,成功的经验会得到升华,直接导致“创新”;结合得不好或很坏,会在失误和失败中反思,痛定思痛,从而回到正确的轨道,总结教训,间接导致创新。凡是创新取得的成果,都是“结合律”“正反律”“创新律”的良性循环;三者缺一不能形成良性循环;缺少了“结合”,成果建立在沙滩上。缺少了“正反”,就没有比较,没有比较就没有鉴别,马克思主义中国化就没有生机、失去活力。缺少了“创新”,成果或者半途而废,或者化为乌有。因而,三者之间,谁也离不开谁。

列宁曾经说过,辩证法、认识论、逻辑学是一致的,三者是辩证的统一。借列宁的科学判断分析“结合律”“正反律”“创新律”,也有一致性,三者也是辩证的统一。这是因为,马克思主义中国化的过程中,“结合”必定产生“正反”,“正反”必然导致“创新”;“创新”推进新的“结合”,如此循环往复。没有“结合”,不能产生“正反”,“正反”不能成立。没有了“正反”,“创新”就失去了对象,就会成为空洞的存在。而没有了“创新”,“结合”与“正反”就会失去存在的价值,马克思主义中国化也失去存在的意义。

总之,“结合律”“正反律”“创新律”构成了马克思主义中国化规律的一个整体,可以定性为:“结合律”是核心;“正反律”是中介;“创新律”是关键。这是我们对上述三个规律初步认识的结果。

五、“结合律”“正反律”“创新律”与其他规律性的关系

我们认为,研究马克思主义中国化的规律,必须实事求是,就我们目前有限的探索,只能概括为有三个规律,即“结合律”“正反律”“创新律”。我们的阐述,当

然是初步的。

那么,马克思主义中国化的规律就只有"结合律""正反律""创新律"吗?还有其他规律吗?这是需要回答的。

所谓实事求是地研究,就是要科学探索,而不能主观地臆造和拼凑。我们反对把规律低俗化,处处都有马克思主义中国化的规律,既不可能也不现实。但规律确是客观存在,不能否定。因而我们反对把规律低俗化、数字化,同时也反对把规律神圣化。

有一些规律性的认识,值得深入探讨。我们从"正反律"即正反两方面的经验来看,有以下几个命题,具有规律性的性质;这些命题多数是在第二次历史性飞跃中,对马克思主义中国化规律性的思考。例如:

马克思主义不能照抄照搬,必须与中国革命和建设的实际相结合。马克思主义不是教条,而是行动的指南,这是中国共产党在革命战争年代就已经认识了的规律和真理。在共产党执政和进行社会主义建设时期,同样如此。实践表明,我们必须走自己的路。邓小平开创的中国特色社会主义建设事业,充分证明了中国共产党人对这一客观规律的深刻认识。

共产党执政以后一定要致力于发展生产力。邓小平指出,"在社会主义国家,一个真正的马克思主义政党在执政以后,一定要致力于发展生产力,并在这个基础上逐步提高人民的生活水平"。对这一规律的认识,是我们党对执政实践的历史经验和教训的总结。

建设社会主义不能急于求成,欲速不达。建设社会主义必须遵循社会主义建设的规律,其中首要的是不能超出特定的历史阶段。我国现在仍然处在社会主义初级阶段,认定这个历史方位,却颇费曲折。我们曾盲目追求一大二公,结果给社会主义建设带来严重损失。事实上,建设社会主义不顾生产力发展的水平,急于求成,已成为社会主义国家的通病。苏联是如此,越南也是如此。这确实是带有规律性的问题。

正确处理人民内部矛盾和敌我矛盾,阶级斗争不能扩大化。无产阶级夺取政权以后,急风暴雨式的阶级斗争已经过去。阶级斗争虽然没有结束,但正确处理两类不同性质的矛盾已成为主要问题。必须正确地处理人民内部矛盾和敌我矛盾。但在实践中,取而代之的往往是阶级斗争扩大化。1957 年的反右斗争是如此,"文化大革命"则把阶级斗争扩大化推向极致。

贫穷不是社会主义,一定要把生产力搞上去。"文化大革命"结束以后,邓小平拨乱反正,彻底批驳“四人帮”的“宁要社会主义的草,不要资本主义的苗”的谬论,提出贫穷不是社会主义,一定要把生产力搞上去。这是对社会主义本质和建设规律的认识,使社会主义建设走上正轨。

社会主义要通过改革,实现社会主义制度的自我完善。社会主义社会的基本矛盾,依然是生产力和生产关系、经济基础和上层建筑的矛盾。当生产关系不适应生产力发展的要求时,就必须进行改革,改革生产关系、经济体制。这种改革,不是改革社会主义的基本制度,而是社会主义制度的自我完善。这是个规律性的问题,中国处理得比较好。苏联的改革却走上否定社会主义制度的道路,从而使改革失败,苏联解体。

坚决反对资产阶级自由化,坚持党的基本路线一百年不动摇。在社会主义建设中,特别是在改革开放的大环境中,要始终坚持四项基本原则,坚决反对资产阶级自由化,坚持党的基本路线一百年不动摇,已是我党必须把握的铁的规律。

正确处理改革、发展、稳定之间的关系。发展是硬道理,解决中国问题的关键要靠自己的发展。增强国力,改善人民生活要靠发展,巩固和完善社会主义制度,保持稳定的局面离不开发展;顶住霸权主义和强权政治的压力,维护国家主权和独立,从根本上摆脱经济落后状况,从而跻身于世界现代化国家之林,都离不开发展。改革是经济和社会发展的强大动力,是为了进一步解放和发展生产力。稳定是发展和改革的前提,发展和改革必须要有稳定的政治和社会环境。三者关系处理得当,就能统揽全局,保证经济社会的顺利发展;处理不当,就会吃苦头,付出代价。

没有民主就没有社会主义,就没有社会主义现代化。我们所进行的社会主义现代化建设,是一项长期、艰巨的伟大事业,需要发挥全体人民的智慧和力量。只有发扬社会主义民主,才能激发全体人民高昂的劳动热情和首创精神,才能充分发挥他们的智慧和力量,从而使社会主义事业蓬勃发展。社会主义民主,是社会主义事业始终沿着正确方向发展的保证。历史的经验告诉我们,社会主义民主遭到破坏,社会主义事业就会受到挫折,社会主义的发展方向就会发生偏离。要保证社会主义事业始终沿着正确方向发展,就要努力发展社会主义民主。

物质文明和精神文明建设两手抓,两手都要硬。中国共产党六十多年的执政经验,在文化建设上探索出来一条执政规律,就是物质文明和精神文明两手一起抓,两手都要硬。建设中国特色的社会主义,不仅要建设高度的物质文明,而且要建立高度的精神文明,是物质文明建设和精神文明建设共同发展的社会主义。这是社会主义本质理论的必然要求,也是社会主义国家发展的必然要求。

只有科学回答三大基本问题,才能深刻认识三大规律。中国共产党坚持马克思主义的思想路线,不断探索和回答什么是社会主义、怎样建设社会主义,建设什么样的党、怎样建设党,实现什么样的发展、怎样发展这三大基本问题的过程,就是在整体上不断深化和丰富对共产党执政规律、社会主义建设规律、人类社会发展规律认识的过程,就是不断推进马克思主义中国化、坚持并丰富党的基本理论、基本路线、基本纲领、基本经验的过程。中国特色社会主义理论体系的形成,表明我们党对三大规律的认识、把握和运用水平都达到了新的高度,开辟了马克思主义中国化的新境界。

上述规律性认识,只是列举一部分,局限在某一个时期或某一个阶段。完整性、系统性的规律性认识,还需要不断探索、深入思考,永无止境地继续下去。

第三章

中国特色社会主义与当今社会思潮

第一节　当今社会思潮的主要特点和发展的规律性

所谓社会思潮，一般是指在较长时期内得到广泛传播并对社会经济、政治、文化产生较大影响的某种社会意识、思想观念所形成的思想趋势和潮流，代表了某个阶级或阶层的利益诉求，是这个阶级或阶层意识形态的反映。社会思潮产生某种思想力量，对社会的变革、发展发生重要作用和影响。反映意识形态的社会思潮，不论其是否进步和落后，不论其影响有多深远，也不论其存在有多长久，它们一般都具备两个特点：一是它的阶级、阶层性；二是它的能动作用、能动力。

在社会发展中，既有顺应历史潮流前进的革命、进步、正确的社会思潮，也有逆历史潮流的反动、落后、错误的社会思潮；既有封建主义的社会思潮、资产阶级和资本主义的社会思潮，也有无产阶级和社会主义的社会思潮；既有反映权贵阶层的思潮，也有反映草根阶层的思潮。

20 世纪是人类社会制度发生剧烈变动的世纪，也是社会思潮纷纭变幻、激荡起伏的世纪。它既表现在社会现实层面、又表现在思想意识领域的深刻变化。改革开放条件下的当今中国，有如大浪淘沙、惊涛拍岸。进入 21 世纪，中国的社会思潮更加纷繁复杂。当改革开放进入深水区的关键时期，社会思潮的博弈和论争，尤为激烈。马克思主义者对当今社会思潮的发展态势，必须加以密切关注。

从整体看，苏联解体东欧剧变后世界社会主义运动陷入低潮，社会主义理论及其实践遭受挫折而备受质疑，新自由主义在世界范围兴起。世界社会主义运动的这一发展态势和国际背景，给改革开放的中国带来重大影响。20 世纪 70 年代末中国开始的改革，既是世界性社会主义改革的组成部分，也是中国近代肇始的向现代转型的“千年未见之大变局”的延续,是集多重历史使命和内涵于一身的系统社会变革,是经济体制、社会结构、生活方式和思想观念的全方位变革。

中共十一届三中全会的召开,标志着中国社会的重大转折。这一伟大历史性转折所引起的社会性思潮震荡和反思,对改革性质、内涵和目标的认识构成的当代中国改革、转型和发展要解决的一系列深刻而复杂的问题,实际上是再现了对“中国现代化发展道路问题”的新思考:社会主义中国向何处去?如何实现现代化?走什么路?这是一个出现了理论困惑又需要新的理论认知和指导的时代。历史性反思和深化体制变革的实践,既向原有的理论提出了挑战,又产生了对更多思想理论资源的强烈需求。改革开放后,人们在对以往的理论和实践进行反思的同时,思想僵化和禁锢状态的消除,使得西方的思想资源、理论学说潮水般地涌进中国。人们在对各种理论、思想和学说的接受、评判和主张上,呈现出迷茫、纷争、分歧乃至对立的状态,表现为各种社会思潮的起伏消长。

沧海横流方显出英雄本色。以改革开放的总设计师邓小平为名的邓小平理论,就是在处于低潮的世界社会主义运动中应运而生、形成和发展起来的。以中国特色社会主义理论体系为代表的主流意识形态,就是在改革开放的大潮中,逐步形成和发展壮大的。中国特色社会主义理论体系和道路,是中国共产党人领导中国人民在这场历史性转折中、在思潮激荡的历史性反思中做出的正确抉择。这是中国社会发展和社会思潮的主流,它是在抵制各种错误思潮的影响、反对“左”右两种错误倾向的斗争中开拓、发展的。改革开放以来中国社会思潮和社会意识的纷繁驳杂与社会变革的深刻复杂,处于独特的相互作用过程中,形成了中国近代以来最为复杂激烈的思潮纷纭激荡的局面。观念的深度变迁和不同思潮的博弈与社会的深刻变化紧密相连,并且呈现出理念先导的运行特征,也就是思想理念对这场社会变革起着非常突出的作用。正因如此,对社会思潮的研究,方显得尤为重要。

对于改革开放以来社会思潮的研究,国内学界已有很多成果。一些研究成果在实践中发挥了积极的作用,特别是在强调以中国化马克思主义和社会主义核心价值体系引领社会思潮,涌现出一大批成果,提出了许多富有建设性的对策和建议,对社会主义意识形态建设做出了应有的贡献。当然,这些成果也存在某些不足,主要表现在:第一,从社会存在与社会意识的互动关系角度研究不足,对于改革开放以来社会思潮和社会意识之间变动的关系研究不深;第二,在社会思潮的研究成果中,建立在实地调查和充分占有第一手资料的成果还不是很多;第三,研究中常常割裂主流社会思潮和一般社会思潮的关系，特别是割裂主流意识形态和各种社会思潮的互动关系，对这些互动关系研究不足；第四，对于社会思潮分门别类的个案研究比较多，整体研究不足；第五，对于社会思潮和社会意识变动规律研究不足，因而对于如何用社会主义核心价值体系引导一般社会思潮，还缺乏更富有成效的对策和举措。那么，如何克服上述不足？我们认为，应注意研究社会思潮和社会意识变动的规律性，强调从社会思潮和社会意识的个案研究走向整体研究；从通常的现象研究走向本质研究；从一般性的经验研究走向规律性研究；从文本的局部搜集整理走向实地访谈、社会调查和第一手资料的全面掌握、研究。

改革开放以来，国内涌现出来的社会思潮形形色色。大体上可以将这些社会思潮分为政治思潮、经济思潮、文化思潮三个方面。政治、经济、文化思潮之间，是相互渗透的。有的思潮在表征上是文化思潮，实质上是政治思潮；有的既是经济思潮，又是文化思潮；有的思潮是舶来品，被赋予了丰富的中国内容；有的思潮是从属于其他较大的思潮，是被分化出来的，形成所谓种与属的关系。一般说来，社会思潮的划分，以左中右为界限，是习惯性使然。但是由于各种思潮的复杂性，又由于和国际上的社会思潮交织在一起，以往的左中右这种简单的划分，已难以满足实践的需要。因此，需要对社会思潮划分的方法论原则，进行深入研究。

综观国内各种社会思潮，反映在政治思潮方面的主要有："两个凡是"思潮；"非毛化"思潮；人道主义、异化思潮；新权威主义思潮；民族主义思潮；自由主义思潮；民族分裂主义思潮；"新左派"思潮；民主社会主义思潮；普世价值思潮；宪政社会主义思潮；回归新民主主义思潮；自然主义学派的马克思主义思潮；民主毛派思潮；幸福社会主义思潮；宪政主义思潮。反映在经济思潮方面的主要有：经济私有化思潮；拜金主义思潮；物本主义思潮；市场至上思潮；消费主义思潮；依附发展思潮；新自由主义思潮。反映在文化思潮方面的主要有：文化激进主义思潮；文化保守主义思潮；民粹主义思潮；人体特异功能与伪科学思潮；法轮功和新有神论思潮；新儒学思潮；后现代主义思潮；历史虚无主义思潮；犬儒主义思潮；等等。

与上述各种思潮相呼应，在改革开放中的各个阶段，先后出现了许多马克思主义思想家、理论家与改革开放同呼吸、共命运，形成了批判资产阶级自由化错误思潮的、反映时代和社会进步的马克思主义思潮。实践证明了在批判各种错误思潮中产生这一进步思潮的合理性与必然性。由此而生成的主流意识形态，是代表以工农联盟为基础的、以中国共产党为领导的、以人民民主制度化、法律化为根本的统治阶级的意识形态。这些进步的马克思主义思潮，为社会主义主流意识形态的建设与发展做出了重大贡献。

进步思潮的表现是多方面的，例如：反对与批判人道主义和异化的思潮；反对与批判经济私有化的思潮；反对与批判人体特异功能和伪科学的思潮；反对与批判法轮功和新有神论的思潮；反对与批判新自由主义的思潮；反对与批判民主社会主义的思潮；反对与批判新儒学中错误价值观的思潮；反对与批判普世价值的思潮；坚持与宣传科学无神论的思潮；坚持走农村集体经济道路的思潮；建构和推动社会主义核心价值体系的思潮；等等。

我们从上述各种社会思潮的演进过程中，可以看出社会思潮的发生、发展，呈现出以下几个特点：1. 社会思想意识多元、多样、多变性；2. 社会思潮演进的历史阶段性；3. 社会思潮碰撞的交融性、交互性和变异性；4. 社会思潮和社会意识的阶级性、阶层性；5. 社会思潮和社会意识发展的渗透性和影响性。

这些社会思潮规律性的表现是：1. 总是与一定的社会历史发展阶段相联系，反映社会历史和社会存在；2. 总是以某些精英人物的思想体系、命题、论断或某种主张为主要标志；3. 总是在重大历史关头提出某些诉求，表现为当仁不让和义无反顾（特别是在中共召开全国代表大会换届前夕）；4. 总是在与各种社会思潮的交锋中，或壮大发展，或走向衰落；5. 正确、先进的社会思潮和社会意识总是与错误、落后的社会思潮和社会意识相互依存、相互存在；前者对主流意识形态产生重大影响，并在反对后者和与落后思潮的斗争中发展壮大；6. 各种社会思潮总是遵循自身发展的规律，从孕育、发展直至衰落乃至销声匿迹，从来不会自动退出历史舞台，一有机遇就会东山再起；7. 反动的社会思潮总是寻求国外敌对政治势力的支持，走投无路时请求庇护；8. 在各种价值观取向的碰撞中，社会主义核心价值体系及核心价值观的构建具有别无选择的迫切性和必然性。

如何认识上述各种社会思潮？我们认为：1. 社会思潮和社会意识的多样化，反映了社会历史进步的客观要求；2. 正确的进步的社会思潮，促进和推动了社会历史进步；3. 错误的落后的社会思潮，阻碍社会进步，但从反面对社会发展起警示和告诫作用；4. 社会思潮的演进是社会阶级和阶层变化的晴雨表；5. 社会主义核心价值体系在各种社会思潮中成为中流砥柱，是社会历史发展的客观需要；6. 社会主义核心价值体系能够引领社会思潮前进，推动和促进中华民族的伟大复兴。

上述各类思潮存在的主要原因是：一、世界多极化和经济全球化的趋势及其曲折发展；二、霸权主义和强权政治以及“西强我弱”的基本态势短期内难以根本改变；三、我国长期处于社会主义初级阶段；四、封建社会、半殖民地半封建社会遗留的腐朽思想的影响；五、随着改革开放的推进，人们思想活动的独立性、选择性、多变性、差异性日益增强；六、社会意识出现多样化的趋势；七、中国特色社会主义的发生、发展顺应了世界历史发展的潮流，形成了不可阻挡的发展态势，荡涤着一切污泥浊水，奔腾向前，一泻千里。

鉴于上述，我们主张从整体上把握各种社会思潮的现状和发展态势，用阶级分析的方法认识和研究各种社会思潮，无论是对社会主义主流意识形态的建构、发展和完善，还是对非主流社会思潮发展的规律性，都要进行深入研究。

我们认为，决不能忽略国内许多马克思主义思想家、理论家和学者对形成中国特色社会主义道路、理论体系、制度所做出的思想理论贡献。我们之所以强调马克思主义专家学者的许多贡献，并把他们视为进步的社会思潮，是因为这些显现了当今中国社会思潮的博弈、论争。在这些博弈和论争中，我们可以明确认识社会思潮和社会意识的主旋律与时代的最强音是怎样形成的？中国特色社会主义道路、理论体系、制度何以可能？为什么在各种社会思潮的相互激荡中，中国特色社会主义理论体系能够砥柱中流？同时，还明确了中国特色社会主义理论体系的历史性和开放性；明确了中国特色社会主义与资产阶级自由化思潮尖锐对决的长期性；明确了马克思主义中国化、时代化、大众化的必然性。对某些非马克思主义、非社会主义、非主流思想观点和某些反马克思主义、反中国共产党的主张及阐述，要善于辨别，认清哪些是糊涂认识，哪些是反动的毒草。我们强调“亮剑”，必须清楚地明确剑指何处。而要提高识别能力，除了努力学习和坚持马克思主义的立场、观点、方法，牢固树立中国特色社会主义的理想信念，加强和巩固马克思主义意识形态的阵地，别无选择。

第二节　新自由主义思潮对中国特色社会主义基本经济制度的侵蚀和危害

新自由主义（Neo - liberalism）实质上是一种经济和政治学思潮。随着凯恩斯主义及“福利国家”政策的破产，在 20 世纪 70 年代，以哈耶克为首的学派逐渐兴起。新自由主义反对国家和政府对经济的不必要干预，强调自由市场的重要性。在国际政策上，强调开放国际市场，支持全球性的自由贸易和国际分工；主张市场是完全自由的竞争；倡导个人主义；提倡自由放任的市场经济；力主私有化。

伴随着中国改革开放的进程,新自由主义思潮作为西方资本主义世界的舶来品,在20世纪80年代末就开始在中国传播并逐步发展。新自由主义是对中国改革开放具有重要影响的社会思潮。曾几何时,这种思潮在中国大地上叱咤风云、误导改革开放。现在马克思主义者越来越看清楚新自由主义思潮的真面目:它是反对科学社会主义、反对马克思主义、反对共同富裕和人民根本利益的资产阶级社会思潮。

一、新自由主义思潮在中国

新自由主义思潮在中国是怎样传播和发展的?在中国改革开放的历史进程中,其轨迹和业绩如何?为什么国内主流经济学家对新自由主义顶礼膜拜、趋之若鹜?它给中国新一轮深化改革带来哪些汲取的教训?给执政党——中国共产党带来哪些警示?这些都是需要用理论和实践来回答的重大问题。

(一)曾几何时,新自由主义"高歌猛进,所向披靡"

考察新自由主义在中国的传播和发展,不能不首先追溯到新自由主义的大本营——美国的新自由主义发生和发展,不能不考察所谓的"华盛顿共识"及其在拉美和俄罗斯等国家的那些辉煌战绩,正所谓"高歌猛进,所向披靡"。事实上,给这些国家和地区带来的是巨大灾难。如今,人们对这场受到重创的灾难还记忆犹新,它所造成的伤痛还远未抚平。

20世纪70年代,新自由主义一些主要代表人物多数聚集在美国,逐步使美国成为新自由主义思潮的大本营。80年代里根上台后,以"里根主义"或"里根经济学"的面目,积极推行新自由主义。此后,历届共和党总统对新自由主义推崇备至。80年代末90年代初,共和党总统老布什政府,为迎合国际垄断资本和大金融寡头向世界扩张的需要,炮制了"华盛顿共识"。从此,新自由主义由学术理论而国家意识形态化、政治化和范式化,从而成为社会思潮的主流。

所谓"华盛顿共识",是1990年美国国际经济研究所在华盛顿召开一个研讨会之后的产物。会议讨论80年代中后期以来拉美经济调整和改革。出席会议的有拉美国家的政府官员、美国财政部等部门的官员、企业界人士,以及由美国操纵的世界银行、国际货币基金组织、美洲开发银行等国际机构的代表和若干高等院校、研究机构的经济学家。在会议的最后阶段,美国国际经济研究所前所长约翰·威廉姆逊说,经过讨论,与会者在拉美国家已经采用和将要采用的十个政策工具方面,在一定程度上达成了共识。这就是拉美国家在经济调整和改革过程中

应该采纳的“处方”,它包括以下十个方面:

(1)加强财政纪律,压缩财政赤字,降低通货膨胀率,稳定宏观经济形势;(2)把政府开支的重点转向经济效益高的领域和有利于改善收入分配的领域(如文教卫生和基础设施);(3)开展税制改革,降低边际税率,扩大税基;(4)实施利率市场化;(5)采用一种具有竞争力的汇率制度;(6)实施贸易自由化,开放市场;(7)放松对外资的限制;(8)对国有企业实施私有化;(9)放松政府的管制;(10)保护私人财产权。

上述政策主张以新自由主义理论为基础,片面强调市场机制的功能和作用,鼓吹国有企业私有化、贸易自由化、金融自由化、利率市场化、放松对外资的监管、放松政府管制等,适应了国际垄断资本向全球扩张的需要。威廉姆逊认为,这些政策工具不仅适用于拉美,而且还适用于其他有意开展经济改革的发展中国家。

那么,这些政策工具是否“灵验”?实践的结果是使人大跌眼镜。凡是按照“华盛顿共识”开出的药方的拉美国家,结果是纷纷中招,导致金融危机濒发:1994年的墨西哥金融危机、1999年的巴西货币危机和2001年的阿根廷债务危机,等等,都与“华盛顿共识”所主张的金融自由化有关。

例如,阿根廷在20世纪80年代开始新自由主义改革,推行国企私有化,贸易自由化、投资自由化和金融自由化,几乎卖光了关系到国家经济命脉的所有国有企业,连金融银行领域的国有企业也未能幸免。国际金融投机超级大庄家乘机蜂拥而入,最终致使阿根廷政府失去了对金融的调控能力,而金融自由化还引发外债迅速增长,使整个国家的金融活动日益处于严重失控状态,国际金融垄断资本则成功地实现了对该国经济的控制。在2001年阿根廷爆发金融危机、急需国际金融机构贷款,以解燃眉之急的时候,世界银行、国际货币基金组织等金融机构和美国等西方国家,不仅不兑现此前关于友谊援助的承诺,反而坚持阿根廷如果拿不出可抵押的国有资产就不向其贷款。但是阿根廷经过十多年的新自由主义改革,几乎卖光了所有国有财产和国家经济资源,自然拿不出可供抵押的国有资产,因而导致金融危机愈演愈烈,经济状况迅速恶化,贫困和饥饿现象遍及全国。这个20世纪90年代被美国当局誉为新自由主义“改革楷模”的国家,仅仅十几年时间,便沦落为拉美地区最贫穷的国家之一。

又例如,俄罗斯按照“华盛顿共识”推出的“三位一体”(自由化、私有化、稳定化)的“休克疗法”式经济转轨方案,自1992年1月起全面放开商品、物价、汇率、外贸进出口等管制,政府大大削减经济调控内容和行政管理部门。大规模出售和转让国有企业与资产,培植广泛的有产者和私营企业主阶层。实行严格的紧缩货币和财政政策,把稳定卢布、控制通货膨胀、减少政府预算赤字作为政府经济政策的重中之重,并将推行货币紧缩政策置于比发展生产、产业调整、结构更新和科技政策更重要地位。俄罗斯按照"休克疗法",在实行经济转型的10年里,陷入了前所未有的社会经济危机,政局混乱,经济大幅下滑,少数人暴富,广大民众普遍贫困化。1989年俄罗斯的GDP是中国的2倍多,而10年后仅为中国的1/3。这表明,俄当年推行的新自由主义"休克疗法"以失败告终。新自由主义"休克疗法"给俄罗斯人民带来了深重的灾难,但对于美国国际垄断资本来说,摧毁了苏联的以公有制为基础的经济体系,不能不说是战绩辉煌。

新自由主义在中国的蔓延和发展,严格说来,始于20世纪80年代后期。当时主要是通过文献出版物、以大学为主的各种讲坛(论坛)、各种研究机构(包括学会、研究会)主办的学术讨论等几种渠道或方式传播。

20世纪90年代之前,有关新自由主义的论著就已经开始翻译和介绍到中国。当时,较有影响的有商务印书馆组织出版的《现代国外经济学论文选》(现代外国经济学说研究会编)和相关译著如米尔顿·弗里德曼著《资本主义与自由》(1986年版);以及北京经济学院出版社从1988年开始组织出版的《诺贝尔经济学奖获奖者著作丛书》(包括新自由主义主要代表人物哈耶克的代表作之一《个人主义与经济秩序》、新自由主义的重要成员布坎南的代表作《自由、市场和国家》等)。进入90年代之后,中国社会科学出版社组织出版的"《西方现代思想》丛书之一",系统地向国人介绍了新自由主义核心人物的主要代表作。如:路德维希·冯·米塞斯著《自由与繁荣的国度》;弗雷德里希·奥古斯特·哈耶克著《自由宪章》和《通往奴役之路》;卡尔·波普尔著《开放社会及其敌人》;等等。与译介和出版相应,各种讲坛(论坛)也成为各种新自由主义译著派生出来的传播渠道和方式。

随着各种新自由主义译著的出版,很多正式开设西方经济学专业课和专题课的大学,大都先后安排了介绍新自由主义理论和思潮的专题课程;有些学者主持讲解有关新自由主义的教学大纲和教案,也陆续整理成书出版;成为新自由主义在青年学生中传播的主要渠道和重要物质载体。

在这种情形下,值得注意的是,在相当一个时期,海外一些别有用心的人士及国内极少数顽固坚持资产阶级自由化的人,内外呼应,利用某些论坛,借介绍新自由主义之机,狂热鼓吹自由化、私有化、全盘西化。如疯狂叫嚣要"在马克思主义的棺材上钉上最后一颗钉子"的张五常,就是通过在某些大学乃至国家机关的讲坛大放厥词的。

新自由主义反对公有制,宣扬彻底私有化;反对国家对经济的任何干预和调控,主张完全市场化。主要观点是:

1. 彻底私有化。新自由主义的理论前提是“经济人假设”,即“人的本性是自私的”。从其理论前提出发,捏造我国公有制,特别是国有企业种种罪名,诸如公有制违背人的自私本性,因而必然效率低下;国有经济是靠垄断生存的,导致市场竞争的不公平;国有经济与民争利,妨碍国民经济的发展;公有制与市场经济不相容,只有消灭国有经济才能建立市场经济体制;等等。

2. 完全市场化。自由主义鼓吹“市场万能论”,认为自由市场经济能够顺利地解决一切经济问题,为个人谋得最多的福利。中国的新自由主义者鹦鹉学舌,追随西方质疑中国没有完全市场化,说中国还不是完全的市场经济,是不合格的市场经济,最终必然走向完全市场化,等等。

3. 全面自由化(最小政府化)。反对国家对经济的任何干预和调控。新自由主义经济学在中国的推行,得到一些人的迎合和支持,甚至有人为它鸣锣开道。一些报刊文章的标题赫然写着《国有制在世界范围走到了尽头》《私有化浪潮席卷全球》《国有制往何处去?》《国有财产个人化:中国经济改革的趋势与选择》等。一些文章则公然宣称“社会主义最大的问题不知道社会主义是什么,不知道如何给社会主义下定义,公有制优越性不清楚”;“在中国广大农村,私人经济应成为生产力发展的主力军”;“试了各种方案,就是不敢试被全世界上百个国家数千年历史所证明最有效最简单的一个方案——私有制”。同时,新自由主义对国有企业进行诋毁、攻击,罗列国有企业的诸多“罪状”,一时间国有企业私有化的主张和声音不绝于耳。

显然,新自由主义思潮是与马克思主义对立的反马克思主义思潮。它对中国经济发展其中包括顶层设计和宏观发展战略的制定以及体制改革的具体实践,都产生了重要的影响。有新自由主义思潮传播和发展,就有反对新自由主义的立场、观点(主张)的出现。换言之,就有真正的马克思主义者挺身而出,反对新自由主义的错误思潮。

令人欣喜的是,在反对新自由主义思潮的斗争中,涌现出一大批坚持马克思主义立场、观点和方法的马克思主义经济学家。与马克思主义经济学家一起并肩战斗的,还有许多哲学社会科学各领域的专家、学者,也有政界的领导干部和基层群众,特别是有许多来自国有企业的工人阶级代表,而广大农民阶级与工人阶级结合起来形成的工农联盟,更是新自由主义思潮的反对者。

这一现象不仅令人鼓舞,也令人反思。这就需要研究:为什么马克思主义经济学家能够走在反对新自由主义思潮的最前列?他们的思想和观点,为什么能够得到工人阶级和广大群众的支持?马克思主义在引领社会思潮中所起到的作用是什么?反思这些,对于我们坚持走中国特色社会主义道路,坚定中国特色社会主义的理想和信念,引领社会思潮,具有至关重要的意义。

(二)国有企业成为新自由主义的盛宴

改革开放以来,新自由主义在中国的传播和发展,其中颇有成就的大手笔动作,就是对中国的国有企业动手术,主张并实行将国有企业私有化,将国有企业变卖、贱卖给私人,造成了国有资产巨额流失。这种情形,是在国有企业改制中"打着改革的旗号"出现的。

党的十五大明确提出,建立现代企业制度是国有企业改革的方向。要按照"产权清晰、权责明确、政企分开、管理科学"的要求,对国有大中型企业实行规范的公司制改革,使企业成为适应市场的法人实体和竞争主体。提出企业依法自主经营,自负盈亏,政府不能直接干预企业经营活动。抓好大的,放活小的,对国有企业实施战略性改组。提出以资本为纽带,通过市场形成具有较强竞争力的跨地区、跨行业、跨所有制和跨国经营的大企业集团。采取改组、联合、兼并、租赁、承包经营和股份合作制、出售等形式,加快放开搞活国有小型企业的步伐。实行鼓励兼并、规范破产、下岗分流、减员增效和再就业工程,形成企业优胜劣汰的竞争机制。

党的十五大关于国企改革的大思路和方针政策,符合中国的实际国情。国有企业作为共和国的"长子",已经做出了巨大的历史贡献,但是包袱过重,确实需要改制,例如进行主辅分离,把建立现代企业制度作为国有企业改革的方向,等等。否则,不能适应市场经济发展的新形势。

但是,在改制的过程中,却出现了不分青红皂白,将国有企业特别是中小企业"一卖了之"的情况。在一些县市,出现了国有企业"所剩无几"的地步。问题的严重引起了一些学者的关注和反对。有的经济学家发出了"不许再卖"的呼声。这种情形的出现,不能不说是和新自由主义思潮的影响密切相关。换言之,在改制过程中,由于受到新自由主义思潮的影响,出现了某些偏差和失误。

据中国新闻网报道,2005 年 4 月 26 日,时任国资委主任李荣融在向十届全国人大常委会第十五次会议报告国资监管和国企改革情况时说,在改革改制过程中确实存在国有资产流失的问题。国有资产流失的主要表现在:转让国有产权没有完全进入市场,难以发现国有产权的市场价格,很难判断国有资产是保值增值还是贬值流失,少数不法分子乘机暗箱操作、收受贿赂、低估贱卖国有资产;国有产权向管理层转让问题突出;内外勾结,低估贱卖国有资产;把职工经济补偿金等费用从转让国有净资产的价款中预先扣除,压低了产权转让价格。李荣融说,分析产生这些问题的原因,一是国有资产监管体系不健全、不完善,国有资产出资人不到位,保值增值的责任主体不明确。二是公司法人治理结构不完善,企业内部人控制现象比较普遍。三是国有企业改制和国有产权转让的法规规章不健全不完善。李荣融的报告还是很温和婉转的。事实上,在实际操作过程中,当时以及后来出现的问题比李荣融说的更严重。例如,"通钢事件"就是典型的案例之一。①

通钢事件反映了国企广大工人对国有资产流失的愤怒和不满。新自由主义为什么对国有企业过不去甚至痛下杀手?

国内著名的天则研究所的专家给出了这样的答案:国企神话该落幕了。研究所的课题组撰写了一系列报告:评国企"构成执政基础"说、评国企"具有社会责任说"、评国企"增强国际竞争力"说、评国企"有益国家安全"说、评国企"保障国计民生"说、评国企"富国强兵"说,对国有企业给予诸多批评并进行论证。

首先,否定国有企业是中国共产党执政的基础。在此基础上,否定国企的社会责任、国际竞争力、有益国家安全、保障国计民生以及富国强兵。

报告认为,执政基础是执政党地位赖以维持和巩固的基本条件,即依靠谁、依靠什么执政的问题,具体可分为政治基础(阶级基础和群众基础)、经济基础、思想文化基础、社会基础和组织基础等。国有企业作为中国经济的重要特色之一,作

---

① 吉林省通化钢铁集团股份有限公司,是吉林省最大的钢铁联合企业集团,国务院振兴东北老工业基地重点支持的钢铁企业,全省工业提速增效十强企业。2007 年,通钢集团在中国企业 500 强中排名第 303 位,同时入选 2007 中国制造业 500 强第 163 位。2009 年 7 月 24 日,通钢发生一起严重群体性事件。许多职工因不满企业重组而在通钢厂区内聚集上访,反对河北建龙集团对通钢集团进行增资扩股,一度造成工厂内 7 个高炉停产,建龙集团派驻通化钢铁股份公司总经理陈国君被殴打。下午 5 点 10 分省国资委主任来到焦化厂,宣布终止建龙重组并控股通钢的决议。晚 8 点左右,省国资委的正式文件"关于终止建龙集团增资扩股通钢集团的通知"散发到广大职工手中。晚 10 点左右,各厂开始复工。大约只用 2 个小时,7 座高炉全部恢复生产。而此时,陈国君被殴医治无效已致死,7 月 25 日,遗体被运回河北老家。有记者说:"陈国君的死亡只是一个国企改革过程中极端典型的案例。在陈国君死亡背后显示的是,在地方政府强力推进下,一个老牌国企改制遇到与其习性截然不同的民企时,产生的激烈冲突与不适,对于吉林省、通钢、建龙,以及通钢的工人来说,这是一个没有赢家的结局。"(2009 - 08 - 01 中国经营报)

为共和国的长子，长期以来一直主导着国民经济的发展，因此也被认为是中国共产党执政的重要基础。然而，历史的发展与当前的现实都在向人们传达一个信息，即国有企业并不是也不能够成为执政基础，只有广大人民实现了安居乐业、认可并支持，中国共产党的执政基础才会越来越牢靠。随着中国经济与社会发展步伐的不断前进，国有企业所表现出来的执政基础地位在不断减弱。

报告说，如果国有企业是党的执政基础，那么国有企业的发展壮大必定能够带来党的长期执政。然而，苏联的解体却给出了一个反例。在苏联解体之前，苏联共产党对于苏联的国有企业拥有绝对的控制权。国有企业的产业工人是苏维埃政权的群众基础，由苏联共产党组织的政府任命国有企业的负责人、安排国有企业的生产计划、引导人民大众的意识形态，从而构建起组织基础、经济基础、思想基础。但是，拥有这些所谓执政基础要素的国有企业最终并没能挽救苏联共产党，苏联最终难逃解体的命运。

报告还说，国有企业由于控制了国内大部分资源并获得丰厚的利润，因而在履行社会责任过程中备受关注。虽然国有企业在履行社会责任方面已经做了不少工作，但这些并不能证明国有企业比其他主体做得更好。而且国有企业管理层存在“慷国家之慨”以博取小集团私利的嫌疑，不如民营企业自己承担社会责任成本的做法来的纯粹。此外，由于大部分国有企业仍然具有比较高的行政级别，加之地方保护主义起作用，当出现企业安全责任事故时，国有企业更有可能推卸责任。

2011 年 3 月 2 日，天则经济研究所召开《国有企业的性质、表现与改革》课题发布暨研讨会，发布了盛洪等主持的国有企业研究报告，7 月 12 日又发布了第三次修订稿。

报告认为，国有经济在相当程度上构成了官僚资本主义或权贵资本主义的社会经济特征；国有企业效率低下，2001 年至 2009 年，国有及国有控股工业企业平均净资产收益率为 8.16%，而平均真实净资产收益率则为 -6.29%；国有资本在营利性领域的继续存在，对我国经济发展的动力——竞争的充分性与公平性——以及社会正义构成严重的威胁和损害，因此要修改《宪法》，删除“坚持公有制为主体”的内容，国企必须从营利性领域（而不单是从竞争性领域）中退出。这一报告得出的数据成为世界银行撰写的关于中国 2030 年之前战略研究报告的依据，也成为其他一些场合讨论中国问题的依据。

“中国发展高层论坛 2012 年会”3 月 17 日在北京钓鱼台国宾馆举行，本届论坛的主题为“中国和世界:宏观经济与结构调整”。北京大学光华管理学院教授张维迎在发言中表示,中国未来几年要做的第一件事就是国企私有化,国有企业已经成为未来中国进一步成长的最主要障碍之一。张维迎说:未来我希望在五到十年内,应该国有企业的比重降到10%左右。

上述主张,仅仅是新自由主义思潮的部分表现。那么,马克思主义者应该怎样认识国有企业呢?

我们认为,国有企业是我国国民经济的支柱。搞好国有企业改革,对于建立社会主义市场经济体制和巩固社会主义制度,具有极为重要的意义。国有企业的性质决定国家基本制度,国有企业的发展引导着社会发展趋势;国有企业以人为本;国有企业奠定了社会主义经济建设基础;国有企业主导高新技术产业发展。作为国之重器,国有企业的角色是:国企是国家利益的守护者、社会主义的实践者;民族精神的传承者、社会责任的肩负者、经济调控的执行者、国家财富的创造者。国有企业被誉为“共和国长子”,特别是中央企业作为国之大企、国之根基、国之命脉、国之重器,大多伴随共和国诞生成长,它们托起了国家走向繁荣富强的追求与梦想;它们是各领域、各行业的排头兵,是国民经济和社会发展的顶梁柱。在建设国家的伟大进程中,特别是中央企业形成和培育了一批反映时代要求、具有行业特征、催人奋发向上的先进精神。如大庆精神、铁人精神、载人航天精神和青藏铁路建设精神,正是这些先进精神的集中体现。因此,要大力传承这些精神,讴歌这些精神,弘扬这些精神。

2015年7月17日,习近平总书记在吉林省长春市调研国企时强调,国有企业是国民经济发展的中坚力量。对国有企业要有制度自信。深化国有企业改革,要沿着符合国情的道路去改,要遵循市场经济规律,也要避免市场的盲目性,推动国有企业不断提高效益和效率,提高竞争力和抗风险能力,完善企业治理结构,在激烈的市场竞争中游刃有余。国有企业是保障人民共同利益的重要力量,要坚持国企在国家发展中的重要地位不动摇,坚持把国企搞好、把国企做大做强做优不动摇。创新是企业的动力之源,质量是企业的立身之本,管理是企业的生存之基,必须抓好创新、质量、管理,在激烈的市场竞争中始终掌握主动。习近平的讲话精神,对于我们深入认识国企具有现实指导意义。

(三)“人间正道私有化”

新自由主义思潮的核心思想之一,就是鼓吹在中国实现私有化。有一些学者利用各种讲坛和媒体,呼吁进行私有化改革。其中比较突出、影响较大的,是曹思源公开撰写的《人间正道私有化》。

曹思源,男,1946 年 1 月出生于江西景德镇。北京思源社会科学研究中心总裁、思源兼并与破产咨询事务所所长。1968 年毕业于中共江西省委党校理论部,1982 年毕业于中国社会科学院研究生院,先后在中央党校、国务院研究中心、国务院办公厅和国家体改委工作。1988 年下海,创建民间社会科学研究及咨询机构。1988 年以来,先后为深圳、海南、沈阳、沙市、景德镇、北海、淮阴等地方政府和北京、上海、浙江、山西运城等法院以及 100 多家企业提供有关破产程序、兼并收购、招商引资、企业重组和股份制改造等方面的政策法律咨询与中介服务。也曾多次到国外进行演讲,2014 年 12 月逝世。

1999 年第 11 期香港《前哨》杂志以《中国政治经济改革走向》为题,发表了曹思源当年 5 月 20 日在美国加州大学伯克利分校东亚研究中心的演讲(该刊注:摘自曹思源新书《人间正道私有化》,香港夏菲尔国际出版公司 1999 年 10 月出版)。在这个演讲中,他提出要做三件事:

第一件事:"推动中国经济私有化"。他说:"私有化应该说成果很显著,但是效率并不是太理想。我们花了十八年的时间才把国有经济的比例下降了 25 个百分点,如果照这样发展的话……是太慢了","促进私有化途径很多,兼并破产就是其中的两条渠道,也可以吸引外资去兼并国内企业,等等。总而言之,大家要从各个方面、不同角度来推动中国私有化"。他的私有化主张在国内某些媒体上也作了报道。北京某报 1999 年 9 月 28 日在一篇报道中说:"《财富》论坛,科技圆桌会议是可以提问的,只有一个中国人提问,他说'现在中国非公有制经济占 74.4%,中国未来 50 年将是大发展的半个世纪,请问,各位嘉宾,对中国私有化建设是否看好?'这个提问者是曹思源,大家对此反应很强烈。"怎么个"反应强烈"?是赞同?是反对?报道未讲。又是这家报纸 1999 年 9 月 29 日报道,曹思源说:"他们(指世界 500 强)来谋求独资和控股。世界 500 强中的不少跨国公司开始倾向于采取独资方式或取得控股地位,以更好地使其在华子公司执行和贯彻公司的战略安排。""中国的市场份额在跨国公司的全球市场份额中所占的比重越来越大……他们来中国开会,'是把中国作为重要的生产基地和销售市场'。"北京某报 1999 年 9 月 30 日在题为《"财富"论坛上的"中国热"》一文中说:"经济学家曹思源认为,面对国有银行的产权单一,排斥了市场经济中必不可少的竞争的现状,建议对国有 4 大银行采取分散化、股份化的'外科手术',同时允许开办非国有银行。"

曹思源企图"通过修改宪法,带动全面改革"的又一项任务,就是要改变社会主义的性质。他说:"中国已经出现两种社会主义","国有经济代表国家社会主义,而私有经济代表民办社会主义",他攻击"国家社会主义"的"源头"和"发明者","不是马克思,更不是毛泽东",而是"希特勒",他说"国家社会主义"(即科学社会主义)"一天天烂下去",而"民营社会主义"(即资本主义)"一天天好起来"。

新自由主义思潮在中国的另一具体表现,就是极力鼓吹农村土地私有化。

有的学者认为,当前农村进行的土地确权——颁发土地确权证书,就是私有化的过程。有的学者指出:"对于农民来说,最主要的财富第一是土地,第二是一双手即劳动力资本,前者的价值可能高于后者。当土地不能流转、不能资本化的时候,农民不管在农村还是城里创业,就少了必要的资本,就少了很多经济选择,沦为低收入的农民工。土地私有并可以交易、资本化是任何一个社会最核心的经济自由之一,也是个人权利、个人自由的基础。最好是在目前土地承包的基础上,让土地真正的私有化,把上世纪50年代从农民手里集体化得来的土地还给他们。当然,我不是说要回到原来的土地归属,而是以今天的土地承包安排为基础,发给各农户相应承包土地的产权证。"①

有的学者认为,"我国在20世纪50年代实行农村土地集体所有制的主要原因之一就是为了防止土地兼并和两极分化。20世纪80年代农村实行土地承包制度,仍然保留了土地集体所有制,理由是农民没有社会保险,土地集体所有制为农民保留生活保障。由于当时中国工业化程度不高,劳动力严重过剩,就业形势严峻,农民没有社会保险,把土地集体所有制作为农民的社会保障,还勉强算一条理由。三十多年过去了,我国的国情已经发生了根本变化。现在我国已经进入快速向工业化和城市化过渡的时期,已经不是过去几千年延续的那个单一的农业社会,正在发生亘古未有的大变局。现在是向工业化和城市化过渡的时代,已经不惧怕土地兼并。因为第一,失地农民可以进城,可以进入工业和服务业劳动大军。况且现在劳动力过剩已经开始向劳动力短缺转变,就业的形势已经发生了根本的变化,就业比30多年前已经容易多了。第二,国家财力已经大大增强,已经有能力对失业人口进行救济,为失业人员提供最基本的社会保障。第三,土地兼并的后果已经不是农村两极分化并引起社会动荡,而是可以使土地规模化经营,有利于机械化和现代化,这正是国家工业化的要求。英国在向工业化过渡的时代曾经

---

① 陈志武:《让土地真正私有化》,来源:财经网博客,2012-05-04。共识网发布时间:2012-05-07。

出现圈地运动,尽管有'羊吃人'的残酷,但是客观上促进了工业化进程。由于时代变了,农业时代已经开始迅速地变为工业时代,土地私有化所引起的土地兼并对社会稳定已经不是祸水,已经转变为经济发展的动力。人们对土地兼并的担忧已经成为历史,农村土地私有化的时机已经到来"①。

在学术界主张农村土地私有化的学者,还有一些,这里不再列举。

需要指出,上述这些主张,是和中国特色社会主义的基本经济制度相违背的,也是和中央的精神相违背的。其中有的学者不顾历史事实,极力攻击和抹杀农村集体经济发展的成就。企图误导人们认为20世纪80年代我国实行联产承包责任制,只是走完了私有化的第一步,现在应是与集体经济彻底决裂、实现私有化的时候了。其实,对于中国农业的改革和发展,邓小平曾多次阐述了"两个飞跃"的思想。他说:"中国社会主义农业的改革和发展,从长远的观点看,要有两个飞跃。第一个飞跃,是废除人民公社,实行家庭联产承包为主的责任制。这是一个很大的前进,要长期坚持不变。第二个飞跃,是适应科学种田和生产社会化的需要,发展适度规模经营,发展集体经济。这是又一个很大的前进,当然这是很长的过程。"②对于邓小平关于"两个飞跃"的思想,学界已多有论述,笔者也曾多次撰文,③在此不再赘述。

二、新自由主义思潮的本质

如前所述,新自由主义在中国的传播和发展,有较长时间的发展过程。人们对新自由主义思潮的认识,特别是对其本质的认识,也有一个渐进的过程。当中国打开了改革开放的大门,特别是决定实行社会主义市场经济体制以后,由于新自由主义是极力主张市场化的思潮,于是,一个时期它似乎可以名正言顺、顺风顺水地在中国畅通无阻。而今,当我们逐步认清它的本质时,已经付出了较大的代价,交出了不菲的"学费",需要认真总结经验和教训。

那么,新自由主义思潮的本质是什么呢?

(一)全面自由化、完全市场化、彻底私有化、全球"一体化"

在马克思主义学者看来,新自由主义思潮的本质是全面自由化、完全市场化、

① 潘尚月:《应当立即开始农村土地私有化改革》,来源:共识网,来源日期:2014-06-12。

② 《邓小平文选》第3卷,人民出版社1994年版,第355页。

③ 参见赵智奎:《论邓小平"两个飞跃"思想的现实意义》,《行政管理改革》,2014年8月29日。

彻底私有化,在此基础上实现全球“一体化”。

之所以把全面自由化、完全市场化、彻底私有化、全球“一体化”作为新自由主义的本质,是从新自由主义各个学派的立场、观点及其主张中,抽象概括出来的。在新自由主义阵营中的各个学派,几乎都程度不同地一起鼓吹全面自由化、完全市场化、彻底私有化、全球“一体化”。

例如,以哈耶克领衔的伦敦学派,极力强调自由市场、自由经营,认为任何形式的经济计划、国家干预始终与效率无缘;而私有制又是自由的根本前提,在哈耶克及其弟子看来,公有制、社会主义是通往奴役之路。哈耶克是典型的市场原教旨主义者,他及其伦敦学派的理论观点是其他新自由主义者的主要思想来源。以米尔顿·弗里德曼领衔的现代货币学派,极力强调实行货币“单一规则”,以现代货币数量论为其理论基础,以激烈反对国家干预为其主要政策主张,主张在货币单一规则的前提下,实行经济自由放任政策,反对国家干预,否定计划经济和任何形式的公有经济。以罗纳德·科斯领衔的新制度经济学派,极力强调明晰私人产权,降低市场交易费用,实现资源“有效配置”。在新制度经济学看来,交易费用的节省是企业产生、存在以及替代市场机制的唯一动力;只要企业产权落实到自然人,也就是私人,其交易成本必然低于公有制企业,因此,私有制企业的经营效率比公有制企业高。以罗伯特·卢卡斯领衔的理性预期学派,极力推销所谓“理性预期”,认为在经济活动中,人是理性的,总在追求个人利益的最大化。由于经济未来的发展趋势关乎自己的投资或就业选择等切身利益,所以他总会充分调用自己各种主观和客观资源,对经济前景进行尽可能准确的预测,其决策一般说来是有根据的;而政府对经济信息的反应不如公众灵活、及时,所以政府的决策不可能像个人决策那样准确、灵活,因此政府的任何一项稳定经济的措施,都会被公众的合理预期所抵消,成为无效措施。①

新自由主义在上述主张基础上,形成了“华盛顿共识”,特别强调各国政府应开放商品市场、金融资本市场,放松对外资的限制和监管。目的就是为了以美国为首的国际金融垄断资本进入其他国家的市场开辟道路,以便控制他国的金融、资本市场乃至整个经济命脉,充当世界金融乃至世界经济的霸主。这就是“全球一体化,即全球美国化”。

新自由主义的上述本质特征,在中国的某些经济学家的文章中,也多有具体

① 参见何秉孟:《新自由主义的源流与本质》,信息来源:社会学视野网,2015-06-15。

阐述。

例如,香港经济学家张五常撰文说,我对共产政制一向不存幻想:我认为若要发展经济,私产制度是我所知的唯一可靠途径。要我推测中国的动向。我在1981年中写好了初稿,推断了中国会逐渐改变而成为一个类似私产的体制。我可以断言,要是大陆废除所有外汇管制,大事开放金融,上海会在五年之内超越香港!张五常极力贬低马克思经济学理论,说:我一向以为在对中国民生有影响的理论中,马克思为祸最深。马克思是外国人,容易被神化;他的《资本论》有详尽的中译本,而且几十年来在中国被迫奉读的人不计其数;他善用口号及术语,文字有力而又富煽动性;虽然他的分析及推理能力可算是低手,但他却能把理论写得似通非通,似懂非懂。在中国,马克思的理论于是变成了一件"皇帝的新衣",只有天才才能明白,不明白的就非信不可。问题是,马克思的模糊理论架构,却是有着一个毫不模糊的基础。这基础若是清楚地错了,整个马克思理论的"上盖"就会塌下来,什么阐释也保不了。这个不模糊的基础就是劳力价值定律(labour theory of value)。那是说,马克思的理论是基于"所有价值都是从劳力而来的",严格地说,马克思的理论不是过了时,而是从来没有对过。张五常的主要观点还包括:主张用科斯定理的产权清晰论反对公有制,自称科斯派他到香港大学任职,责任就是"向(中国经济的)外行介绍产权经济学",要求将所有国营企业私有化;主张取消所有出入口关税、金融管制和外汇管制,推动中国市场全面自由化;攻击马克思和马克思主义基本原理,声称"世界上马克思最蠢,马克思的理论早已盖棺论定。要在马克思的棺木上钉上最后一颗钉子。"

在张五常的活动下,1988年9月,当时的中央领导人会见美国新自由主义大师弗里德曼。据张五常回忆,"中央领导人和弗里德曼的会见非常成功:两人都非常欣赏对方。两人只有一点不同意见:即何时和多快放弃外汇管制。米尔顿巴不得立刻取消外汇管制,而当时的中央领导人则认为只有在放松了国内价格管制之后才能取消外汇管制"。弗里德曼给中国贡献了两条方案:一是私有化,二是把外汇放开。这对我们国内鼓吹私有化的人是一个很大的推动。而他们提出的"私有化"不是指要发展一定的私人经济,而是把我国经济的主体从公有变成私有,改变经济基础的性质。

(二)新自由主义干扰和误导中国改革开放

中国经过30多年的改革开放,取得了举世瞩目的巨大成就,成功地开辟出来一条中国特色社会主义康庄大道。但是,这条道路是不平坦的,中国特色社会主义在与各种社会思潮的博弈和激荡中,在改革的路径和方向等重大问题上,时不时需要排除各种干扰和误导,其中,新自由主义思潮的干扰和误导尤甚。

毋庸置疑,中国选择的市场经济体制,是伟大的社会经济变革和转型,从计划经济体制转化为市场经济体制,需要不断的探索、磨合、适应,需要不断的学习和实践。但是,从改革初始,就始终有一个改革的方向问题,即是坚持社会主义还是资本主义？对此,江泽民同志曾经说,社会主义市场经济的"社会主义"四个字,绝不是画蛇添足,而是画龙点睛。在改革开放的总设计师邓小平那里,则始终强调无论是市场经济还是计划经济,都只是手段,资本主义可以搞市场经济,社会主义也可以搞。所谓"社会主义也有市场,资本主义也有计划"就是这个意思。这就明确告诉我们,在中国搞市场经济,市场经济是手段和方法,不是最终目的,因而,不能把市场经济绝对化、目的化。我国改革开放的方向是社会主义,最终目标是追求共同富裕,共同富裕是社会主义的本质。邓小平多次阐述社会主义的两个根本原则:公有制占主体和共同富裕。这就表明,中国改革开放的路径和目的,与新自由主义所主张的全面自由化、完全市场化、彻底私有化具有本质的区别,是两条道路上跑的车。

但是,新自由主义思潮却极力干扰和误导中国改革开放,极力鼓吹全面自由化、完全市场化和彻底私有化。到处推销"华盛顿共识"的"灵丹妙药"。

《东方早报 - 上海书评专刊》2011 年 11 月 20 日刊登了一篇题为《深化市场经济改革难在哪里?》的文章。作者说,"仔细回想一下,我们改革的成就离不开'华盛顿共识',改革中许多问题正是偏离了其中的一些要点,或者贯彻得不彻底"。作者给改革"过大关"指明的出路,就是贯彻"华盛顿共识"。

2012 年两会前夕,《中国经营报》2012 年 2 月 27 日发表了一篇文章《改革不容拖延》。文章认为,"经济危机在整个资本主义世界的蔓延,使人们对自由市场的未来命运产生了怀疑。然而,中国的故事并不能成为反对自由市场制度的理由"。中国现在必须"继续朝着建设自由市场体制的方向推进改革。这是一项未竟的使命"。作者认为,他所谓的自由市场制度是"人类迄今尚未找到更好的选择"。作者关于自由市场制度的观点,并无任何新意。它贩自美国流行的经济学教材,早在 20 世纪 80 年代后期就摆上了地摊。①

① 参见于祖尧:《西方市场原教旨主义衰败和中国信徒的堕落》(二),原载《环球视野 globalview. cn》第 489 期。

中国特色社会主义的基本经济制度是坚持以公有制为主体、多种所有制经济共同发展。其中,坚持发展国有企业是其必然的选择和题中应有之义。2015 年 8 月 24 日《中共中央、国务院关于深化国有企业改革的指导意见》出台,指出:“国有企业属于全民所有,是推进国家现代化、保障人民共同利益的重要力量,是我们党和国家事业发展的重要物质基础和政治基础。改革开放以来,国有企业改革发展不断取得重大进展,总体上已经同市场经济相融合,运行质量和效益明显提升,在国际国内市场竞争中涌现出一批具有核心竞争力的骨干企业,为推动经济社会发展、保障和改善民生、开拓国际市场、增强我国综合实力作出了重大贡献,国有企业经营管理者队伍总体上是好的,广大职工付出了不懈努力,成就是突出的。但也要看到,国有企业仍然存在一些亟待解决的突出矛盾和问题,一些企业市场主体地位尚未真正确立,现代企业制度还不健全,国有资产监管体制有待完善,国有资本运行效率需进一步提高;一些企业管理混乱,内部人控制、利益输送、国有资产流失等问题突出,企业办社会职能和历史遗留问题还未完全解决;一些企业党组织管党治党责任不落实、作用被弱化。面向未来,国有企业面临日益激烈的国际竞争和转型升级的巨大挑战。在推动我国经济保持中高速增长和迈向中高端水平、完善和发展中国特色社会主义制度、实现中华民族伟大复兴中国梦的进程中,国有企业肩负着重大历史使命和责任。要认真贯彻落实党中央、国务院战略决策,按照‘四个全面’战略布局的要求,以经济建设为中心,坚持问题导向,继续推进国有企业改革,切实破除体制机制障碍,坚定不移做强做优做大国有企业。”对于国企深化改革,提出了七个方面的指导意见:总体要求、分类推进国有企业改革、完善现代企业制度、完善国有资产管理体制、发展混合所有制经济、强化监督防止国有资产流失、加强和改进党对国有企业的领导。

指导意见刚刚发布,北京天则经济研究所所长盛洪就站出来提出否定,以“我为什么否定这次‘国企改革’”为题,发表意见说:“这次的改革基本没有针对我说的问题,比如说国企垄断权问题、国企免费和低价使用国有资源的问题、不上缴利润的问题、国企内部没有限制分配的问题,这些问题才是问题。在我看来更严重的是,国企的存在就是问题。国企使得政府不能公正的对待国企和非国企,破坏了政府的公正性;国企管理层和行政官员是互换身份,政府行政官员天生就跟国企高管是一群人,国企的存在让我们很难去期待政府公平对待国企和非国企,违反政府之所以存在的基本原则,政府是要公正。我们给国企这么多优惠政策和垄断权,民营企业怎么和他们竞争,他们在市场中不是公平竞争者,会破坏市场经济基本制度。现在因为垄断国企存在,占有全国资源的很大一部分,这么大的资源造成的损失一年得数万亿。我国经济增长减速,很大程度上因为垄断国企存在和保护垄断的结果,这是一个迫在眉睫的问题,不改一天损失上百亿。如果不想解决这个问题,那改革是干吗?"

盛洪还说:"把国企'做强做优做大'是错的。国企为什么要做大做强?国企不是一般的企业,它不应该在营利性的领域中跟民营企业竞争,凡是营利的企业可以做的事都不应该国企来做。再加上国企可以通过政治资源获得垄断权,通过政治权力获得免费的资源,这是对中国人民的损害。"接着盛洪不知是代表谁或是谁在为他撑腰,声嘶力竭地指责中央的指导意见:"第一,我们说的是问题,他们认为不是问题,我们认为不是问题的,他们认为是问题,这种国企改革方案有什么意义。他们完全无视社会上不同的意见和批评的声音,一意孤行做大做强国企,这叫什么改革?这完全是反改革,打着改革的旗号,做着反改革的事情,是又一次欺骗舆论。"

我们看到,中央的指导意见刚刚发布,就这样气急败坏、明目张胆地指责中央没有按照新自由主义的主张行事,是十分嚣张和罕见的。这说明了两点:一是中央的指导意见打在了新自由主义的痛处,与新自由主义的预期相反;二是新自由主义自我感觉良好,有人撑腰,敢于向中央叫板、挑战。那么,究竟是谁在为其撑腰?

这可以从盛洪早年撰写的文章中找到答案。他在研究中国过渡经济学时,强调中国过渡经济学"是制度变迁理论的一个分支"。① 我们知道,制度变迁理论是美国经济学家道格拉斯·C. 诺思(Douglass C. North)创立的。他在研究中重新发现了制度因素的重要作用,他的新经济史论和制度变迁理论使其在经济学界声誉鹊起,成为新制度经济学的代表人物之一,因此获得了 1993 年度诺贝尔经济学奖。诺思的制度变迁理论是由三个部分构成的:描述一个体制中激励个人和团体的产权理论;界定实施产权的国家理论;影响人们对客观存在变化的不同反映的意识形态理论。诺思所讲的制度变迁和制度创新都是指这一意义上的制度。在盛洪教授看来,中国的过渡经济学就是诺思的制度变迁理论的分支,中国的改革开放和转型就是要走美国经济学家早已指明的路。事实上,中国改革开放 30 多年来走出了一条自己的路,与诺思的制度变迁理论毫无干系,也有本质的不同。

---

① 盛洪主编:《中国的过渡经济学》,上海三联出版社、上海人民出版社 1994 年版,第 2 页。

这样说绝不是不需要借鉴西方经济学，但是像盛洪这样把中国过渡经济学看作美国制度变迁理论的分支，颇有些一厢情愿，至于是否是想当人家的代言人甚至是"应声虫"，只有盛洪自己知道。新自由主义作为西方的主流经济学，现在已经完全政治化、意识形态化、范式化。盛洪的这些主张，难道还不是企图自恃新自由主义所谓的"强大力量"，来干扰中国的改革开放，把深化国企改革引向新自由主义的道路上去吗？

在现实中，除了一些经济学家和学者摇唇鼓舌，极力推销新自由主义，一些地方的政府官员，由于被新自由主义洗脑、中毒较深，已成为新自由主义官员，成为社会主义改革开放的主要干扰源。

例如，在新自由主义官员的心目中和主张里，是永远优待外资和私企，歧视国企，直到彻底私有化将国企消灭干净。20世纪90年代后半期以来，改革开放出现的一系列弊端，主要是受新自由主义官员的影响，并在他们的手中实现的。

例如，"国企大规模私有化导致工人下岗国资流失资本家暴富，中国绝大多数劳动者沦为国内外资本家的雇佣奴隶；教育医疗住房市场化产业化带来民生三座大山；外资泛滥控制骨干产业危害国家经济安全；出口企业市场化过度恶性竞争导致资源白白外流（稀土行业是典型）；新自由主义官员拿中国老百姓辛苦积累的外汇储备购买美国两房债券和其他垃圾债券……可以说，新自由主义官员是当前中国改革一切弊病的根源之所在。众所周知，当前中国社会出现严重的两极分化。出现这种局面，正是新自由主义官员的私有化误导，中国当前公有制经济的比例已经低于30%，已经远远不占主体。这已经严重颠覆了宪法和党纲的相关规定，但新自由主义官员不但反对落实宪法、壮大国企，反而极力主张国企进一步私有化"①。

（三）新自由主义是"通往灾难之路"

新自由主义的创始人哈耶克曾有一本很有影响的著作《通往奴役之路》（*The Road to Serfdom*，1944），改革开放以来在中国的传播很广。译著有不同版本，曾在一个时期掀起"哈耶克热"，使这本著作一度畅销，备受推崇。

该著旗帜鲜明地告诉人们公有制和计划经济是"通向奴役之路"，唯有走市场之路，方可摆脱奴役。哈耶克认为，社会主义是对自由的最大威胁，它天生就具有

① 参见《较量无声》（四），"为何要彻底清查新自由主义"，来源：《乌有日刊》，作者：宗和，2013－11－0611:13:07，http://www.wyzxwk.com/Article/shidai/2013/11/308448.html。

独裁主义倾向,私有制是自由的最重要保障。在哈耶克看来,一切类型的计划经济都是集体主义,社会主义和法西斯主义并没有多少区别,它们都是集体主义。哈耶克认为,迄今为止,对配置资源来说,竞争最为有效,计划是与竞争鲜明对抗的,它只有被用来弥补市场缺陷时,才能与竞争结合起来。如果完全限制竞争,而用计划取而代之,那么结果必将一塌糊涂。哈耶克历数了计划经济的种种弊端。指责计划会导致生产效率低下,经济计划必然导致政治集权。

如果说,哈耶克强调竞争和市场经济,对中国经济发展或许有一定的启发作用。但是该著把集体主义、社会主义和法西斯主义混为一谈,污蔑社会主义,认为社会主义就是奴役,攻击社会主义与纳粹主义有共同的思想基础,等等,足以说明它不是一部好书,也不是一部学术严谨的著作。但是,却受到那么多人的吹捧。在互联网上看到一则信息:在 133 个评语中,好评 118 人,中评 7 人,差评 8 人。这或许与哈耶克是 1974 年诺贝尔经济学奖获得者有关,但也极有可能与新自由主义者在互联网上操控和推波助澜有关。

如果借用哈耶克的语言,说什么公有制和计划经济是通往奴役之路,那么今天,我们更可以说新自由主义是通往灾难之路。对此,马克思主义经济学家何秉孟先生曾专门撰文,使读者深有同感和深受启发。①

何秉孟先生曾谈到新自由主义对亚洲所造成的金融危机的恶果,指出:"对于亚洲金融危机的严重后果,美国政府不但丝毫无愧疚之意,反而公开宣称:亚洲发生金融危机的原因在于,这些国家政府缺乏经济管理能力;甚至指称是这些国家政府官员的裙带关系和腐败使然;等等。更令人发指的是,亚洲金融危机爆发以后,美国政府袒护和纵容美国的国际金融投机大鳄乘人之危,在东亚地区的金融货币市场上疯狂套利套汇,蓄意加剧危机。美国还操纵国际货币基金组织,先是迟迟不向亚洲有关国家提供贷款,继而不顾有关国家反对,利用贷款提出必须进一步推行新自由主义'改革'等苛刻的先决条件。在整个亚洲金融危机期间,美国当局的表演,将其企图控制东亚地区金融、资本市场的险恶用心,暴露得淋漓尽致。短短几年,这个在 20 世纪 90 年代前曾被广为称誉的'东亚经济模式'很快蜕变为灾难型经济模式,在亚洲金融危机中蒙受了几千亿美元的重大损失,有的国家的经济甚至倒退了 10—20 年。"

---

① 参见何秉孟:《新自由主义是通向灾难之路——兼论新自由主义与自由主义的渊源和区别》,《环球视野》第 693 期,《马克思主义研究》2014 年第 11 期。

我们认为,哈耶克主要是从理论上论证公有制和计划经济是通往奴役之路,而论证新自由主义是通往灾难之路,更多的是要从实践上特别是通过大量的事实和数据加以说明。

这可以从"华盛顿共识"初始声名大噪、后期臭不可闻的原因说起。笔者前文对此曾有阐述,这里就不再展开说明。

而就中国改革开放的现实来看,新自由主义给中国带来更多的是,劣迹斑斑、罪恶累累。一个拥有几亿财产、好端端的国有企业,或许昨天还要捆绑上市,拟向股市进军,力图做大做强,结果忽然间就被卖给了某些私人,还美其名曰:靓女先嫁。这样的事例竟然屡见不鲜。且不说国有企业那些下岗工人的遭遇了,仅从国家国有资产的流失来看,新自由主义思潮就绝对是个祸害。

三、反对新自由主义思潮的对策性思考

如前所述,新自由主义思潮在中国之所以在相当长的时间里,传播迅猛、"战绩辉煌",以至于给中国改革开放带来重大干扰和破坏,就在于它钻了我国改革开放实行市场经济体制的空子。这固然与世界形势发展相关,现在西强我弱,社会主义运动处于低潮,新自由主义在西方是主流经济学,而且已经意识形态化、政治化、范式化。同时,一方面,我国作为社会主义国家,过去长时期实行计划经济体制;现在转型实行市场经济体制,不得不摸着石头过河,还不能很快适应它,还需要磨合和探索。另一方面,由于我们对新自由主义的本质和危害,有一个认识过程,以至于在实践中出现失误,交出了不菲的学费,其中当有不少教训值得吸取。

改革开放以来,中国走出来一条自己的路,这就是中国特色社会主义道路。我们实行市场经济体制,与西方资本主义国家的市场经济体制具有本质不同,这就是社会主义市场经济。将社会主义制度和市场经济体制结合起来,建立社会主义市场经济体制,对于中共党人来说是前所未有的伟大实践,没有先例和经验可寻。正是在这个意义上,我们说中国特色社会主义是在科学社会主义原理基础上的创新和发展,是世界社会主义运动的伟大创举。

实践出真知,吃一堑长一智。鉴于与新自由主义思潮斗争的长期性和复杂性,我们认为,以社会主义核心价值体系引领社会思潮,需要继续做好如下工作:

(一)在学理上辨析新自由主义的错误和危害

首先,在学理上要把新自由主义经济学中对于市场机制运行一般规律的科学合理成分,同其作为资产阶级意识形态区别开来。对前者,由于我们实行市场经

济体制,需要学习和借鉴西方主流经济学有价值的东西,要批判地选择吸收其合理的思想和方法。对后者,由于新自由主义极力主张私有化、反公有制、反政府干预、反社会主义等系统主张,这种反马克思主义的思潮危害很大,是与中国特色的社会主义市场经济相对立的,要旗帜鲜明地坚决反对。

其次,新自由主义极力鼓吹全面自由化、完全市场化、彻底私有化,其学理的支撑是所谓的“经济人假设”。这一假设认为自私自利是人不变的、永恒的本性。假设源于19世纪边沁的功利主义,他将大小私有者在经济活动中自发产生的功利标准泛推到伦理领域,把最大限度地追求个人利益的自私精神说成是最大多数人的最大幸福的途径。这种对自私利己的渲染和夸大是极其片面、形而上学的。把利己心看作与生俱来和一成不变的东西,继而把“自私人”抽象化、永恒化和绝对化,这是历史唯心主义。这就完全否认了存在决定思维、社会存在决定社会意识的马克思主义哲学原理,否定了客观世界和社会环境对人的改造和影响的历史事实。这就需要运用马克思主义的实践观,来分析“经济人假设”的非科学性,从理论上彻底驳倒。

再次,新自由主义极力鼓吹私有制是最有效率的,是永恒的,是最符合人性的,是市场经济的唯一基础。这不仅不符合历史事实,更不是真理。如果只从历史的某一个局部和阶段来看,或许私有制有其合理性和有效率,但是如果把它放在整个人类的历史长河去考察,就会看到私有制的局限性很大,只有公有制主张的共同富裕和人的全面发展、自由解放,才深得人心,成为人类社会美好向往的目标。而从人性来说,那些镌刻在历史丰碑上的伟人,无不都是舍己为公、牺牲自我,从而得到人民的爱戴和纪念。

最后,新自由主义极力鼓吹完全市场化和全面自由化,主张市场至上和市场万能,也是偏颇的、夸大的、不符合实际的。这种走极端的认识和主张,在实践中所造成的危害后果,就连新自由主义者自己也心知肚明。事实上,市场绝不是万能的,也不可能是万能的;资本主义也是有计划、有调控的。例如美国对石油出口的管控已经几十年,前不久才放开。至于新自由主义鼓吹金融自由化,更是有限度的。所谓完全放开,只是去怂恿其他国家来实施,搞试验,而置其他国家产生金融危机而不顾,概不负责。因此,绝不要轻信所谓完全市场化和全面自由化的鼓噪。新自由主义主张政府作用最小化,反对国家对经济的干预和调控,与中国特色社会主义的基本经济制度及其管理体制,完全是对立的。中国特色社会主义建设的经验和教训表明,决不能走新自由主义道路,要彻底和新自由主义划清界限,彻底摒弃已经意识形态化、政治化、范式化的新自由主义。

（二）揭露新自由主义的负面影响，清算其造成的恶果

由于新自由主义在中国的传播和发展，是伴随着改革开放逐步走向深入进行的。在中国取得举世瞩目的巨大经济成就同时，回过头来，揭露新自由主义在中国的负面影响，清算其造成的恶果，是完全必要的。这对于中国在新一轮深化改革中，坚定社会主义方向，少走弯路，不走邪路，具有重要的现实意义。

新自由主义对中国的负面影响，最突出的是对国有企业的肢解和伤害。它们对国有企业不分青红皂白，痛下杀手，毫不留情。对于贱卖国企致使国有资产流失，喜形于色。而对现存的、数量已经不多的国有企业虎视眈眈，欲彻底清除而后快。诬蔑国有企业都是垄断的、无效益的，是改革的绊脚石。新自由主义干扰中央提出的“坚持两个毫不动摇”的方针，即毫不动摇地发展国有经济和毫不动摇地发展民营经济，指责发展国有经济就是“国进民退”，曲解中央精神，甚至说“两个毫不动摇”主要是毫不动摇地发展民营经济云云。

新自由主义鼓吹彻底私有化，对于中国出现的两极分化津津乐道，认为是自然竞争的结果，天经地义。这是和社会主义的本质要求截然对立的。社会主义的本质是解放生产力，发展生产力，消灭剥削消，除两极分化，最终实现共同富裕。但是新自由主义从骨子里推崇剥削的合理性，追求资本利润最大化，最终为资产阶级（权贵阶级）服务，而把广大人民群众的利益丢掷一旁。

新自由主义对于工人阶级和广大普通群众做出的牺牲，沦为下岗待业人员，从而生活在社会最底层，毫无怜悯之心，甚至不屑一顾，认为这是改革的代价使然。这就说明新自由主义所追求的只是资产阶级和权贵集团的利益。因此，要站在最广大人民利益的立场上，毫不犹豫地清算新自由主义的造成的恶果。要让工人阶级和广大群众站出来讲话，揭露新自由主义的劣迹和恶行。

（三）坚定改革开放的社会主义方向

毫无疑义，在改革开放中坚持社会主义方向，具有决定性的意义。这也是改革开放最终能否成功的重要标志。从改革开放伊始直到今天，坚持社会主义方向，还是坚持资本主义方向，始终是改革的首要问题。苏联的改革以苏联解体、东欧剧变和苏共垮台而告终，最重要的原因之一，是扭转了改革的社会主义方向，最终滑向资本主义。前车之覆，后车之鉴；南墙之痛，应有所戒。中国的深化改革，要坚定走中国特色社会主义道路，这是一条康庄大道，是给中国人民带来福祉的道路，是实现共同富裕的道路，绝不是新自由主义希冀的资本主义道路。因此，要

搞清楚中国特色社会主义与新自由主义的本质区别，坚定中国特色社会主义的理想信念，拒绝和摒弃新自由主义的极端化主张，才是理性的必然选择。

这就需要对那些对从事经济学教学、研究和财经部门的海外归来的爱国人士，爱护他们，欢迎他们为社会主义祖国服务，帮助他们认识和接受中国特色社会主义。特别是目前在高校从事经济学教学的海归专家和学者，有一个从西方主流经济学到中国特色社会主义政治经济学转变的过程，这个“转变”至关重要，既关系到教师本人树立马克思主义的立场、观点和方法，与新自由主义主流经济学的错误划清界限，批判新自由主义的全面自由化、完全市场化、彻底私有化，为最广大人民的利益服务；更关系到教育莘莘学子，培养他们成为对国家和民族有贡献的人才，成为中国特色社会主义建设事业的生力军，成为实现中国梦的中坚力量。

而对于执政党来说，要坚定不移地执行和贯彻中国特色社会主义基本经济制度的要求，始终坚持公有制为主体，坚持共同富裕，消解和克服两极分化，是当前的首要任务之一。这是广大人民群众对执政党的希冀，也是执政党需要解决各种疑难问题的当务之急。党的十八届五中全会明确提出了“创新、协调、绿色、开放、共享”五大发展理念，要使改革开放的成果惠及最广大人民群众，让他们也能享受到改革开放带来的“红利”，只有这样，才能促使缩小两极分化，争取最广大人民群众对深化改革的支持。

(四)加强舆论导向，依靠工农联盟，形成反对新自由主义的“气候”

鉴于新自由主义在中国和世界的劣迹和恶行，需要加强媒体的正确舆论导向。本来，新自由主义在国际思想舞台上，已经名声很臭，几近到了人人喊打的地步。但是在中国，许多人对新自由主义的本质还没有认清，还把它当作“香饽饽”，这与媒体的宣传是有直接关系的。一是对新自由主义在拉美等国家推行“华盛顿共识”所造成的金融危机和经济危机，宣传不到位，揭露得也不够。二是总以为新自由主义经济学在西方发达国家的大学占主导地位，其学术含量很高，有许多诺贝尔经济学奖获得者，能够有吸引力，有许多追随者。殊不知，已经时过境迁，新自由主义已经在原有的宝座上跌落下来，失去了过去的辉煌。媒体对此跟进不够，较少从新自由主义的源头上来看亚洲金融危机，也未能及时分析和阐述新自由主义的极端错误主张，痛击他们的错误观点，反而给予其比较宽容的优待。这些都足以说明我们的舆论导向存在较大的差距。

从工农联盟及其切身利益来说，与新自由主义格格不入，甚至相差更远。应看到中国工人和农民阶级是抵制和反对新自由主义的。要依靠工农联盟，形成抵制和反对新自由主义的氛围——“大气候”。事实上,广大工人阶级对新自由主义对国有企业的肢解是不满意的、怨声载道;广大农民对新自由主义主张的土地私有化,也是反对的。因此,工农大众联合起来,坚决抵制和反对新自由主义,形成一种强大的气场,让新自由主义无处藏身,是一种合乎理性的必然选择。

当然,抵制和反对新自由主义,还要注意政策和策略,要把新自由主义经济学的科学合理成分与其意识形态化、政治化、范式化区分开来。要善于团结那些从海外归来的青年学子,给他们理解和接受中国特色社会主义理论和实践的机会,帮助他们参加调研,进行对比,看看在中国到底是走自己的路好,还是亦步亦趋地跟在西方主流经济学屁股后面好。这些,实践都将做出最好的回答。对于新自由主义者,除了极少数顽固不化的分子外,大多数还是可以争取和团结的。特别是对那些海归经济学专家学者,我们更要争取他们,帮助他们,感化他们,形成一种合力,将惠及广大工农大众的深化改革进行到底。而对于顽固不化的极少数子自由主义者,除了彻底批判和斗争到底,也别无选择。

第三节　科学引领社会思潮的可能性、现实性与路径选择

时光荏苒,沧海桑田。历经40年的改革开放,中国共产党领导中国人民高举中国特色社会主义伟大旗帜,和平发展,正以崭新的面貌屹立在世界东方。

今天,对比改革开放前,人民共和国已经发生了举世瞩目、翻天覆地的变化:她创立了中国道路、中国经验和中国模式,一跃而成为世界第二大经济实体。她走上了世界经济舞台的中心,名副其实地成为世界经济发展的“引擎”,并在世界政治格局的起伏变动中,举足轻重。她是世界社会主义运动的旗手,坚持马克思主义的科学社会主义原理,不断探索科学社会主义新的理论形态和实践形态。她处变不惊,力挽狂澜,韬光养晦,埋头苦干,终于使处于低潮的世界社会主义运动重见曙光、前景光明。

是的,中国共产党领导中国人民现已成功地开辟出一条通往中华民族伟大复兴的康庄大道,这就是中国特色社会主义道路。这是一条给中华民族带来福祉的富强、民主、文明、和谐之路,是通向全体人民共同富裕之路。这条道路,承载着作为执政党的中国共产党和全体中国人民的奋斗目标和方向,承载着中国梦和中华民族的希望。

然而,中国特色社会主义道路的开辟是十分艰辛的,这条道路的形成和发展也是非常曲折、不平坦的。

实践是理论的源泉;理论又指导着实践。中国共产党之所以能够领导中国人民开辟出这条正确的道路,是因为在这场波澜壮阔的改革开放中,从"摸着石头过河",到全党逐步形成了马克思主义中国化新的伟大成果——中国特色社会主义的理论体系。用这一理论体系指导中国改革开放继续深入发展,并在实践中不断自我完善,这是中国特色社会主义建设事业取得胜利的根本保证。社会主义核心价值体系,是中国特色社会主义理论体系的重要组成部分。如何以社会主义核心价值体系引领社会思潮,是当下的中国在社会转型时期不可回避的重大课题。

大浪淘沙,沉渣泛起,惊涛拍岸,相互激荡。这是当今中国社会思潮传播和发展的真实写照。以社会主义核心价值体系引领社会思潮,是中国改革开放深入发展的必然要求,是社会主义意识形态建设的必然选择,是加强和巩固马克思主义阵地的重要途径。

那么,社会主义核心价值体系何以能引领各种思潮?如何用社会主义核心价值体系引领社会思潮?为什么中国特色社会主义能够在国内外各种社会思潮的激荡中,独领风骚、砥柱中流?社会主义核心价值体系引领社会思潮的路线、方针和政策是什么?这既是马克思主义必须回答的重大理论问题,也是当今中国深入改革开放需要解决的重大现实问题。

一、社会大变革时期社会思潮的传播和发展

回答前述问题,不得不从中国的近代历史谈起。

中国近代以来的历史表明,在意识形态领域的各个时期,中国从来不缺少作为舶来品的社会思潮。越是在社会大变革时期,就越是有各种社会思潮从国外涌入中国大地,它们争相表演、传播、发展。

例如在 1919 年五四运动时期,"鼓吹新思潮的刊物如雨后春笋,先后出现 400 多种"①。"既有马克思主义的科学社会主义,又有各种各样被称为'社会主义'的资产阶级和小资产阶级的思想理论派,如无政府主义、无政府工团主义、互助主

① 中共中央党史研究室:《中国共产党历史》(第 1 卷)上册,中共党史出版社 2002 年版,第 43 页。

义、新村主义、合作主义、泛劳动主义、吉尔特社会主义、伯恩斯坦主义等。"①这些思潮就像雾里看花一样,以各种各样的方式,对中国社会产生这样或那样的影响。

(一)社会思潮以"主义"包装,提出利益诉求

这些社会思潮之所以能够迅速传播,表明处于大变革时期的中国社会发展的迫切需求。面对形形色色的社会思潮,面对它们的立场、观点和主张,不同的社会阶级和阶层都有一个需求、选择、过滤和吸收的过程。"在阶级社会中,每一个人都在一定的阶级地位中生活,各种思想无不打上阶级的烙印。"②马克思主义的科学社会主义,之所以在中国劳苦大众中迅速传播,是因为新兴的中国工人阶级和广大农民劳苦大众,相信马克思主义理论的科学性和真理性,接受和赞同"全世界无产阶级联合起来",去剥夺那些剥夺者,实行无产阶级专政的政治主张;认识到科学社会主义是为广大普通百姓讲话的,代表了人民的呼声;认识到了科学社会主义的价值观,对于凝聚中国工人阶级和劳苦大众的价值观,具有决定性的影响。

马克思主义认为,社会存在决定社会意识;同时,社会意识也反作用于社会存在。这是唯物主义的基本观点。中国工人阶级和劳苦大众之所以选择马克思主义的科学社会主义,完全是由于他们自身所处的经济地位所决定的。他们被压在了社会的最底层,最具有对剥削阶级的反抗意识。对马克思主义的科学社会主义所主张的消灭剥削阶级、打到资本家和地主阶级,求得自己的翻身解放,是他们的渴望,也是最基本的诉求。

在中国工人阶级寻找翻身解放的思想武器并用其武装自己的头脑时,其他各种不同的阶级和阶层,也都在寻找符合自己利益的代言者,也以各种"主义"作为思想包装,提出自己的诉求。综观各种社会思潮的表现,无不如此。

随着马克思主义的科学社会主义的传播和发展,随着五四运动前兴起的新文化运动,已发展成为以传播马克思主义为中心的思想运动:"一年以来,社会主义底思潮在中国可以算得风起云涌了。报章杂志底上面,东也是研究马克思主义,西也是讨论鲍尔希维主义;这里是阐明社会主义底理论,那里是叙述劳动运动底历史,蓬蓬勃勃,一唱百和,社会主义在今日的中国,仿佛有'雄鸡一鸣天下晓'的

---

① 中共中央党史研究室:《中国共产党历史》(第1卷)上册,中共党史出版社2002年版,第44页。

② 《毛泽东选集》第1卷,人民出版社1991年版,第283页。

情景。”①以 1921 年 7 月中国共产党的诞生为标志，马克思主义的科学社会主义已成为中国社会发展的幽灵和星星之火，徘徊和散落在中国大地上。

在马克思主义的指导下，中国共产党成立以后，领导中国人民进行了艰苦卓绝的斗争，历经国内第一、二次革命战争、土地革命、抗日战争、解放战争，终于推翻了压在中国人民头上的三座大山，打败了日本帝国主义和国民党反动派，取得了新民主主义革命的伟大胜利，建立了一个崭新的中华人民共和国。

在社会主义建设时期，先是学习苏联，走苏联的路；后来是依据中国国情，以苏为鉴，自力更生，艰苦奋斗，取得了“两弹一星”的辉煌业绩，社会主义建设事业蒸蒸日上。

在社会主义改革开放时期，中国共产党通过不断探索，坚持把马克思主义普遍原理和中国具体实践相结合，走自己的路，建设有中国特色社会主义，成功地把中国建设成为世界第二大经济实体，正朝着实现中国梦即中华民族伟大复兴的道路上前进。

此期间，中国共产党虽然有不少失误和教训，但是在建党以来的 90 多年中，党实现了马克思主义中国化的两次历史性飞跃：第一次飞跃是产生了毛泽东思想；第二次飞跃是形成了中国特色社会主义理论体系。两次伟大的历史性飞跃，使得马克思列宁主义、毛泽东思想和中国特色社会主义理论体系成为社会主义主流意识形态，成为时代的主旋律，确立了中国化马克思主义的指导地位。因此，作为主流意识形态，马克思主义中国化、时代化、大众化，就成为时代赋予中国共产党人的历史使命。而用社会主义核心价值体系引领社会思潮，不仅是社会主义意识形态建设的题中应有之义，也是马克思主义中国化、时代化、大众化的基本要求。

（二）20—21 世纪初，人类社会制度剧烈变革、社会思潮纷纭变幻

从人类历史的长河来看，20—21 世纪初，是人类社会制度剧烈变革、社会思潮纷纭变幻的世纪。20 世纪的历史已经证明了这一切；21 世纪初以后的历史将以新的实践来证明。

1917 年俄国十月社会主义革命的胜利，开辟了人类历史的新纪元。这是人类历史上第一次出现的无产阶级通过阶级斗争和无产阶级专政取得的革命政权，建

① 中共中央党史研究室：《中国共产党历史》（第 1 卷）上册，中共党史出版社 2002 年版，第 47 页。

立了一个可与资本主义世界抗衡和媲美的苏维埃社会主义共和国联盟。紧接着，经过第二次世界大战，苏联共产党领导苏联人民取得了反法西斯战争的胜利，在她的影响下，苏联东欧许多国家纷纷高举社会主义大旗，亚洲和拉丁美洲的某些国家也相继宣称走社会主义道路，形成了以苏联为首的社会主义阵营。世界社会主义运动在辉煌时期，曾先后有15个社会主义国家，坚持马克思主义为指导，建设社会主义，而且取得了辉煌的业绩。

然而，历史的车轮行驶到20世纪90年代，世界社会主义运动却陷入了低潮。随着苏联解体和苏联共产党垮台，苏联东欧一些国家也纷纷改弦易辙，放弃了社会主义道路，使得世界社会主义运动受到了严重挫折。反思这一阶段的历史，我们会发现这样的事实：马克思主义执政党的执政，不是一劳永逸的。如果认为共产党执政以后就可以高枕无忧，那么苏东剧变是最好的回答。社会主义制度亟须在改革中进行不断完善和发展，包括要改革经济体制、政治体制等一些基本制度和机制，以适应生产力发展的要求。如果在改革开放中，不坚持社会主义方向，也是万万不行的。苏联解体的重要原因之一，是在改革开放中背离了社会主义的方向。其他东欧社会主义国家也有相类似的问题。

深刻反思苏联解体和东欧剧变，意识形态建设出现了重大失误，是十分重要的原因。一个时期以来，苏联共产党特别是戈尔巴乔夫本人，提出所谓“新思维”，主张“民主化”“多元论”“公开性”等，使得苏联全社会历史虚无主义盛行，各种非马克思主义思潮泛滥成灾，反马克思主义思潮有恃无恐、咄咄逼人。马克思主义的主流社会思潮不断被排挤，出现非常被动的局面，可以说是无能为力、节节败退。各种非马克思主义和反马克思主义占据了主导地位，在舆论上为苏联解体和苏共垮台做了充分的准备，终于导致了苏联解体和共产党垮台的命运。

而在中国则是另外一种情形。中国的改革开放，是在中国共产党的领导下，首先制定了党在社会主义初级阶段的基本路线：“领导和团结全国各族人民，以经济建设为中心，坚持四项基本原则，坚持改革开放，自力更生，艰苦创业，为把我国建设成为富强民主文明和谐的社会主义现代化国家而奋斗。”由于对坚持四项基本原则的反复强调，特别是从邓小平开始，经过江泽民、胡锦涛，直到习近平，都非常重视意识形态建设，强调意识形态工作的极端重要性，抵御和批判各种马克思主义社会思潮，提出用社会主义核心价值体系引领社会思潮。正因如此，中国的改革开放，才没有出现苏联和东欧那样的局势，没有改变社会主义的方向。

(三)社会主义核心价值体系引领社会思潮的必然选择

无疑,中国的改革开放,是中国近代肇始的现代转型的“千年未见之大变局”的继续和诠释。归根结底是中国向何处去?走什么路?能不能实现中华民族的伟大复兴?无疑,伴随着改革开放和社会转型,中国人民能否完成“两个一百年”的政治任务和目标,是对中执政党及广大民众的一次严峻考验。党的十六大提出“四个深刻变化”,是对全党和全国人民注重提高执政能力的重大提醒。十六大提出并在十七大上具体阐述社会主义核心价值体系,直到十八大阐发社会主义价值观,无疑指出了各种社会思潮进行传播的广度和深度空前,必须推出执政党自己主张和倡导的社会主义核心价值体系和核心价值观,除此之外,别无选择。这是深化改革开放的需要,也是引领各种非主流社会思潮的需要。随着改革开放的深入推进,又出现了“四个考验”和执政党存在的“四个风险”。积极应对这些考验和风险,从意识形态建设上找到抓手,提出以社会主义核心价值体系引领社会思潮,这是深化改革开放的现实性选择。

还应看到,随着互联网和新媒体时代的到来,以社会主义核心价值体系引领社会思潮,遇到了更加复杂和严峻的局面。作为辩证唯物主义和历史唯物主义者,当然首先要积极面对新的科学技术飞速发展的事实。恩格斯曾说,随着自然科学每一个划时代的发现,唯物主义也将要改变自己的实践形式。现在,作为执政党的中国共产党,要学会运用这些新的科学技术,用于改进舆论工作方法。在引领社会思潮的过程中,要学会运用新媒体传播手段和方法,做到与时俱进。只有这样,社会主义意识形态建设才能不落后于时代的要求,牢牢掌握主动权和话语权,立于不败之地。

二、什么是社会思潮?

坚持以社会主义核心价值体系引领社会思潮,需要对什么是社会思潮有比较完整和准确的理解和把握。

(一)社会思潮的内涵

所谓社会思潮(social thoughts, social trends),一般是指在较长时期内得到广泛传播并对社会经济、政治、文化产生较大影响的某种社会意识、思想观念所形成的思想趋势和潮流,代表了某个阶级或阶层的利益诉求,是这个阶级或阶层意识形态的反映。社会思潮产生某种思想力量,对社会的变革、发展发生重要作用和影响。

简单地说,社会思潮是带有某种趋向性的思想体系。例如,《中国大百科全书》(哲学卷)指出:"反映特定环境中,人们的某种利益或要求并对社会生活有广泛影响的思想趋势或倾向。"1902 年,梁启超在《论时代思潮》一文中说:"因环境之变迁,与夫心理之感召,不期而思想之进路,同趋于一方向,于是相与呼应成潮,如潮然。"因此,一般可以认为,社会思潮就是思想的潮流。

事实上,学者们往往在比较宽泛的意义上使用社会思潮的概念。例如,美国学者佩里·安德森在 2005 年撰写的《思想的谱系:西方思潮左与右》(*Spectrum: From Right to Left in World of ideas*)一书,对社会思潮的界定比较宽泛,把各种社会思潮匡进思想的谱系;而德国哲学家哈贝马斯在《后形而上学思想》(*Nachmetaphysisches Denken*)一书中,认为 20 世纪形成了四种哲学思潮:分析哲学、现象学、西方马克思主义和结构主义,它们是一条思想大河中的四种各具特色的思想体系。中国学者林泰则特别强调社会思潮与社会大变革的关系。① 社会思潮看作在社会心理演化的基础上,由一定思想理论引导的思想体系倾向。

马克思指出,思想、观念、意识的生产直接与人们物质活动、物质交往、现实生活的语言交织在一起。"意识②在任何时候都只能是被意识到了的存在③,而人们的存在就是他们的现实生活过程。"④这是物主义的最基本原理。这一原理告诉我们,把握社会思潮,要从社会意识反映社会存在、社会存在决定社会意识的立场、观点和方法来深刻认识。在一定意义上,社会思潮就是社会意识的综合表现形式;同时,社会思潮还具备了思想体系的特征。或者说,社会思潮是介乎于社会意识和思想体系之间的思想潮流。我们认为,社会思潮更多地表现为思想体系的特征,而在当下中国社会流行的各种社会思潮,一般也都自认为已经形成了思想体系。

反映社会意识特别是思想体系的社会思潮,不论其是否进步和落后,不论其影响有多深远,也不论其存在有多长久,它们一般都具备两个特点:一是它的阶级、阶层性;二是它的能动作用、能动力。

在社会发展中,既有顺应历史潮流前进的革命、进步、正确的社会思潮,也有

---

① 参见林泰主编:《问道——改革开放以来的社会思潮与青年思想政治教育研究》,中国社会科学出版社 2013 年版。

② das Bewusstsein.

③ das BewusstseinSein.

④ 《马克思恩格斯选集》第 1 卷,人民出版社 1995 年版,第 72 页。

逆历史潮流的反动、落后、错误的社会思潮；既有封建主义的社会思潮、资产阶级和资本主义的社会思潮，也有无产阶级和社会主义的社会思潮；既有反映权贵阶层的思潮，也有反映草根阶层的思潮。

如前所述，社会思潮的形成和传播，与社会大变革的关系极为密切。中国共产党第十一届三中全会的召开，标志着中国社会的重大转折。20 世纪 70 年代末中国开始的改革，既是世界性社会主义改革的组成部分，也是中国近代肇始的向现代转型的“千年未见之大变局”的延续，是集多重历史使命和内涵于一身的系统社会变革，是经济体制、社会结构、生活方式和思想观念的全方位变革。

这一伟大历史性转折所引起的社会性思潮震荡和反思，对改革性质、内涵和目标的认识构成的当代中国改革、转型和发展要解决的一系列深刻和复杂的问题，实际上是再现了对“中国现代化发展道路问题”的新思考：中国向何处去？如何实现现代化？走什么路？（路径依赖是什么？）

这是一个出现了理论困惑又需要新的理论认知和指导的时代。历史性反思和深化体制变革的实践，既向原有的理论提出了挑战，又产生了对更多思想理论资源的强烈需求。改革开放后，人们在对以往的理论和实践进行反思的同时，思想僵化和禁锢状态的消除，使得西方的思想资源、理论学说潮水般地涌进中国。

（二）马克思主义者亟须研究当今社会思潮

有学者指出，当下的中国无疑处在一个伟大的时代，所有中国人的心灵都在波澜壮阔的改革开放大潮中，撞击着、洗涤着、净化着、升华着。我们都坐在一条轮船上，但是这条巨轮驶向何方？它的下面是不是凶险无常的暗礁？

与此同时，似乎光明和黑暗、善良和邪恶、幸福和痛苦、彷徨和无奈、挑战和希望全都交织在一起。英国作家狄更斯的名著《双城记》的开场白，描写 1789 年的法国大革命，或许也折射了当下的中国？

It was the best of times, it was the worst of times, it was the age of wisdom, it was the age of foolishness, it was the epoch of belief, it was the epoch of incredulity, it was the season of Light, it was the season of Darkness, it was the spring of hope, it was the winter of despair, we had everything before us, we had nothing before us, we were all going direct to heaven, we were all going direct the other way – in short, the period was so far like the present period, that some of its noisiest authorities insisted on its being received, for good or for evil, in the superlative degree of comparison only.

译文：那是最美好的时代，那是最糟糕的时代；那是智慧的年头，那是愚昧的年头;那是信仰的时期,那是怀疑的时期;那是光明的季节,那是黑暗的季节;那是希望的春天,那是失望的冬天;我们全都在直奔天堂,我们全都在直奔相反的方向。简而言之,那时跟现在非常相像,某些最喧嚣的权威坚持要用形容词的最高级来形容它。说它好,是最高级的;说它不好,也是最高级的。

这样将18世纪的法国大革命来比喻当今中国的社会发展,未必确切。但至少是具有一些相似之处。例如,对于现在社会上存在的诸多问题,人们往往会听到和看到截然相反的认同和表现。各种社会思潮表达了不同的利益诉求和思想主张,在许多重大问题上,都有针锋相对的看法。

我们看到在当下中国,已有一批学者在研究社会思潮。20世纪末,研究社会思潮的学者还不是很多。到了世纪之交,明显多了起来。进入21世纪,已有一定的规模。体现在各种思潮代表人物的著述(主要是论文)发表在各种媒体上,但是,真正用马克思主义的立场、观点和方法研究社会思潮的著述还没有形成较大的规模。

国外学者对中国当代社会思潮的研究,多表现在对主流思想——中国特色社会主义的理解和阐述;具体到其他社会思潮,无论是在整体上,还是对个别思潮,一般都浮在表面,深入者较少。美国作家、学者罗伯特·劳伦斯·库恩博士在他2008年出版的著作《中国30年:人类社会的一次伟大变迁》中,通过采访中国改革开放的许多亲历者和建设者,描绘了一个西方人眼中发生巨变的中国。该著具有解读中国社会思潮传播和发展的性质。

罗伯特·劳伦斯·库恩发掘了改革开放30年给中国的政治、经济、科技、教育等领域,以及普通民众的生活和观念带来的深刻变化,还特别关注中国领导人的思维方式,用一个西方人的眼光解读了邓小平理论、"三个代表"重要思想和科学发展观的理论内涵与具体实践。

他曾造访中国社会科学院马研院,本项目组成员曾参加了和罗伯特·劳伦斯·库恩及其助手的座谈会,对他的思想和观点具有一定的了解。

对于改革开放以来社会思潮和社会意识的变化,国内媒体的记者较早用新闻笔触记录了这个变化。《人民日报》的两位新闻记者凌志军、马立诚在20世纪90年代中后期先后推出了《交锋:当代中国三次思想解放实录》和《呼喊:当今中国的5种声音》。21世纪初,凌志军又出版了《变化》(1990—2002年中国实录)。这三本书为研究当代社会思潮提供了一些重要资料。2002年12月,马立诚在北京《战略与管理》杂志第6期发表《对日关系新思维——中日民间之忧》,在亚洲引起轰动,在国内引起激烈争论。2004 年 2 月 18 日出版《日本不必向中国谢罪》,该书的封面以中国国旗为背景,内写:"被中国民族主义者骂作走狗的《人民日报》高级评论员以自己的勇气所写成的书。"2004 年上半年他的新著《中日战争的思考与启示》和《中国与台湾的出路》又在日本出版,无意间竟使日本右翼势力大喜过望,居然视其为"知音"和"伙伴"。(以上资料来自百度)2012 年 1 月马立诚又推出新作《当代中国八种社会思潮》(社科文献出版社出版)。对中国特色社会主义思想、老左派思潮、新左派思潮、民主社会主义思潮、自由主义思潮、民族主义思潮、民粹主义思潮、新儒家思潮进行了阐述。这本书分为三部分,其中第二部分为专题讨论,记叙了一些学者提出对当代社会思潮的看法,有一定参考价值;第三部分的相关链接资料也值得一看。

此外,新华社原高级记者杨继绳 1998 年出版的《邓小平时代》,用他 20 年来新闻采访经历记录了改革开放前 20 年中国社会思潮和社会意识的变化,其中披露了不少第一手资料。河南大学出版社在 1999 年按照政治、经济、文化、社会思想划分,出版了"当代中国思想丛书"。乐山主编的《潜流》在 2004 年出版,对狭隘民主主义进行批判和反思,解构民族主义、权利、意识形态和价值观念。

21 世纪初学术界出版的一批 20 世纪思想史著作中,都涉及了对改革开放以来的思想发展研究。其中许纪霖编的《20 世纪中国思想史论》和陈哲夫、江荣海、吴丕合著的《20 世纪中国思想史》比较集中地论述了改革开放以来的思想演变。

2002 年中共中央党校江流和赵曜主编的《社会主义精神文明建设》(上、下卷)(吉林大学出版社 2002 年版)专辟一编"社会思潮研究"。该著对于社会思潮表现的特点进行了分析,分别对伪科学思潮、经济私有化思潮、自由主义思潮、保守主义思潮、历史虚无主义思潮、民主社会主义思潮、殖民地奴化思潮、民族分裂主义思潮、拜金主义思潮、利己主义思潮共十中社会思潮进行了评述。

中国社会科学院集中力量研究了"新自由主义思潮",出版了具有相当分量的研究成果。以何秉孟研究员牵头的课题组,做了深入细致的研究,不仅有专著出版,还有许多篇批判新自由主义思潮的鼎力之作,受到了马克思主义理论界的高度评价。

为了批驳历史虚无主义思潮,梁柱、龚书铎主编了《警惕历史虚无主义思潮》。特别是梁柱教授,近年来多次在一些论坛和研讨会上,就历史虚无主义思潮进行解析和批判。由于他具有深厚的马克思主义理论功底,在学界又具有很高的声望,对历史虚无主义的鞭挞击中要害,因而得到学界的认同和拥护。但是也受到了历史虚无主义某些代表人物的攻击和嘲讽。

尽管如此，他没有停止批判，而是笔耕不辍，多次在各种场合发声，走在了坚决批判反马克思主义特别是历史虚无主义思潮的最前列。

清华大学高校德育研究中心在2004年出版了《社会思潮论丛》，比较深入地分析了改革开放以来中国社会出现的个人主义思潮、民族主义思潮、新自由主义思潮和民主社会主义思潮。2004年曹长盛、张捷、樊建新等著《苏联演变进程中的意识形态研究》出版。（人民出版社）该著从苏联哲学人道化谈起，对苏联经济理论、政治意识、文学、史学多方面阐述其演变和苏联解体的关系。在附录中，《意识形态在苏联演变过程中的作用》的研究报告引人注目。

2008年武汉大学的梅荣政出版了国家社科基金重大招标课题“用社会主义核心价值体系引领多样化社会思潮”的阶段性成果《用马克思主义引领社会思潮》。该书从改革开放以来的众多社会思潮中选择了新自由主义、民主社会主义、历史虚无主义、文化保守主义、资产阶级民主主义、极端个人主义等对当代中国社会发展、历史走向、人心走向影响大的思潮，揭示了这些社会思潮的产生背景、历史发展、主要观点、精神实质、表现形式、传播特点、社会影响、对当代中国社会主义改革和现代化建设的干扰和危害。

2008年赵智奎主编的《改革开放30年思想史》出版，作为中国社会科学院重大课题的结项成果，以中国特色社会主义理论体系的形成和发展为主线，比较全面、客观地研究了改革开放30年中国思想的演变过程，特别是在每一编中，都比较详尽地研究了各个时期的社会思潮演变，及其与主流思想的互动关系，并探讨了改革开放30年中国思想演变的规律性。

2010年5月侯惠勤的专著《马克思主义的意识形态批判与当代中国》，从马克思意识形态批判的世界观历史观基础出发，阐述了意识形态和当今中国的信仰问题；意识形态冲突及其表现；意识形态变革和话语权；坚持改革开放和社会主义意识形态建设。该著将意识形态聚焦在当代中国，回答了举什么旗和走什么路的根本问题。2013年6月林泰教授主编《问道》在中国社会科学出版社出版。

对于改革开放以来社会意识变化的研究，一部分成果集中在社会学，特别是社会心理学领域和思想政治教育领域，而且集中在对农民群体和青年群体的社会意识研究。相比而言，尽管这方面成果也有许多，但思想理论界关注不够，上升到社会思潮和意识形态层面的研究成果还不多。

总体来看，国内外关于当代社会思潮研究成果是比较丰富的，彰显了马克思主义学者的声音。但也存在某些不足:第一,从社会存在与社会意识的互动关系角度研究不足,对于改革开放以来社会思潮和社会意识之间变动的关系研究不深;第二,在社会思潮的研究成果中,建立在实地调查和充分占有第一手资料的成果还不是很多;第三,研究中常常割裂主流社会思潮和一般社会思潮的关系,割裂主流意识形态和各种社会思潮的互动关系,对这些互动关系研究不足;特别是对马克思主义学者自身的理论贡献关注不够;第四,对于社会思潮分门别类的个案研究比较多,整体研究不足;第五,对于社会思潮和社会意识变动规律研究不足,因而对于如何用社会主义核心价值体系引导一般社会思潮,还缺乏更富有成效的对策和举措;第六,一些成果观点正确,但并不直接与社会思潮代表人物面对面交锋。

上述问题和不足是相对的。现在学术界已经注意到比较全面和深入地研究社会思潮和社会意识变动规律的重要性和迫切性。从社会思潮和社会意识的个案研究走向整体研究;从通常的现象研究走向本质研究;从一般的认识走向规律性研究;从文本的局部搜集整理走向实地访谈、社会调查和第一手资料的全面掌握、研究,正成为这一领域研究的发展趋势。更为重要的是,已把引领社会思潮作为重大研究课题,积极探索有效引领社会思潮的路径和方法。

(三)中国特色社会主义主流思潮形成和发展

当下中国的主流意识形态,无疑就是中国特色社会主义的意识形态。意识形态是由各种具体的意识形成的政治思想、法律思想、经济思想、社会思想、教育、艺术、伦理、宗教、哲学等构成的有机的思想体系。作为上层建筑,它包括中国特色社会主义的旗帜、道路、理论体系、制度等。

意识形态具有鲜明的阶级性。不同的社会集团和阶级由于其利益的差异而有不同的意识形态,而不同的意识形态在社会中所处的地位,是由其所代表的阶级的地位决定的。马克思和恩格斯在《德意志意识形态》中指出:"统治阶级的思想在每一个时代都是占统治地位的思想。这就是说,一个阶级是社会上占统治地位的物质力量,同时也是社会上占统治地位的精神力量。支配着物质生产资料的阶级,同时也支配着精神生产的资料……"作为执政党的中国共产党,集中代表的是中国最广大人民的根本利益,她既是工人阶级的先锋队,也是中国人民和中华民族的先锋队。她所代表的思想,也就是中国共产党的思想、观念和主张,是和最广大人民的根本利益完全是一致的。

所谓先锋队的"先锋",即先进、先行、走在前列的意思。唯其先进,才称得上先锋队。所以先进性是基本要求。无论是一个阶级集团整体,还是集团的每个成员,在自身素质、思想觉悟、政治行为等方面,都应该具有先进性,始终走在前列,充分发挥其先导、先锋、模范和榜样的作用。中国共产党作为中国工人阶级和中国人民、中华民族的先锋队,又作为执政党,她的意识形态所表现的中国特色社会主义旗帜、道路、理论体系、制度等,理所应当地担负起引领各种社会思潮的重任。

对于马克思主义政党来说,旗帜问题至关重要。旗帜就是方向,旗帜就是形象,旗帜就是党的指导思想和行动指南。“中国特色社会主义伟大旗帜,是当代中国发展进步的旗帜,是全党全国各族人民团结奋斗的旗帜。”“改革开放以来我们取得一切成绩和进步的根本原因,归结起来就是:开辟了中国特色社会主义道路,形成了中国特色社会主义理论体系。高举中国特色社会主义伟大旗帜,最根本的就是要坚持这条道路和这个理论体系。”这两段话是十七大报告的画龙点睛之处,是报告的灵魂和精髓。

旗帜的引领性质是显而易见的。从社会发展和人类文明进步的宏观视野来说,旗帜是人类社会有组织以来,社会各阶级、大集团、聚众团体乃至个人,其精神和意志的最高诉求;其信仰、目标、主张的集中代表;其权力、利益的明显象征和标志。一般说来,人类社会进入阶级社会后,旗帜都具有阶级性、立场性;这是旗帜的自然秉性,是天赋的、与生俱来的。旗帜具有目标性、权威性;这是旗帜的内生的本质属性。旗帜还具有统摄性、感召性;这是其外在的表征属性。当然,旗帜还具有宣传性和装饰性等其他属性,但这些属于派生的属性;它们从属于阶级性、立场性、目标性、权威性。旗帜的重要性,毋庸置疑。

中国特色社会主义道路,就是在中国共产党领导下,立足基本国情,以经济建设为中心,坚持四项基本原则,坚持改革开放,解放和发展社会生产力,巩固和完善社会主义制度,建设社会主义市场经济、社会主义民主政治、社会主义先进文化、社会主义和谐社会,建设富强民主文明和谐的社会主义现代化国家。

中国特色社会主义道路之所以完全正确、之所以能够引领中国发展进步,关键在于我们既坚持了科学社会主义的基本原则,又根据我国实际和时代特征赋予其鲜明的中国特色。在当代中国,坚持中国特色社会主义道路,就是真正坚持社会主义。近四十年前,当“四人帮”集团覆灭和“文化大革命”结束之后,中国向何处去?中国的社会主义建设向何处去?中国共产党举什么旗,走什么路?这是摆在全党和全国人民面前的重大抉择。以 1978 年 12 月党的十一届三中全会为标志,从那时起,中国共产党和中国人民选择了中国特色社会主义道路。这条道路是历史的选择,人民的选择。

中国特色社会主义道路是历史转折关头的关键抉择。“文化大革命”结束后,此时的中国实际上面临着三条道路的抉择:其一,固守“两个凡是”,“以阶级斗争为纲”,继续走坚持“无产阶级专政下继续革命”、闭关锁国的老路;其二,全盘否定毛泽东思想,否定中国共产党的领导,否定社会主义道路,奉行资产阶级自由化,将社会主义中国的旗帜改变颜色,走资本主义的邪路;其三,立足于基本国情,既坚持毛泽东思想,又摒弃毛泽东的晚年错误,以经济建设为中心,坚持四项基本原则,实行改革开放,走中国特色社会主义的新路。

历史和实践证明,前两条道路都是走不通的。中国既不能回到“以阶级斗争为纲”的老路,也不能走资本主义的邪路,更没有其他退路。唯一的正确选择,就是将科学社会主义基本原则与中国实际相结合,走中国特色社会主义道路。这一选择顺应了世界科技革命蓬勃兴起、和平与发展成为时代主题等世情变化和时代发展的要求,也是中国解放和发展生产力、谋求社会全面进步的内在要求。

中国特色社会主义理论体系,就是包括邓小平理论、“三个代表”重要思想以及科学发展观等重大战略思想在内的科学理论体系。这个理论体系,坚持和发展了马克思列宁主义、毛泽东思想、凝结了几代中国共产党人带领人民不懈探索实践的智慧和心血,是马克思主义中国化最新成果,是党最可宝贵的政治和精神财富,是全国各族人民团结奋斗的共同思想基础。中国特色社会主义理论体系是不断发展的开放的理论体系。

《共产党宣言》发表以来近一百七十年的实践证明,马克思主义只有与本国国情相结合、与时代发展同进步、与人民群众同命运,才能焕发出强大的生命力、创造力、感召力。在当代中国,坚持中国特色社会主义理论体系,就是真正坚持马克思主义。

中国特色社会主义理论体系,是在中国特色社会主义道路的历史进程中形成的。中国特色社会主义作为新时期以来中国共产党继续推进马克思主义中国化的伟大历史性创造,体现在政治上,就是要高举中国特色社会主义伟大旗帜;体现在实践上,就是开辟了中国特色社会主义道路;中国特色社会主义体现在理论上,就是形成了中国特色社会主义理论体系。高举中国特色社会主义伟大旗帜,最根本的就是要坚持这条道路和这个理论体系。坚持中国特色社会主义道路,坚持中国特色社会主义理论体系,以此作为我们全党在新的历史起点上统一认识、统一行动,夺取全面建设小康社会主义新胜利、开创中国特色社会主义新局面的根本。

中国特色社会主义制度,是中国共产党在推进社会主义制度自我完善和发展过程中,在经济、政治、文化、社会等各领域形成的一整套相互衔接、相互联系的制度体系。这套制度体制,包括人民代表大会制度这一根本政治制度,中国共产党领导的多党合作和政治协商制度、民族区域自治制度以及基层群众自治制度等构成的基本政治制度,中国特色社会主义法律体系,公有制为主体、多种所有制经济共同发展的基本经济制度,以及建立在根本政治制度、基本政治制度、基本经济制度基础上的经济体制、政治体制、文化体制、社会体制等各项具体制度。

中国特色社会主义制度分为三个层面:第一个层面,是根本政治制度。这是国家的政体,是最高的层面。第二个层面,是基本政治制度(中国共产党领导的多党合作和政治协商制度、民族区域自治制度、基层群众自治制度)、国家法律体系、基本经济制度。这是支撑国家政体的各项制度,属于中间层面。第三个层面,是具体制度。是指建立在根本政治制度、基本政治制度和经济制度基础上的经济体制、政治体制、文化体制、社会体制等各项具体制度。这是从属于根本政治制度、基本政治制度、国家法律体系、基本经济制度的各项制度,即派生出来的制度,亦称体制。

上述中国特色社会主义旗帜、道路、理论体系、制度,构成了中国特色社会主义意识形态的主要内容,反映了社会主义中国的上层建筑。这是这些,构成了执政党治国理政的统治思想,既代表了统治阶级的意识形态,也代表了最广大人民的根本利益和心声。

与上述相应,中国共产党提出和倡导社会主义核心价值体系和核心价值观。

践行社会主义核心价值体系是时代的呼唤。当下的中国无疑正处在一个伟大的时代,所有中国人的心灵都在波澜壮阔的改革开放大潮中,撞击着、洗涤着、净化着、升华着。中国人民正朝着实现伟大梦想的道路上高歌猛进。中华民族伟大复兴的梦想,凝聚了几代中国人的夙愿,体现了中华民族和中国人民的整体利益,是每一个中华儿女的共同期盼。

伟大的时代,产生伟大的理论。在这个伟大时代中应运而生的,是以中国特色社会主义理论体系为代表的主流意识形态。它是在改革开放的大潮中,逐步形成和发展壮大的。它挺立潮头,以雷霆万钧之力,当仁不让地成为引领中国社会思潮发展的主流和大趋势。中国特色社会主义道路、理论、制度,是中国共产党人领导中国人民在长期的革命和建设中特别是在改革开放的历史性转折中,在与各种社会思潮的激荡中,做出的唯一正确选择。作为中国社会向前发展和先进社会思潮的主流,它是在抵制各种错误思潮的影响、反对"左"右两种错误倾向的斗争中不断开拓、前进的。"只有中国特色社会主义才能发展中国、富强中国"这一科学的理性认识和判断,已成为中国共产党和最广大人民群众的共识和理念。

社会主义核心价值体系,提出四个方面的内容:马克思主义指导思想、中国特色社会主义共同理想、以爱国主义为核心的民族精神和以改革创新为核心的时代精神、以"八荣八耻"为主要内容的社会主义荣辱观。学者一般都认为,马克思主义指导思想是社会主义核心价值体系的灵魂、中国特色社会主义共同理想是社会主义核心价值体系的主题、以爱国主义为核心的民族精神和以改革创新为核心的时代精神是社会主义核心价值体系的精髓、社会主义荣辱观是社会主义核心价值体系的基础。

马克思曾指出,一切划时代的体系的真正内容都是由于产生这些体系的那个时期的需要而形成起来的。所有这些体系都是以本国过去的整个发展为基础的,是阶级关系的历史形式及其政治的、道德的、哲学的以及其他的后果为基础的。党的十六届六中全会《决定》第一次提出建设社会主义核心价值体系的战略任务;党的"十七大",首次将"建设社会主义核心价值体系"纳入报告之中,指出社会主义核心价值体系是社会主义意识形态的本质体现。党的十八大提出深入开展社会主义核心价值体系学习教育,用社会主义核心价值体系引领社会思潮、凝聚社会共识。强调倡导富强、民主、文明、和谐,倡导自由、平等、公正、法治,倡导爱国、敬业、诚信、友善,积极培育和践行社会主义核心价值观。之所以如此,一切都源于中国特色社会主义实践发展的需要,是时代的呼唤、历史的趋势,是改革开放向纵深推进的必然。

社会主义核心价值体系是兴国之魂,决定着中国特色社会主义发展方向;社会主义核心价值体系是社会主义制度的生命之魂,决定着社会主义的发展模式、制度体制和目标任务。从理论创新到社会实践,从顶层设计到战略实施,都离不开社会主义核心价值体系的统领,无处不彰显着社会主义核心价值体系的笼罩之光。因此,能不能坚持用社会主义核心价值体系引领社会发展,对于执政党完成既定的目标和任务,具有决定性的作用和意义。

党的十八大还具体提出了社会主义核心价值观,提出了三个倡导,即倡导富强、民主、文明、和谐;倡导自由、平等、公正、法治;倡导爱国、敬业、诚信、友善。2014 年 2 月 24 日下午,习近平在中共中央政治局第十三次集体学习时强调:"使核心价值观的影响像空气一样无所不在、无时不有。""培育和弘扬社会主义核心价值观、弘扬中华传统美德。”核心价值观是文化软实力的灵魂、文化软实力建设的重点。这是决定文化性质和方向的最深层次要素。一个国家的文化软实力,从根本上说,取决于其核心价值观的生命力、凝聚力、感召力。培育和弘扬核心价值观,有效整合社会意识,是社会系统得以正常运转、社会秩序得以有效维护的重要途径,也是国家治理体系和治理能力的重要方面。历史和现实都表明,构建具有强大感召力的核心价值观,关系社会和谐稳定,关系国家长治久安。

综上所述,所有这些都构成了当今中国社会的主旋律和时代的中最强音。以此来引领社会思潮,是其本质决定的内在要求,可谓天经地义,理直气壮,责无旁贷。

三、为什么要以社会主义核心价值体系引领社会思潮?

我们要坚持中国特色社会主义旗帜、道路、理论体系、制度,以社会主义核心价值体系引领社会思潮。

社会主义核心价值体系包含四个方面的内容:马克思主义指导思想、中国特色社会主义共同理想、以爱国主义为核心的民族精神和以改革创新为核心的时代精神、以“八荣八耻”为主要内容的社会主义荣辱观。当下的中国,各种社会思潮争相发展有如大浪淘沙。只有坚持以社会主义核心价值体系引领社会思潮,才能保障上述四个方面的落在实处,而不是空话。

事实上,各种非主流社会思潮,特别是反马克思主义的思潮,对社会主义核心价值体系的冲击非常大。有些思潮大肆贬低和攻击马克思主义,甚至妄图取代马克思主义的指导地位;有的极力曲解中国特色社会主义,认为中国特色社会主义就是“打左灯向右拐”的资本主义,是“国家资本主义”;有的提出“只有民主社会主义才能救中国”“只有儒学才能救中国”“只有回归新民主主义才是正路”;有的极力主张“告别革命”,否定辛亥革命以来的中国革命史,特别是否定中国共产党诞生以来领导中国人民进行革命斗争的历史;有的主张照抄照搬西方的“普世价值”,主张多党制和三权分立,主张军队国家化;有的明目张胆地主张全盘西化、全面私有化,鼓吹“人间正道私有制”等,不一而足。

(一)马克思主义的指导思想不容动摇

中国共产党作为马克思主义的政党,从建党伊始至今,历经90多年的沧桑岁月,相继选择了马克思列宁主义、毛泽东思想、邓小平理论、“三个代表”重要思想和科学发展观作为党的指导思想,体现了马克思主义一脉相承和与时俱进的理论品格，这是历史发展的必然。正是由于有了马克思主义的指导思想，中国新民主主义革命、社会主义建设和改革开放才能是始终坚定正确的方向，取得胜利和成功。

恩格斯指出，历史进程是受内在的一般规律支配的。中国共产党成立之前，自1840年鸦片战争以来，灾难深重的中国人民为争取民族解放和实现国家振兴，进行了长期的英勇的斗争，但是屡遭失败；在探索真理的道路上无数仁人志士苦苦寻觅，但是成效甚微。其根本原因，就在于没有一个以先进的科学理论为指导思想的无产阶级政党。中国共产党成立之后，在科学正确的指导思想指引下，领导中国人民进行了艰苦卓绝的努力，终于推翻了压在人民头上的三座大山，取得了新民主主义革命的胜利，建立了社会主义制度。在中国革命、建设和改革的历史进程中，党对指导思想的每一次科学选择，都顺应了社会历史发展的需求，代表了人民群众的意愿，符合社会历史发展的必然趋势。

中国共产党为什么一定要选择马克思列宁主义、毛泽东思想、邓小平理论、“三个代表”重要思想作为党的指导思想？为什么把科学发展观作为经济社会发展的重要指导方针和发展中国特色社会主义的重大战略思想？就因为这些指导思想揭示了人类社会历史发展的规律，它们的基本原理是科学的，世界观和方法论是正确的，具有强大的生命力。就因为它们始终与共产主义的最高理想来连在一起，与社会主义和共产主义制度连在一起。中国共产党始终牢记自己的使命，坚持最高纲领和最低纲领的科学统一，强调自己的最终目标是建立共产主义制度。共产主义制度只有在社会主义社会充分发展和高度发达的基础上才能实现。

中国共产党在建党后不同时期对指导思想的科学选择，是对马克思主义的丰富和发展。这些指导思想既体现了马克思主义的一脉相承，又表明了时代前进和社会发展的历史必然性。它们是不同时期马克思主义中国化的伟大成果。

社会主义制度的发展和完善是一个长期的历史过程。坚持这些指导思想及其基本原理，走中国人民自愿选择的适合中国国情的道路，中国的社会主义事业必将取得最终的胜利。而中国的社会主义事业的胜利，必然促进世界社会主义运动蓬勃发展，社会主义战胜资本主义，最终实现共产主义。这些都是历史发展的必然。

中国共产党成立90多年来指导思想的确立和丰富发展，表明了历史和逻辑的统一，这也是社会发展的必然。随着时代前进和社会发展，这种历史和逻辑相统一的必然，还将继续下去，最终展现的是人类社会发展的规律，而这些客观规律是不以人们的意志为转移的,是不可战胜的。人类社会最美好的社会制度——共产主义,终将会到来,一定会实现。

(二)中国特色社会主义的理想信念岂能丧失

党的十八大之后,习近平总书记在新进中央委员会的委员、候补委员学习贯彻十八大精神研讨班开班式上的重要讲话中强调,共产党员特别是党员领导干部,要做共产主义远大理想和中国特色社会主义共同理想的坚定信仰者和忠实践行者。

是的,只有坚定中国特色社会主义理性信念,才能是一个坚定的马克思主义者,才能引领社会思潮。正如习近平所说,坚定理想信念,坚守共产党人精神追求,始终是共产党人安身立命的根本。对马克思主义的信仰,对社会主义和共产主义的信念,是共产党人的政治灵魂,是共产党人经受住任何考验的精神支柱。理想信念是思想和行动的"总开关"。当前在一些党员干部中出现的种种问题,追根溯源是由于动摇和丧失了共产党人的理想信念。

我们看到,由于理性信念出了问题,一些官员被拜金主义、享乐主义和极端个人主义意识所腐蚀,经不住金钱、权力、美色和腐朽生活方式的引诱,搞钱权交易,行贿受贿,有些甚至违法犯罪,腐化变质,自我毁灭,归根结底,这些人都是从世界观、人生观和价值观上,被打开思想缺口而迷失方向,发生蜕变走向堕落的。

世纪之交特别是进入21世纪以后,各种社会思潮对中国特色社会主义的理想和信念冲击很大,有些社会思潮具有颠覆性。我们认为,和理想、信念直接相关的几种社会思潮主要是:

新自由主义思潮;民主社会主义思潮;质疑和否定改革开放思潮;历史虚无主义思潮;新儒学思潮;民主宪政思潮;等等。其中的历史虚无主义思潮,妄图从根本上虚无和否定中国共产党领导中国人民的革命斗争史,力图彻底颠覆执政党和广大党员干部心中的中国特色社会主义的理想和信念。

看来,中国特色社会主义的理性和信念,应该视作共产党人的政治思想底线。共产党人必须坚守这个底线。否则,一切都无从谈起。

我们知道,理想、信念在人的一生中占有最重要的地位和作用,无数革命先烈抛头颅、洒热血,为党和人民的事业牺牲一切,就是因为有革命理想和信念作支撑。因此,中国革命、建设、改革事业的成功,离不开共产党人的理想、信念。而今天党员领导干部的腐败等问题的出现,就是因为理想、信念的缺失和丧失造成的。可以说,理想信念丧失是官员沦落为腐败分子的政治根源。理想信念是人安身立命的根本。一些官员被当代世界上出现的一些新现象和社会主义发展中出现的暂时困难与挫折所迷惑,看不到社会主义的前途,因而出现了信仰危机。从而底线失守,从此跌入万劫不复的深渊之中。

究竟什么是理想和信念?马克思主义者如何正确认识和把握理想和信念?

马克思主义所主张认识和把握的理想和信念,绝不是没有意志支撑的空想。而是认为理想是人们在实践过程中形成的、有实现可能性的、对未来社会和自身发展的向往与追求。认为理想是人们的世界观、人生观和价值观在奋斗目标上的集中体现。理想是对物质世界和精神世界的追求。满足眼前的物质和精神需求,又憧憬未来的生活目标,期盼满足更高的物质和精神需求。例如中国共产党对"两个一百年"奋斗目标的追求,是具体的,不是虚无缥缈的。在建党一百年时,把我国全面建成小康社会;在新中国成立一百年时,把我国建成富强、民主、文明、和谐的现代化国家。共产党人对现状永不满足、对未来不懈追求,是理想形成的动力源泉。在坚定中国特色社会主义理想和信念的基础上,最终朝着实现共产主义的目标奋勇前进,实现人的自由全面发展,实现全人类的彻底解放。

在马克思主义看来,理想是具有社会性的。理想是人类特有的一种精神现象,理想具有鲜明的社会性。理想的社会性是指理想不是离开社会的孤立的个人的随意想象,而是由社会制约和决定的想象。从这个角度上看,社会思潮和理想是有密切关系的。任何一种社会思潮的产生和传播,都与思潮的代表人物的理想和信念相关联。同时,理想也具有阶级性。人们的阶级地位和阶级利益决定,人们的理想在阶级社会中必然具有阶级的烙印。各阶级统一的理想是不存在的。在阶级社会中,由于不同阶级的社会地位和经济利益的不同,追求的目标也就各不相同,所以,他们形成的理想也各不相同。这与社会思潮的形成和发展,也有密切关联。因为每一种社会思潮的传播,也都是社会某一阶级或阶层的利益诉求。

对于中国特色社会主义的信念的坚定追求,不是一蹴而就的。当 1982 年邓小平在党的十二大报告中,刚刚提出"建设有中国特色社会主义"这个命题时,人们还对这个命题或概念懵懵懂懂,更谈不上形成和具有中国特色社会主义的信念。但是经过改革开放 30 多年的实践,给中国和中国人民带来的是天翻地覆的变化,执政党自身对中国特色社会主义具有更深刻的认识,广大人民群众也越来越认同中国特色社会主义。随着改革开放的深入发展,逐渐固化了中国特色社会主义的信念,不断积淀在社会意识和思想体系之中。

对于社会意识和整个意识形态来说,信念是非常重要的单元,是最重要的范畴之一。信念是意志行为的基础,是个体动机目标与其整体长远目标相互的统一。没有信念人们,就不会有意志,更不会有积极主动性的行为。如果没有中国特色社会主义的坚定信念,对"两个一百年"的目标就会失去追求的动力和信心。如此一来,就无法通过士气激发人们潜在的精力、体力、智力和其他各种能力,而是倦怠起来,萎靡不振,从此走下坡路,直至滑落在谷底。

信念是人的认识、情感、意志的统一体。信念往往伴随着感情的浸润,在感情的驱使下导致相应的行动。信念具有稳定性。信念不仅深藏于人的内心,它还要向外表现出来,表现为行为和实践意志。在信念的鼓舞下,人们的意志是坚强的,行为是坚决的,而且始终不渝。信念一旦形成,不会轻易改变。这就不难理解具有坚定信念的共产党人,为什么能有钢铁般的意志。例如,夏明翰在狱中所写的诗句:"砍头不要紧,只要主义真,杀了夏明翰,自有后来人",正是反映了坚定的意志。

当然,信念的稳定性不是绝对的,信念需要在现实变化的考验中变得更加完善、更加坚强。也要避免信念的弱化甚至丧失。因此,要巩固和发挥信念的执着性。在精神上高度集中,对自己相信和追求的事业全神贯注,态度上对自己的事业充满高度的热情,行为上坚定不移、矢志不渝。

坚定中国特色社会主义理想信念,最根本的是将其与世界观、人生观、价值观的统一起来。我们要要紧紧抓住树立理想信念这个根本,坚持不懈地用中国特色社会主义理论体系武装全党、教育人民,推动当代中国马克思主义大众化,不断巩固马克思主义在意识形态领域的指导地位,不断巩固中国特色社会主义共同理想,不断巩固全党全国各族人民团结奋斗的共同思想基础。唯此,才能有效地引领社会思潮。

(三)弘扬和培育民族精神、时代精神

在五千多年的发展中,中华民族形成了以爱国主义为核心的团结统一、爱好和平、勤劳勇敢、自强不息的伟大民族精神。例如,抗日战争就展现了中华民族以爱国主义为核心的团结统一、爱好和平、勤劳勇敢、自强不息的伟大民族精神。

抗日战争是展现伟大中华民族精神的战争,是 1840 年以来中国最伟大的民族解放战争,是中华民族由衰而兴的重要转折点。近代以来,中国人民饱受帝国主义的侵略和奴役,被迫签署了一个又一个象征民族耻辱的不平等条约。抗日战争的胜利洗雪了民族的耻辱,第一次取得了反对帝国主义侵略战争的完全胜利,这是展现伟大中华民族精神的战争。抗日战争的胜利说明,爱国主义是克敌制胜的强大精神力量，用爱国主义精神凝聚起来、团结起来的中华民族是不可征服的。战争的胜利推进了中国革命的历史进程，为中国人民迅速取得新民主主义革命的胜利，建立新中国奠定了基础。

一个民族、一个国家，如果没有自己的精神支柱，就等于没有灵魂，就会失去凝聚力和生命力。有没有高昂的民族精神，是衡量一个国家综合国力强弱的一个重要尺度。综合国力，主要是经济实力、技术实力，这种物质力量是基础，但也离不开民族精神、民族凝聚力，精神力量也是综合国力的重要组成部分。在中华民族发展的历史长河中，中华民族精神和中华民族凝聚力始终是紧密连在一起的。中华民族精神孕育着民族凝聚力，增强着中华民族凝聚力；中华民族凝聚力丰富着中华民族精神，促进着中华民族精神。这种情形到了近代以后，越来越突出。特别是中国共产党成立以后，由于她始终代表着中国先进生产力发展的要求，代表中国先进文化的前进方向，代表最广大人民的根本利益，因而，她也始终代表着中华民族精神，是中华民族精神的象征。也正因如此，中国共产党能够带领中国人民，光大发扬伟大的中华民族精神，夺取了抗日战争、解放战争的伟大胜利，建立了新民主主义社会，并顺利完成从新民主主义向社会主义的过渡。其间，伟大的中华民族精神始终放射着灿烂夺目的光辉，照亮着前进的征途，引导着中华儿女在中国革命和建设的道路上奋勇前进。

所谓时代精神，是关于时代的哲学反映，是从哲学上对时代的经济、政治、文化观念、意识的抽象、反映、概括。马克思曾经说过，哲学是时代精神的精华。按照黑格尔的观点，一个民族的精神文明必须达到某种阶段，一般才会有哲学；哲学作为一个时代的精神的思维和认识，无论是怎样先验的东西，本质上也是一种产物；思想是一种结果，是被产生出来的，思想同时是生命力、自身产生其自身的活力。黑格尔说："哲学是这样一个形式：什么样的形式呢？它是最盛开的花朵。它是精神的整个形态的概念，它是整个客观环境的自觉和精神本质，它是时代的精神、作为自己正在思维的精神。这多方面的全体都反映在哲学里面，以哲学作为它们的单一的焦点，并作为这全体认知其自身的概念。"他还明确指出："时代精神是一种贯穿着所有各个文化部门的特定本质或性格，它表现它自身在政治里面以及别的活动里面，把这些方面作为它的不同成分。它是一种客观状态，这状态的一切部分都结合在它里面，而它的不同方面无论表现看起来是如何的具有多样性和偶然性，并且是如何的互相矛盾，但基本上它决没有包含着任何不一致的成分在内。"

马克思指出,任何真正的哲学都是时代精神的精华。恩格斯论述过时代的哲学问题。他说:“每一时代的理论思维,从而我们时代的理论思维,都是一种历史的产物,在不同的时代具有不同的形式,并因而具有非常不同的内容。因此,关于思维的科学,和其他任何科学一样,是一种历史的科学,关于人的思维的历史发展的科学。”恩格斯这里所说的理论思维,就是指哲学。他十分明确地指出,一个民族要想登上科学的高峰,究竟是不能离开理论思维的;理论思维无非是才能方面的一种生来就有的素质。这种才能和素质需要发展和培养,而为了进行这种培养,只能学些以往的哲学,加强理论思维能力的锻炼。

当下的中国,我们所说的时代精神,主要表现为“以改革创新为核心的时代精神”。改革开放已经整整三十七年。改革创新既是这个时代的主要特征,更是时代的精神和灵魂。改革创新成为中国特色社会主义建设事业的一条红线,始终贯穿在其中。创新始终是中华民族实现伟大复兴的不竭动力。以爱国主义为核心的团结统一、爱好和平、勤劳勇敢、自强不息,这既是我们现时代的伟大民族精神,也是对五千多年来中华民族发展所形成的民族精神的一般概括。这些都是从总体上而言的。对民族精神的认识,离不开对时代精神的理解和把握。民族精神的培育和弘扬,需要和时代精神紧密地结合在一起。中华民族精神在不同的历史阶段,都有不同的具体内容和表现形式。也就是说,中华民族精神的每一步前进和发展,也都闪烁着时代精神,打上了时代烙印。例如,孙中山在辛亥革命时期倡导的革命精神;五四运动表现的反帝、反封建精神,高扬的科学、民主精神;中国共产党在第二次国内革命战争时期形成的井冈山精神、长征精神;抗日战争时期的抗日精神、延安精神、愚公移山精神;解放战争时期的将革命进行到底精神;社会主义过渡时期的艰苦奋斗精神、大干快上精神;社会主义建设时期的雷锋精神、焦裕禄精神、大庆精神;改革开放时期的解放思想、实事求是精神、创业精神、深圳精神、孔繁森精神;新时期的抗洪精神、与时俱进精神;等等。上述种种精神,都是中华民族精神在不同历史阶段的具体表现,都没有脱离当时的时代,都闪烁着时代精神的光芒,而时代精神内含着民族精神。上述种种精神,也都内含着团结统一、爱好和平、勤劳勇敢、自强不息,表征着以爱国主义为核心的伟大民族精神。

在中国特色社会主义的建设中,中国共产党人的民族精神还具体表现了为社会主义建设事业奋斗的五种精神,即解放思想、实事求是的精神,紧跟时代、勇于创新的精神,知难而进、一往无前的精神,艰苦奋斗、务求实效的精神,淡泊名利、无私奉献的精神。这五种精神,是民族传统精神与时代精神的高度统一。具有丰富的思想内涵和鲜明的时代特征,紧扣时代主题,抓住了历史发展进程中新的阶段上民族精神的本质和核心。

(四)集聚和发挥社会主义荣辱观正能量

在社会中人与人的交往,会显露出不同的道德水准,表明人的道德底线是分层次的。其实,这是因为人们有不同的荣辱观。荣辱观并不是与生俱来的,是在社会实践中形成和发展的。一般说来,荣辱观从属于世界观、人生观、价值观,由世界观、人生观、价值观所决定。不同的荣辱观,是不同的世界观、人生观、价值观的反映。荣辱观渗透在整个社会的生活之中,体现着社会的风尚,标志着社会的价值导向,表现了社会的文明程度,且对社会的经济发展有巨大的反作用。

我国古代的思想家历来十分重视荣辱观念。有"不知荣辱乃不能成人""宁可毁人,不可毁誉""宁可穷而有志,不可富而失节"等格言警句,这是中华民族珍贵的思想财富。当然,也有"饿死事小,失节事大"的极端观点。我国古代文人特别注重气节。气节是一种人生准则,一种道德修养,体现在人生的各个方面。守节者,诚信无欺,见利思义,将气节看得比生命还重要,所谓"富贵不能淫,贫贱不能移,威武不能屈",即是守节者的行为标准。《四书》中孟子有一段话:"'敢问夫子恶乎长?'曰:'我知言,我善养吾浩然之气。'曰:'难言也。'其为气也,至大至刚,以直养而无害,则塞于天地之间。其为气也,配义与道;无是,馁也。是集义所生者,'非义袭而取之也'。"孟子把气节和道义的结合推崇为一种道德标准。

随着改革开放的深入发展,我国的社会主义精神文明建设,取得了不小的成就。但是,与执政党的期许和人民群众的需求,还有很大的距离。我国当下的社会风尚令人担忧,人们的道德底线不时被突破,荣辱观模糊不清、品位不高,不尽如人意的情况随处可见。比如,一些人是非观颠倒,正义感、责任感淡化;社会生活中存在一些不健康、不文明现象,尤其是社会的伦理道德底线受到严重挑战。假冒伪劣充斥社会,处处防范,防不胜防。这些问题对社会道德体系造成了冲击,败坏了社会风气,也影响了经济社会的健康发展。

集聚和发挥社会主义荣辱观正能量,是执政党的倡导和广大人民群众的愿望。社会主义荣辱观的提出,对于提升我国社会的伦理道德水准,具有重要的理论价值和现实意义。

"以热爱祖国为荣,以危害祖国为耻。"热爱祖国是人们对自己祖国的一种深厚情感。作为每一个公民,爱自己的祖国,是天经地义的。爱祖国既是民族的优秀道德传统,也是社会主义道德的基本要求。热爱祖国要求人们正确认识和处理个人与国家的关系。所谓“天下兴亡，匹夫有责”，必须以社会主义、爱国主义和集体主义价值观为导向。热爱祖国的行为包括的内容很广。从小的方面说，诸如努力做好本职工作，为祖国多做贡献、依法纳税、以实际行动保卫祖国、关心祖国的前途命运、爱护国家的公共财物、公共设施、积极参加社会公益活动，等等。从大的方面来说，要忠诚于国家、民族和人民；捍卫祖国的主权和领土完整，维护国家主权尊严；热爱中华民族的优良传统和优秀文化；热爱祖国的和平统一，维护各民族的大团结，反对民族分裂和破坏祖国统一的一切行为；热爱祖国的建设事业、关心国家的前途命运和繁荣昌盛，并为祖国的统一大业、现代化建设贡献出自己的聪明才智。而正相反，危害祖国的行为最突出的是卖国、叛国、辱国和分裂国家。例如严重损害国家民族利益的行为，贪污公款、热衷于搞地方保护主义、改革改制过程中的国有资产流失、肆意浪费能源、破坏生态环境，等等。从这方面来说，我们要坚决反对民族分裂主义思潮，坚决反对极力鼓吹西方普世价值的宪政民主思潮，等等。

“以服务人民为荣，以背离人民为耻。”人民，只有人民，才是推动社会历史发展的真正动力。中国共产党的宗旨，就是全心全意为人民服务。人民群众是推动中国特色社会主义建设事业发展的根本力量，是国家的主人。为人民服务是执政党和每个公民的光荣职责。我们提出走共同富裕之路，这是社会主义发展的根本价值目标，就是要让改革开放的成果惠及最广大人民群众。就是想人民之所想，急人民之所急。人民的利益盖于一切。热爱人民，为人民服务，一切从人民的利益出发，把个人利益与集体利益有机地结合起来，把自己的一生献给服务人民的光荣事业，这是每一个公民的价值取向。反之，那些背离人民的思想行为，才是最大的耻辱，应遭到社会的谴责和唾弃。当下的中国，自由主义思潮、新自由主义思潮鼓吹私有化，反对共同富裕，赞同两极分化甚至为腐败合理辩护，都是没有把广大人民群众放在眼里，从来不去关心他们的冷暖，而是为权贵集团说话和站台。这些社会思潮与“以服务人民为荣，以背离人民为耻”，格格不入、反其道而行之。

“以崇尚科学为荣，以愚昧无知为耻。”中国自近代以来落伍的根本原因之一，就是闭关锁国、科技落后、愚昧无知，尝尽了羞辱和挨打的滋味。在西方列强的船坚炮利面前，毫无招架之力。与日本甲午海战的失败，是中华民族心中永远的疼痛。火烧圆明园的残垣断壁，促使中华民族觉醒。痛定思痛，在中国共产党的领导下，中国人民推翻了压在头上三座大山，取得了新民主主义革命的伟大胜利，建立了新中国。此后，发展科学技术，向封建愚昧宣战，扫除文盲，社会主义文化建设欣欣向荣。“两弹一星”的成功发射,使中华民族傲立世界民族之林。改革开放伊始,中国人民又迎来了科学的春天。“科学技术是第一生产力”,“科教兴国战略”已经成为富民强国之道。进入21世纪,崇尚科学,反对迷信,摈弃愚昧无知,已成为中国人民的共识和实际行动。尊重科学、尊重客观规律,求真务实、实事求是,坚持真理、修正错误;坚持自主创新、不迷信各种教条权威,破除迷信、解放思想;树立科学的人生观,建立文明、健康、科学的生活方式,革除形形色色的封建陋习,已成为中国人民的道德自律准则。当今的中国,尽管依然还属于发展中国家,但在世界的高科技领域,已经占有一席之地。有些科学技术在世界上处于领先地位,独领风骚。但是,还要看到,我国仍存在某些封建残余思想和理念,愚昧无知者大有人在。在社会思潮方面,表现为伪科学思潮、有神论思潮、法轮功思潮,等等。某些基层领导干部求神、拜佛、看风水,在群众中造成了很坏的影响。现在,在深化改革开放的进程中,是需要真正落实“以崇尚科学为荣,以愚昧无知为耻”的时候了,在这方面还有很长的路需要继续走下去。

“以辛勤劳动为荣,以好逸恶劳为耻。”几千年来,中华民族以勤劳为美德,繁衍生息,中华文明一直没有中断过。“以辛勤劳动为荣,以好逸恶劳为耻”,是社会主义伦理道德的基本要求。我国社会各阶层的劳动者,无论是普通的工、农、商、学、兵,还是党、政、军机关的领导干部,都是人民的一分子,都依靠自己的辛勤劳动创造财富。社会主义的本质是解放和发展生产力,消灭剥削、消除两极分化,实现共同富裕。这就需要真抓实干,脚踏实地,不怕苦和累,通过辛勤劳动使社会财富充分涌流。在中国特色社会主义建设事业中,劳动者是最光荣的,最应得到全社会的尊重。反之,那些好逸恶劳、游手好闲、无所事事的人,最应得到鄙视和谴责。但是在现实中,不尊重他人劳动成果的现象屡屡发生。例如,司机在高速公路上随意丢弃垃圾,给环卫工人造成极大不便;随意抢占应急车道,给抢救病人的救护车司机带来极大不便。至于不公平地对待进城的农民工,克扣工资、不上保险、超时工作,更是屡见不鲜。城管和小贩之间、医生和患者之间、教师和学生之间、交警和行人及普通司机之间、商家和消费者之间,其种种矛盾和紧张关系,都与不尊重对方的劳动成果,不尊重劳动者本人息息相关。和引领社会思潮相联系,任其发展下去,就会极大地消解社会主义核心价值体系的贯彻和落实。因此,对于“以辛勤劳动为荣,以好逸恶劳为耻”产生的正能量,一定要积极发挥;反之,对与其相反的负能量,决不能轻视,要坚决遏制发展的势头。

“以团结互助为荣,以损人利己为耻。”团结就是力量。在中国特色社会主义建设事业中,每个公民都应该认识到,自己的力量是渺小的、微不足道的;如果没有亿万人民共同的努力和参与,任何伟大的事业都不可能成功,中国梦也不可能实现。正如国际歌中所唱,“团结起来,到明天,英特纳雄奈尔就一定能实现”。否则,一切无从谈起。团结互助,讲团结,就要正确地认识集体主义精神。应该认识到,个体经济和个人主义是孪生兄弟,它们与集体主义是很难相容的。损人利己就是个人主义至上。集体主义主张个人从属于社会,个人利益应当服从集团、民族、阶级和国家利益。其最高标准是一切言论和行动符合人民群众的集体利益。因而,从伦理学上看,集体主义的主张反映了社会主义道德的本质特征。个人主义强调个人的自由和个人的重要性,是一种以个人为中心对待社会或他人的思想和理论观点。这种思想和观点在历史上曾有过积极的作用,在社会主义初级阶段也有其自身存在的价值与合理性。但是,本质上它不属于社会主义核心价值体系的范畴。个人主义产生和发展的现实经济基础不是公有制,而与私有制的关系密切;同时,在市场经济的竞争发展中,它往往极力推崇私有化,走向极端。当前,我们对集体主义的重视和宣传都很不够,一些学者甚至将其视为贬义词,而对个人主义歌功颂德。应该看到,社会风气不正,个人主义愈演愈烈,这已经成为道德伦理上呈滑坡状态的重要原因之一。联系到引领社会思潮,对主张私有化的社会思潮、新自由主义思潮、市场万能和市场至上思潮,要从学理和实践上予以揭示,对其错误及所造成的危害进行批判。

“以诚实守信为荣,以见利忘义为耻。”中国是“礼仪之邦”,在传统文化中关于讴歌诚实守信、鞭挞见利忘义的名言警局,可谓随处可见;真实的故事也比比皆是。两千多年前,孔子就主张“言必信,行必果”。所谓“一言九鼎”“一诺千金”“一言既出驷马难追”,是从语言上对诚信精神的推崇和褒奖。而对见利忘义之徒,传统文化从来都是加以贬低和否定的。如此说来,我国自古以来,就有“以诚实守信为荣,以见利忘义为耻”的传统美德。在社会主义市场经济条件下,更加呼唤这一传统美德;而法治社会对此还有更规范的要求。

今天,在深化改革开放中,诚信之所以显得更加重要,是构建和完善社会主义核心价值观的要求。诚实守信,不仅仅要求公民们讲信用、重言诺、守约定,不说谎、不行骗,说老实话、办老实事、做老实人;而且要求执政党和政府要具有较高的公信力,说话算话,一诺千金。例如,2020 年能否全面建成小康社会,十八届五中全会主张的“五大理念”能否落在实处,等等。现在,各省市各级领导干部分别对中央国务院和上级签署责任状,力保全面建成小康社会,将是对诚实守信的检验。

而在社会中,对于大量存在的不诚实、不守信、见利忘义的行为和现象,要形成一种人人喊打的态势,而且要实打实地进行处理,特别是依靠法治来解决这些问题。对于某些忽悠人民群众甚至靠编造谎言的社会思潮,例如历史虚无主义思潮,要毫不留情,给予揭露和反击。

"以遵纪守法为荣,以违法乱纪为耻。"今天的中国已是法治社会。从党的十五大提出依法治国,到党的十八届四中全会的主题是依法治国。中国共产党已经达成共识:一个富强民主文明和谐的中国,首先是法治的中国;一个自由平等公正的社会,首先是法治的社会;国家治理体系和治理能力的现代化,首先是制度建设和治理方式的法治化。我们索要坚持的,是党的领导、人民当家作主和依法治国的统一。因此,要正确认识党的领导和依法治国的关系。党的领导地位是我国宪法确立的,因此,坚持党的领导不仅和维护宪法权威不矛盾,而且是维护宪法权威的必然要求。党的领导和社会主义法治是一致的,不是非此即彼的对立选项。社会主义法治必须坚持党的领导。因为党的领导是中国特色社会主义最本质的特征,也是社会主义法治最根本的保证。坚持党的领导是社会主义法治的根本要求。离开党的领导就不会有真正的社会主义法治。党领导人民制定宪法和法律,党也领导人民执行宪法和法律,党自身也必须在宪法和法律的范围内活动,绝不允许任何组织和个人有超越法律的特权。遵纪守法是对每个公民的基本道德规范要求。国家的各项法律、法规和法令构成了整个社会基本秩序的框架。加强法律和纪律建设是社会主义市场经济健康有序发展和建设社会主义和谐社会的基本保证。联系到引领社会思潮,要注意防范自由主义思潮和宪政民主思潮,把坚持党的领导说成是"一党专政"和"一党独裁";他们主张取消党的领导,主张多党制和司法独立,主张军队国家化。我们要从理论上分清是非,科学地回答党的领导和依法治国的关系。具体来说,每个公民要牢固树立"以遵纪守法为荣,以违法乱纪为耻"的思想信念。

"以艰苦奋斗为荣、以骄奢淫逸为耻。"新中国成立前夕,在党的七届二中全会上,毛泽东提出了"两个务必"的思想:务必使同志们继续地保持谦虚、谨慎、不骄、不躁的作风,务必使同志们继续地保持艰苦奋斗的作风。"两个务必"思想蕴含着全心全意为人民服务的宗旨意识,是新时期贯彻落实党的群众路线的必然要求。"两个务必"凝结着我们党对历史教训的深刻反思和总结,是加强党的建设的强大思想武器。历史经验已经证明:一个国家、一个政党,越是走向兴盛之时,越需强化忧患意识,越需弘扬艰苦奋斗精神,唯有如此,才能不断开创事业发展的新局面。事实上,从新中国成立直至今天的改革开放,中国共产党和中国人民已经把艰苦奋斗作为“常态”,成为自己的“传统”和“看家本领”。没有艰苦奋斗,就没有新中国巨大的经济成就,更没有使中国巨变的辉煌成果。中国共产党靠着艰苦奋斗,使中国人民站立起来;靠着艰苦奋斗,使国家富裕起来;也一定会靠着艰苦奋斗,使国家和人民真正强大起来。可以说,艰苦奋斗的精神和能力已经深深积淀在中华民族的骨髓里和血液中。反之,作为负能量的骄奢淫逸,在本质上反映了剥削阶级的腐朽本性。当今一些人特别是一些富起来的人和少数领导干部,讲排场,放纵情欲、骄横奢侈,丢掉了艰苦奋斗的传统,这是与剥削阶级腐朽价值观和生活方式的影响分不开的。联系到引领社会思潮,要批判拜金主义、享乐主义、犬儒主义等社会思潮,维护主旋律和正能量,把中国特色社会主义伟大事业推向前进。

四、能否引领和如何引领社会思潮?

尽管在知识界,一些学者认为核心价值观 24 个字还不大好记住,或者说不十分准确和理想,但还是认为核心价值观“有”比“无”好;也有的认为这是最大公约数。这些说明社会主义核心价值观的提出,是社会实践的迫切需要。

但是,在与不同社会思潮的代表接触时,发现他们对社会主义核心价值观并不认同,或者不以为然。在调研中曾遇到某些学者的质疑,他们认为,所谓社会主义核心价值体系引领社会思潮,这种“引领”是执政党的一厢情愿。且不说这些社会思潮愿不愿意接受社会主义核心价值体系的引领;就连执政党及社会主义核心价值体系是否具备“引领资格”,也是值得怀疑和商榷的。换言之,是社会主义核心价值体系不能引领,也没有资格引领。也有学者说,引领社会思潮说起来容易,做起来难上加难。现在这类课题和出版物已经很多,大都是对各种社会思潮作出一般的介绍,简略地进行评述,而在“引领”的路径和方法上,还较少有分量的成果和行之有效的对策。

那么,社会主义核心价值体系能否引领和如何引领社会思潮?社会主义核心价值体系引领社会思潮的特点、路径和方法是什么?这正是本书要具体回答和阐述的问题。

我们认为,社会主义核心价值体系的若干特点完全具备了引领社会思潮的资格;这些特点是社会主义核心价值体系的本质表现,内在地决定了引领社会思潮的根本方法。具体表现是:

(一)体现先进性,走在时代最前列,最有资格来引领

一个政党及其建构的核心价值体系以及倡导的核心价值观,先进与否,不是看其怎样说、说什么,而是看怎样做,做什么。马克思在《哥达纲领批判》一文中指出:“一步实际行动比一打纲领更重要。”改革开放以来,中国共产党领导中国人民“摸着石头过河”,在探索中前进,一步一个脚印,在短短30年的实践中,就把中国建设成为世界第二大经济实体,取得了举世瞩目的巨大成就,中国特色社会主义建设事业取得了巨大的成功。中国在经济、政治、文化、社会建设各个方面的经验和成就,不仅得到了中国最广大人民群众的认同,也得到了世界各国人民的肯定和赞扬。这些,在实践上足以表明了中国共产党的指导思想是科学正确的,是先进的;也证明了开辟中国特色社会主义道路是正确、成功的。正是在科学正确的指导思想的指引下,选择了正确的道路。也正是在这条正确的道路上,执政党和人民群众不断坚定中国特色社会主义理想信念,提出社会主义核心价值体系与核心价值观,坚持道路自信、理论自信、制度自信,才取得了辉煌的成就。因此,其先进性是“干”出来的,不是自封的,而是公认的、客观存在的。而社会主义核心价值体系和核心价值观的先进性是其内在的、本质的表现,无可置疑。从这个意义上说,社会主义核心价值体系引领社会思潮是最有资格的,是当仁不让的。当然,其先进性并不是绝对而是相对的,现在先进,并不等于将来先进、永远先进。这就是在实践中需要不断前进,永不停顿,走在时代最前列,坚持真理、修正错误,不断保持先进性。

(二)体现阶级性,代表最广大人民群众的利益诉求

社会主义核心价值体系,代表最广大人民群众的利益诉求,具有鲜明的阶级性。马克思、恩格斯在《德意志意识形态》中指出:“统治阶级的思想在每一个时代都是占统治地位的思想。这就是说,一个阶级是社会上占统治地位的物质力量,同时也是社会上占统治地位的精神力量。支配着物质生产资料的阶级,同时也支配着精神生产的资料……”在社会主义社会,占统治地位的阶级是无产阶级即工人阶级领导下的工农联盟,表现出的意识形态和精神生产的资料,当然是人民的思想。人民当家作主不是一句空话,不仅支配物质生产资料,也支配精神生产资料。《中华人民共和国宪法》指出:中华人民共和国成立以后,我国社会逐步实现了由新民主主义到社会主义的过渡。生产资料私有制的社会主义改造已经完成,人剥削人的制度已经消灭,社会主义制度已经确立。工人阶级领导的、以工农联盟为基础的人民民主专政,实质上即无产阶级专政,得到巩固和发展。明确规定:

中华人民共和国是工人阶级领导的、以工农联盟为基础的人民民主专政的社会主义国家。中华人民共和国的一切权力属于人民。社会主义核心价值体系作为主流意识形态,在当下中国,代表的是统治阶级的思想和利益诉求。中国特色社会主义是人民当家作主的社会主义。因此,社会主义核心价值体系代表和反映的是工农大众的思想意识形态,以此来引领社会思潮、主导支配乃至控制各种社会思潮的发展,也是题中应有之义。

(三)体现革命性,荡涤思想领域的一切污泥浊水

社会主义核心价值体系引领社会思潮体现革命性,是这一体系自身的性质决定的。在各种社会思潮相互激荡的过程中,任何一种思潮都想争夺话语权、控制权、主动权。代表社会进步的思潮与落后的思潮的博弈,特别是与反马克思主义思潮的斗争,无不彰显了社会主义核心价值体系的革命性。社会主义核心价值体系的革命性与阶级性是相统一的。工人阶级及以工农联盟为主体的人民大众,在旧社会是生活在最底层的被剥削阶级,为了翻身求解放,他们的先进分子接受马克思主义,组建了自己的先锋队政党——中国共产党,并在她的指引下,在艰苦卓绝的革命斗争中取得人民当家作主的地位的,其革命性也是由其阶级性决定的。在人民民主专政的社会主义革命、建设、和改革开放时期,其革命性也是要始终保持的。与此相联系,也绝对需要斗争性和战斗性。按照习近平总书记的要求,要有"亮剑"的意识,体现"亮剑精神"。所谓加强和巩固马克思主义阵地、守土有责,都是讲要有革命警惕性,不能丧失马克思主义的指导地位,要与各种错误思潮作斗争,敢于批判反马克思主义思潮,揭露其错误实质和危害性。当下的中国,社会思潮激荡,惊涛拍岸,大浪淘沙,沉渣泛起。用社会主义核心价值体系引领社会思潮,弘扬时代精神、弘扬主旋律,也是荡涤社会一切污泥浊水的过程。这是一种革命和前进的过程。也只有彰显社会主义核心价值体系的革命性,敢于亮剑,坚决斗争,才能占有主动权、话语权、控制权。这种革命性的立场和观点,是社会主义核心价值体系的本质特征。

(四)体现传承性,重要的是教育青年、引领青年

这里所说的传承性,是指社会主义核心价值体系的传承性。也就是说,贯彻和落实社会主义核心价值体系,在整个社会主义初级阶段,需要几代人甚至十几代人的努力,来培育和弘扬它。这就需要有接班人、传承人,这就是青少年。我们认为,培育和弘扬社会主义核心价值体系,只有赢得大学生和青少年,才能赢得未来。一方面,我们要教育和培养一大批青年马克思主义理论家和学者,使他们成

为社会的中坚和领军人物;另一方面,我们要特别注重对青少年的教育。当下的中国各种社会思潮,特别是历史虚无主义,来势汹汹,无孔不入,把争夺对中国革命历史缺乏了解和知识欠缺的青少年作为对象,灌输"告别革命论",虚无和抹黑中国共产党领导中国人民进行革命和斗争的历史,甚至对党的创始人和人民共和国的缔造者进行妖魔化。一个时期以来,历史虚无主义思潮愈演愈烈,叫板在中国共产党的门下,叫嚷质疑中国共产党的合法性,以致全盘否定中国共产党领导中国人民进行革命斗争的所有一切,污蔑中共没干过一件好事,所有一切灾难都是中共造成的。历史虚无主义这种嚣张的气焰和咄咄逼人的表演,虽然未必对广大青少年都起迷惑的作用,但是其危害是显而易见的。我们认为,目前要在高校特别加强对社会主义核心价值体系的宣传教育,要积极引领青年大学生,让他们学会善于辨别各种非马克思主义思潮和反马克思主义思潮,学会与反马克思主义思潮划清界限,不轻信它们的蛊惑。同时,也要学会与反马克思主义思潮作坚决斗争,掌握马克思主义的立场、观点和方法。对于广大中学生特别是高中生,也要加强社会主义核心价值体系的教育和引导。只有掌握了青少年,才能掌握未来。本书专设一章,对此问题进行阐述。

(五)体现科学技术性,善于运用互联网新媒体的新方法

随着互联网、新媒体和大数据等新科技的发展,社会思潮的传播和发展出现了新的态势,这就是:速度快、传播广、影响深。微博、微信已成为各种社会思潮传播的新载体,对社会发展和变革产生了巨大影响。在这种态势下,社会主义核心价值体系引领社会思潮,要善于运用互联网和新媒体等新科技、新方法。恩格斯说过,随着自然科学每一个划时代的进步,唯物主义也要改变自己的形式。如今,截至2015年6月,中国网民已达6.68亿人,比整个欧盟的人口数量还要多。网民规模不断增长,稳居全球第一。全球互联网10强企业,中国占了4席。"互联网+"已正式纳入国家战略。与此相关,我国倡导共同构建和平、安全、开放、合作的网络空间,建立多边、民主、透明的国际互联网治理体系。但是在中国,每月有一万个网站被篡改,80%的政府网站受到攻击,攻击的主要来源是美国。互联网对国家安全提出新挑战。同时,各种社会思潮在互联网上的传播,也受到了能否可控的新挑战。因此,我们必须探索运用新的科学技术,推进社会主义核心价值体系引领社会思潮。本书专设一章来阐述这一问题。

(六)体现策略性,团结非主流思潮,凝聚在中华民族伟大复兴的旗帜下

体现策略性,团结非主流思潮,坚决反对和孤立反马克思主义和反中国特色

社会主义的思潮,形成合力,共同凝聚在中华民族伟大复兴的旗帜下,这是社会主义核心价值体系引领社会思潮需要达成的共识。毛泽东早年在《中国社会各阶级的分析》一文中指出:“谁是我们的敌人?谁是我们的朋友?这个问题是革命的首要问题。中国过去一切革命斗争成效甚少,其基本原因就是因为不能团结真正的朋友,以攻击真正的敌人。革命党是群众的向导,在革命中未有革命党领错了路而革命不失败的。我们的革命要有不引错路和一定成功的把握,不可不注意团结我们的真正的朋友,以攻击我们的真正的敌人。”毛泽东在这里谈到不引错路和一定成功的把握,对于当今中国共产党以社会主义核心价值体系引领社会思潮,具有重要的现实指导意义。正如前文所述,各种社会思潮的最主要特点就是其阶级性和能动性,研究和把握各种社会思潮难的传播和发展,要学会善于运用马克思主义的阶级分析方法。因此,马克思主义阶级分析方法是我们的重要法宝,决不能丢弃。那种认为马克思主义阶级分析方法过时的论调可以休矣。在各种社会思潮的激荡中,要分清谁是主流,谁是支流或非主流;谁是马克思主义,谁是非马克思主义,谁是反马克思主义。作为主流的社会主义核心价值体系,要善于团结非主流思潮,孤立极少数反马克思主义思潮,形成合力,共同凝聚在中华民族伟大复兴的旗帜下。这里,我们有必要提出一个新命题:建设社会主义意识形态统一战线。这一命题的提出,是基于国际和国内形势发展的大背景,根据各种社会思潮传播和发展的新态势,结合实现中华民族伟大复兴的历史任务,运用马克思主义的阶级分析方法,提出来的。对此,我们将进一步论证。

后　记

波澜壮阔的中国改革开放已经40年。我自1991年9月考入中国社会科学院研究生院哲学系，师从著名哲学家赵凤岐先生攻读马克思主义哲学专业博士学位以来，至今已有26年的时间；如果从1980年中国社会科学院面向社会招考研究人员，我以研究实习员资格报考并被破格录取至今，也有37年的光景了。而在此前，我还是地方党校的一名哲学教师，本职工作是讲解马克思主义哲学经典著作。所以应该说，作为一名马克思主义理论工作者，我是伴随着中国改革开放的历史进程，不断成长起来的。

近40年来，学习和研读马克思主义哲学，如果说有什么体会和收获的话，我认为最大的体会，是努力践行从马克思主义的理论自觉到对规律的认知和探索；最大的收获，是已成长为一名马克思主义理论工作者。我为此感到自豪和骄傲。我不否认也有某些其他头衔给自己蒙上了似乎耀眼的光环，更为重要的是，我认为自己在不断的追求中，从思想上得到了解放；从理论上得到了升华；在世界观和方法论上得到了提高。在我看来，能够拥有马克思主义哲学世界观的人，是最自由和最幸福的。

当然，学习和研读马克思主义哲学著作，并不轻松。特别是研读经典原著，需要反复咀嚼、细细消化、深刻领会、不断升华。有时候，为了一句话或一个词，需要多次反复比对不同版本和语种，才能得到更满意的正确答案。为此，我曾在过去学习俄语的基础上，又在一所大学借读学习德语，后来还专门到北京外国语大学德语系短期班学习。这些，对我阅读和领会马克思主义哲学经典著作，大有裨益。

加强理论自觉，是对马克思主义理论工作者的内在要求。什么是理论自觉？在我看来，理论自觉是人们在社会实践中，通过感性认识上升到理性认识的一种认知能力。这种认知能力是通过比较系统、彻底的理论概括和总结来表现的。在社会实践即主体与客体相统一的过程中,人(主体)们在形成概念并运用这些概念进行判断和推理时,能够立即从事物的整体和从事物的内部矛盾上来把握事物的本质。这是一种高级阶段的认知能力。能够在感性认识的基础上,把所获得的感觉材料,通过思考和分析,加以去粗取精、去伪存真、由此及彼、由表及里的整合和改造,最后形成理论上的结论。结论一旦形成,还能自觉地回到实践中去检验,对原有的结论加以修正,形成一个良性的循环往复过程。它是认识的深化,是对事物本质的、整体的和内部联系的概括和反映。通常评价某个人"悟性高""看透了",即带有理论自觉的意味。一个人是这样,一个组织、一个政党也是如此。所以,理论自觉也是一种境界,这种境界上不封顶,是需要不断去追求的。

理论自觉绝对不是天赋的,而是在实践中不断形成和强化的。是通过真理和谬误、正确和错误、经验和教训的比较中,在活生生的社会实践中,形成的一种高级认知能力。我为自己能够认识到拥有理论自觉的重要性和不断地去追求,从而不断地进步而感到无比欣慰。

能够拥有理论自觉、不断加强理论自觉,这是一种认知能力和境界,也可以说是一种本领或功力。我们常说某人学术功力和理论功力较强云云,即是对其理论自觉能力的一种认可和评价。但是,我们最终的目标不是为了理论自觉而理论自觉,而是通过理论自觉对客观世界和人类社会的规律的认识和探索。因此,在更高的层次上说,对于客观世界和人类社会的规律的认识和探索,才是我们所要的最终结果。恩格斯对马克思毕生研究资本主义社会所发现的两大规律,给予了极高的评价。正是这两大规律的发现,使全世界无产阶级在世界社会主义运动的伟大实践中,不仅有了正确的前进方向,而且从理论上武装了自己,为改造世界和人类社会发展做出了重大贡献。

我们这一代人(20 世纪40 年代末50 年代初出生),是共和国同龄人。我们生在红旗下、长在红旗下。伴随着共和国的成长和发展,我们是中华民族实现从站起来、富起来到强起来的历史见证人,更是活生生的社会实践经历者。我自己追求加强马克思主义理论自觉和对规律的认识探索,也是一个从不自觉到自觉的过程。这是一个追求真理的前进过程,将永不停滞,直至终生。

汇集到这本书的一些文章,可以看到笔者从事马克思主义理论工作,不断加强理论自觉和对规律探索的思想历程和轨迹,所以给本书起了《理论自觉与规律探索》的名字。其中第一部分"中国特色社会主义新探索"选用了作者即将出版同名著作的部分内容;第二部分"科学社会主义原理与规律性、规律的认知"和第三部分“中国特色社会主义与当今社会思潮”,是新近发表过的著作和文章,也有完成重大课题后还未发表的部分成果。谨以此来进行学术交流,敬请各位专家学者批评指正。

赵智奎

于北京顺义区东方太阳城寓所

2017 年 9 月 5 日